| Clean Architecture

Clean Architecture
クリーンアーキテクチャ

達人に学ぶソフトウェアの構造と設計

| Robert C. Martin 著
| 角 征典、髙木正弘 訳

ASCII
DWANGO

商標
本文中に記載されている社名および商品名は、一般に開発メーカーの登録商標です。
なお、本文中では TM・ⓒ・Ⓡ 表示を明記しておりません。

Clean Architecture

A Craftsman's Guide to Software Structure and Design

Robert C. Martin

PRENTICE HALL

Boston • Columbus • Indianapolis • New York • San Francisco • Amsterdam • Cape Town
Dubai • London • Madrid • Milan • Munich • Paris • Montreal • Toronto • Delhi • Mexico City
São Paulo • Sydney • Hong Kong • Seoul • Singapore • Taipei • Tokyo

Copyright

Authorized translation from the English language edition, entitled CLEAN ARCHITECTURE: A CRAFTS MAN'S GUIDE TO SOFTWARE STRUCTURE AND DESIGN, 1st Edition, by MARTIN, ROBERT C., published by Pearson Education, Inc, publishing as Prentice Hall, Copyright © 2017.
All rights reserved. No part of this book may be reproduced or transmitted in any form or by any means, electronic or mechanical, including photocopying, recording or by any information storage retrieval system, without permission from Pearson Education, Inc.

JAPANESE language edition published by DWANGO CO., LTD., Copyright © 2018.

Japanese translation rights arranged with PEARSON EDUCATION, INC. through JAPAN UNI AGENCY, INC., TOKYO JAPAN.

本書は、米国 Pearson Education, Inc. との契約に基づき、株式会社ドワンゴが翻訳、出版したものです。

本書は、私の愛すべき妻、4人のすばらしい子どもたちとその家族、
（私の人生のデザートである）5人の孫たちに捧げる。

目　次

まえがき ……………………………………………… 19

序文 …………………………………………………… 23

謝辞 …………………………………………………… 27

著者について ………………………………………… 29

第I部　イントロダクション ……………… 31

第1章　設計とアーキテクチャ ………………………… 33

目的は？ ……………………………………… 34
ケーススタディ ……………………………… 34
まとめ ………………………………………… 40

第2章　2つの価値のお話 ……………………………… 41

振る舞い ……………………………………… 41
アーキテクチャ ……………………………… 42
大きな価値 …………………………………… 43
アイゼンハワーのマトリックス …………… 43
アーキテクチャの戦い ……………………… 45

第II部　構成要素から始めよ：プログラミングパラダイム……47

第3章　パラダイムの概要 ……49

構造化プログラミング ……49
オブジェクト指向プログラミング ……50
関数型プログラミング ……50
考えるべきこと ……51
まとめ ……51

第4章　構造化プログラミング ……53

証明 ……54
有害宣言 ……55
機能分割 ……56
正式に証明できない ……56
救済のための科学 ……56
テスト ……57
まとめ ……58

第5章　オブジェクト指向プログラミング ……59

カプセル化とは？ ……60
継承とは？ ……62
ポリモーフィズムとは？ ……65
まとめ ……70

第6章　関数型プログラミング ……71

整数の二乗 ……71
不変性とアーキテクチャ ……73
可変性の分離 ……73

| イベントソーシング | 75 |
| まとめ | 76 |

第III部　設計の原則 — 77

第7章　SRP：単一責任の原則 — 81

症例1：想定外の重複	82
症例2：マージ	84
解決策	84
まとめ	86

第8章　OCP：オープン・クローズドの原則 — 87

思考実験	88
方向の制御	91
情報隠蔽	91
まとめ	92

第9章　LSP：リスコフの置換原則 — 93

継承の使い方の指針	93
正方形・長方形問題	94
リスコフの置換原則（LSP）とアーキテクチャ	95
リスコフの置換原則（LSP）違反の例	96
まとめ	97

第10章　ISP：インターフェイス分離の原則 — 99

インターフェイス分離の原則（ISP）と言語との関係	100
インターフェイス分離の原則（ISP）とアーキテクチャとの関係	101
まとめ	101

第11章 DIP：依存関係逆転の原則 103

安定した抽象 104
Factory 105
具象コンポーネント 106
まとめ 106

第IV部 コンポーネントの原則 107

第12章 コンポーネント 109

コンポーネントの簡単な歴史 110
リロケータビリティ（再配置可能性） 112
リンカ 113
まとめ 114

第13章 コンポーネントの凝集性 117

再利用・リリース等価の原則（REP） 118
閉鎖性共通の原則（CCP） 119
全再利用の原則（CRP） 120
コンポーネントの凝集性のテンション図 121
まとめ 123

第14章 コンポーネントの結合 125

非循環依存関係の原則（ADP） 125
トップダウンの設計 131
安定依存の原則（SDP） 132
安定度・抽象度等価の原則（SAP） 138
まとめ 143

第V部 アーキテクチャ 145

第15章 アーキテクチャとは？ 147

開発 148
デプロイ 149
運用 149
保守 150
選択肢を残しておく 151
デバイス非依存 152
ダイレクトメール 154
物理アドレス 155
まとめ 156

第16章 独立性 157

ユースケース 157
運用 158
開発 159
デプロイ 159
選択肢を残しておく 159
レイヤーの切り離し 160
ユースケースの切り離し 161
切り離し方式 161
独立した開発が可能 162
独立デプロイ可能性 162
重複 162
切り離し方式（再び） 163
まとめ 165

第17章 バウンダリー：境界線を引く 167

結合の悲しい物語 168

11

FitNesse ··· 170

あなたの境界線は何か？　いつ境界線を引くのか？ ··················· 172

入力と出力はどうする？ ·· 174

プラグインアーキテクチャ ·· 175

プラグインの戦い ·· 176

まとめ ··· 177

第18章　境界の解剖学 ··· 179

境界を越える ·· 179

恐怖のモノリス ·· 180

デプロイコンポーネント ·· 182

スレッド ·· 182

ローカルプロセス ·· 182

サービス ·· 183

まとめ ··· 184

第19章　方針とレベル ··· 185

レベル ··· 186

まとめ ··· 188

第20章　ビジネスルール ······································· 189

エンティティ ·· 190

ユースケース ·· 191

リクエストとレスポンスのモデル ·· 192

まとめ ··· 193

第21章　叫ぶアーキテクチャ ································· 195

アーキテクチャのテーマ ·· 196

アーキテクチャの目的 ·· 196

だが、ウェブはどうか？ ·· 196

フレームワークはツールであり、生き方ではない 197
テスト可能なアーキテクチャ 197
まとめ 198

第22章　クリーンアーキテクチャ 199

依存性のルール 201
典型的なシナリオ 204
まとめ 205

第23章　プレゼンターと Humble Object 207

Humble Object パターン 207
プレゼンターとビュー 208
テストとアーキテクチャ 209
データベースゲートウェイ 209
データマッパー 209
サービスリスナー 210
まとめ 210

第24章　部分的な境界 211

最後のステップを省略する 212
片方だけの境界 212
Facade 213
まとめ 213

第25章　レイヤーと境界 215

Hunt the Wumpus 215
クリーンアーキテクチャ？ 217
流れを横切る 219
流れを分割する 219
まとめ 221

目次

第26章　メインコンポーネント **223**

究極的な詳細 223
まとめ 227

第27章　サービス：あらゆる存在 **229**

サービスアーキテクチャ？ 229
サービスのメリット？ 230
子猫の問題 231
救世主のオブジェクト 233
コンポーネントベースのサービス 234
横断的関心事 235
まとめ 236

第28章　テスト境界 **237**

システムコンポーネントとしてのテスト 237
テスト容易性のための設計 238
テスト API 239
まとめ 240

第29章　クリーン組込みアーキテクチャ **241**

適性テスト 243
ターゲットハードウェアのボトルネック 246
まとめ 256

第VI部　詳細 **257**

第30章　データベースは詳細 **259**

14

リレーショナルデータベース 260
なぜデータベースシステムが普及しているのか？ 260
もしもディスクがなかったら？ 261
詳細 262
だけど、パフォーマンスはどうなの？ 262
小話 263
まとめ 264

第31章 ウェブは詳細 265

止まらない振り子 266
結論 267
まとめ 268

第32章 フレームワークは詳細 269

フレームワークの作者たち 269
一方的な結婚 270
リスク 270
解決策 271
今あなたたちを夫婦として宣言する 272
まとめ 272

第33章 事例：動画販売サイト 273

プロダクト 273
ユースケース分析 274
コンポーネントアーキテクチャ 275
依存性管理 277
まとめ 277

第34章 書き残したこと 279

レイヤーによるパッケージング 280

機能によるパッケージング ……………………… 281

ポートとアダプター ……………………………… 283

コンポーネントによるパッケージング ………… 285

悪魔は実装の詳細に宿る ………………………… 289

組織化かカプセル化か …………………………… 290

そのほかの分割方法 ……………………………… 292

まとめ：言い残したこと ………………………… 294

第VII部　付録 …………………………… 295

付録A　アーキテクチャ考古学 ……………………… 297

組合の会計システム ……………………………… 297

レーザーカット …………………………………… 304

アルミダイキャストの監視 ……………………… 307

4-Tel ……………………………………………… 308

サービスエリアコンピュータ …………………… 312

C 言語 ……………………………………………… 316

BOSS ……………………………………………… 317

pCCU ……………………………………………… 318

DLU/DRU ………………………………………… 319

VRS ………………………………………………… 321

電子受付 …………………………………………… 323

転送システムの作成 ……………………………… 325

明確なコミュニケーション ……………………… 327

ROSE ……………………………………………… 329

アーキテクト登録試験 …………………………… 331

まとめ ……………………………………………… 333

あとがき ………………………………………… 335

訳者あとがき …………………………………… 339

訳者について ……………………………………………… **341**

索引 …………………………………………………………… **343**

まえがき

アーキテクチャについて話すとき、我々は何を話すのだろうか?

あらゆるメタファーがそうであるように、ソフトウェアをアーキテクチャの観点から説明すると、明らかになることと同じだけ、明らかにできないことが生まれてしまう。また、提供できる以上のことを約束し、約束した以上のことを提供することになるだろう。

アーキテクチャの魅力は構造だ。構造はソフトウェア開発のパラダイムであり、話題の中心である(コンポーネント、クラス、関数、モジュール、レイヤー、サービス、マイクロなんとか)。だが、多くのソフトウェアシステムの全体構造は、信念や理解を不可能にしてしまう。たとえば、いずれ消え去る運命にあるソビエト帝国の計画、雲に届くほどあり得ない高さのジェンガタワー、「大きな泥だんご」に埋まっている考古学的な地層。建物の構造と同じように、ソフトウェアの構造も我々の直感に従っている。だが、そのことはそれほど明らかにはなっていない。

建物であれば、それが石だろうがコンクリートだろうが、縦に高かろうが横に長かろうが、巨大だろうが狭小だろうが、壮大だろうが平凡だろうが、明らかに物理的な構造を持っている。建物の構造は、物理的な重力と材料に配慮すること以外、それほど選択肢は残されていない。一方、ソフトウェアは(深刻な場合を除き)重力に配慮することはない。ソフトウェアは何で作られているのだろうか? レンガ、コンクリート、木材、スチール、ガラスからできた建物とは異なり、ソフトウェアはソフトウェアで作られている。大規模なソフトウェアは小規模なソフトウェアから作られ、小規模なソフトウェアはさらに小規模のソフトウェアコンポーネントから作られている。コーディングにおける「親亀の背中に子亀を乗せて、子亀の背中に孫亀乗せて、孫亀の背中にひ孫亀乗せて……」である。

ソフトウェアアーキテクチャについて言及すると、ソフトウェアは本質的に再帰的でフラクタルなので、コードによってすべてが描き出されていく。すべては詳細である。建物のアーキテクチャにも詳細のレベルの連鎖は存在する。だが、ソフトウェアにおいて物理的なことを話しても意味がない。ソフトウェアにも構造はある。構造の数も種類も多い。そうした多様性によって、建物に見られる物理的構造が覆い隠されている。したがって、建物よりもソフトウェアのほうが設計活動も集中も必要になるはずだと、かなりもっともらしく主張できるだろう。その意味では、ソフトウェアのアーキテクチャを建物のアーキテクチャよりも構造的であると考えるのは、あながち間違っているとは言えない!

だが、人間は物理的な尺度で理解して追求しようとする。PowerPointの四角形は、見た目に

は明らかではあるものの、ソフトウェアシステムのアーキテクチャではない。アーキテクチャの一部であることは確かだが、四角形を全体像（アーキテクチャ）だと思ってしまうと、本当の全体像やアーキテクチャを見失ってしまう。ソフトウェアアーキテクチャは見えない。可視化されたものは選択肢であり、最初から与えられるものではない。選択肢はさらに複数の選択肢（何を含めるのか、何を外すのか、形や色で何を強調するのか、一貫性や省略によって何を強調しないのか）から成り立っている。いずれのビューにも特性や本質はない。

ソフトウェアアーキテクチャを物理的あるいは物理的尺度で語ることに意味はないが、特定の物理的制約については配慮する必要がある。プロセッサの速度とネットワークの帯域は、システムのパフォーマンスに大きな影響を与える。メモリとストレージは、コードベースの野望を制限する可能性がある。ソフトウェアは夢のようなものかもしれないが、物理的な世界で動作しているのだ。

> 恋のおそろしい化け物とは、意欲は無限だが実行は有限、欲する心ははてしないがおこなうには限度がある。
>
> ——William Shakespeare
> 『トロイラスとクレシダ』（白水社）より引用

物理的な世界とは、我々・企業・経済が生きている場所である。ここから、ソフトウェアアーキテクチャを理解するためのもうひとつの計器が手に入る。それは、物理的な力や量が少なく、我々がそのことについて話したり、論拠にしたりすることができるものだ。

> アーキテクチャは、システムを形作る重要な設計決定を表したものである。ここでの重要性は、変更コストによって計測できる。
>
> ——Grady Booch

時間とお金と労力によって、我々は大規模なものと小規模なものを並び替えることができる。それにより、アーキテクチャとそれ以外を区別できる。この指標は、アーキテクチャの善し悪しの判断にも使える。優れたアーキテクチャは、特定の時点でユーザー・開発者・所有者のニーズを満たすだけでなく、これから先もニーズを満たし続けることのできるものである。

> 優れたアーキテクチャのコストが高いと思うなら、劣ったアーキテクチャにすればいい。
>
> ——Brian Foote and Joseph Yoder

システム開発で典型的に直面する変更は、コストが高く、変更が難しく、数日や数週間で終わらないプロジェクト型の変更であってはいけない。

このことは、あまり小さくはない、物理的な問題につながっていく。「時間旅行」だ。典型的な変更が重要な意思決定につながるかどうかについて、どのように把握すればいいのだろうか？　水晶玉やタイムマシンを持たずに、どうすれば将来の開発工数やコストを減らせるのだろうか？

アーキテクチャはプロジェクトの初期段階に決定したいと思うものだが、必ずしも他より適切なものになるとは限らない。

——Ralph Johnson

過去を理解するのはそれほど難しいことではない。現在を理解するのは確実なことではない。将来を予測するのは簡単なことではない。

ここからさまざまな分岐点が生まれる。

最も暗い道のりでは、権威と硬直性から堅牢で安定したアーキテクチャが生まれるとされている。変更のコストは高く、変更することは許されない。それにより、勢いのない官僚的な排水口へと進むことになる。アーキテクトの任務は全般に渡り、全体主義的なものである。アーキテクチャは開発者のディストピアとなり、あらゆる人の不満の原因になるだろう。

もうひとつの暗い道のりでは、よくある危険な臭いがする。ハードコーディングされた当て推量、無数のパラメータ、死んだコードの墓場、意図しない複雑さにより、保守の予算が枯渇しそうである。

我々が興味を持っているのは、最もクリーンな道のりである。ソフトウェアがソフト（柔軟）であることを認め、それをシステムで最優先すべき財産として保持することを目指している。不完全な知識で運用する可能性があることも認めながら、そうするのが人間であり、人間はそれが得意であることを理解している。我々の弱みよりも強みを生かしてくれる。我々は物を作り、発見する。我々は質問し、実験する。優れたアーキテクチャとは、それが目的地ではなく旅路であること、凍結された成果物ではなく進行形の探索プロセスであることを理解するところから生まれる。

アーキテクチャは、実装と計測によって証明すべき仮説である。

——Tom Gilb

この道を進むには、配慮と注目、思考と観察、実践と原則が必要になる。これだと遅くなるように思えるかもしれないが、これがあなたの歩む道のりである。

まえがき

速く進む唯一の方法は、うまく進むことである。

——Robert C. Martin

それでは、よい旅を。

2017 年 5 月
Kevlin Henney

序文

　本書のタイトルは『Clean Architecture』。何とも厚かましい名前だ。傲慢であるとさえ言えるだろう。さて、私はなぜこのタイトルを選び、そして書こうと考えたのか？

　生まれてはじめてコードを書いたのは 1964 年。12 歳の頃だった。今は 2016 年なので、かれこれ半世紀以上にわたってコードを書いていることになる。その間、ソフトウェアシステムを構築する方法について、いくつか学んだことがある。きっとそれは、他の人たちにとっても有用なものだろう。

　半世紀以上にわたり、大きなものから小さなものまで数多くのシステムを構築してきた。そのなかには、小さな組込みシステムもあれば大規模なバッチ処理もあった。リアルタイムシステムもあればウェブシステムもあった。コンソールアプリ、GUI アプリ、プロセス制御アプリ、ゲーム、会計システム、電気通信システム、設計ツール、ドローイングアプリ、その他にもいろいろと作ったものだ。

　シングルスレッドアプリもマルチスレッドアプリもあった。少数の巨大なプロセスからなるアプリもあれば、多数の軽量なプロセスからなるアプリもあった。マルチプロセッサアプリ、データベースアプリ、数学のアプリ、計算機科学のアプリなどにも関わった。

　本当に多くのアプリを作ってきたし、多くのシステムを構築してきた。そして、それらすべての経験からとても重要なことを学んだ。

アーキテクチャのルールはどれも同じである！

　今までに作ってきたシステムがどれも根本的に異なるものであることを考えると、これは驚くべきことだ。まったく違うシステムなのに、なぜ同じアーキテクチャのルールに従っているのだろうか？　私が思うに、**ソフトウェアアーキテクチャのルールはその他すべての変数から独立している**のだろう。

　この半世紀でハードウェアがどれほど進化したかを考えると、この事実はさらに驚きを増す。私がプログラムを書き始めた頃のマシンは、冷蔵庫と同じくらいの巨大なもので、クロック周波数は 0.5MHz、コアメモリは 4K、ディスクは 32K、秒間 10 文字のテレタイプインターフェイスだった。私は今この文章を、南アフリカでの旅行中のバスのなかで書いている。MacBook に搭載されているのは 4 コアの i7。それぞれ 2.8GHz だ。RAM は 16GB、テラバイト単位の SSD、2880 × 1800 の Retina ディスプレイには HD 動画を映し出せる。計算能力の違いは驚異的だ。

計算してみればわかるが、この MacBook は半世紀前のコンピュータより少なくとも 10^{22} 倍は強力になっている。

22 桁の違いは膨大だ。この数は、地球からアルファケンタウリまでのオングストローム単位での距離に匹敵する。また、あなたの手元にあるコインに含まれる電子の数もそれくらいだ。私の人生において経験した計算能力の増加は、**少なくともこれくらいになる**。

さて、この計算能力の変化は、私が書くソフトウェアにどのような影響を及ぼしているのだろう？　確かにソフトウェアのサイズは大きくなっている。かつては 2,000 行のプログラムを見れば「大きいなあ」と思っていたものだ。実際それは、箱一杯につまったカードで 10 ポンド（4.5kg）ほどの重さになった。今となっては、少なくとも 10 万行くらいにならないと大規模だとは言われない。

ソフトウェアのパフォーマンスも向上した。1960 年代には夢にも思わなかったことを実現できるようになっている。『地球爆破作戦』『月は無慈悲な夜の女王』『2001 年宇宙の旅』といった作品が想像していた未来の姿は、いま見るとまったくの的外れだ。これらの作品が描いたのは、巨大な機械が感情を持つようになる世界だった。いま我々の目の前にあるのは、とても小さな機械。感情を持つわけでもなく、機械のままだ。

現代のソフトウェアを過去のものと比べて気づくことがもうひとつある。**使われている素材は今も昔も変わっていない**。if 文や代入文や while ループなどが同じように使われている。

いまどきの言語やパラダイムのほうがずっと優れているじゃないかと言う人もいるだろう。我々には Java や C# や Ruby があるし、オブジェクト指向設計だって使える。確かにそうだが、実際に書いているコードは「順次」「選択」「反復」の組み合わせに過ぎず、これは 50 年代や 60 年代から何も変わっていない。

プログラミングのプラクティスをよくよく見れば、この 50 年でほとんど変わっていないことがわかる。プログラミング言語は多少マシになったし、開発ツールはとても便利になった。でも、コンピュータプログラミングの構成要素は変わっていない。

1966 年のプログラマを現代に呼び、IntelliJ を立ち上げた MacBook を渡して Java のコードを見せたとしよう。彼女[1]はショックから立ち直るのに 24 時間を要するかもしれない。でも、いったん立ち直れば、普通にコードを書けるようになるだろう。Java は C みたいなものだし、Fortran と比べてもそんなに違いはない。

逆にあなたが 1966 年にさかのぼったとしよう。パンチカードと秒間 10 文字のテレタイプを使って、PDP-8 のコードを書く方法を教わったあなたは、絶望から立ち直るのに 24 時間を要するかもしれない。でも、いったん立ち直れば、普通にコードを書けるようになるだろう。書いているコードは今とそんなに違いはない。

1　おそらく女性だろう。というのも、当時のプログラマは大半が女性だったからだ。

ここがポイントだ。書いているコードが変わらないのだから、どんな種類のシステムでもソフトウェアアーキテクチャのルールは同じ。ソフトウェアアーキテクチャのルールとは、プログラムの構成要素をどのように組み立てるかのルールである。構成要素は普遍的で変わらないのだから、それらを組み立てるルールもまた、普遍的で変わらないのである。

若いプログラマは「そんなわけがない」と言うかもしれない。昔は昔、今は今。過去のルールが今でも通用するわけがないと思うのだろう。もしそう考えているのなら、残念ながら間違っている。ルールは何も変わっていない。言語やフレームワークやパラダイムがまったく新しいものに変わったところで、ルール自体は Alan Turing が最初のマシンコードを書いた 1946 年と同じままだ。

でも、ひとつだけ変わったことがある。かつての我々は、そのルールがどんなものかを知らなかった。そのせいで、何度となくルールを破ってきた。今は違う。半世紀の経験を経て、我々はようやくルールをつかんだ。

時代を超越した不変のルールたち。それこそが本書のすべてだ。

謝辞

本書の執筆に協力してくれた方々を紹介する（順不同）。

Chris Guzikowski
Chris Zahn
Matt Heuser
Jeff Overbey
Micah Martin
Justin Martin
Carl Hickman
James Grenning
Simon Brown
Kevlin Henney
Jason Gorman
Doug Bradbury
Colin Jones
Grady Booch
Kent Beck
Martin Fowler
Alistair Cockburn
James O. Coplien
Tim Conrad
Richard Lloyd
Ken Finder
Kris Iyer (CK)
Mike Carew
Jerry Fitzpatrick
Jim Newkirk
Ed Thelen
Joe Mabel
Bill Degnan

ここには挙げきれないが、他にも多くの協力があった。

執筆中に第21章「叫ぶアーキテクチャ」を読み返していると、Jim Weirichの温かい笑顔と笑い声が頭に浮かんだ。安らかに眠るんだよ、Jim！

著者について

　Robert C. Martin（アンクル・ボブ）は1970年からプログラマである。cleancoders.comの共同創業者であり、ソフトウェア開発者向けの学習用動画をオンラインで提供している。また、Uncle Bob Consulting LLC. を設立し、世界中の大企業を対象としたソフトウェアコンサルティング、トレーニング、スキル開発を行っている。シカゴに本拠地を置くコンサルティングファーム 8th Light, Inc. では、Master Craftsman を務めていた。さまざまな業界誌に寄稿し、国際的なカンファレンスや展示会でも頻繁に講演している。「C++ Report」の編集長を3年間務め、Agile Alliance の初代委員長でもあった。

　著書に『The Clean Coder（邦訳：Clean Coder ― プロフェッショナルプログラマへの道）』『Clean Code（邦訳：Clean Code ― アジャイルソフトウェア達人の技）』『UML for Java Programmers（邦訳：Java プログラマのための UML）』『Agile Software Development（邦訳：アジャイルソフトウェア開発の奥義）』『Extreme Programming in Practice（邦訳：XP エクストリーム・プログラミング実践記 ― 開発現場からのレポート）』『More C++ Gems』『Pattern Languages of Program Design 3』『Designing Object Oriented C++ Applications Using the Booch Method』がある。

イントロダクション 第I部

　プログラムを動かすために膨大な知識とスキルが必要になることはない。高校生だっていつもプログラムを書いている。若い大学生ならPHPやRubyの短いコードを組み合わせ、数十億ドルのビジネスを始めていたりするくらいだ。パーティションで区切られたオフィスにいる世界中の若いプログラマたちは、巨大な課題管理システムにある膨大な要件文書を扱いながら、システムを「動かす」ために**死に物狂い**になっている。彼らが作り出すコードは、きれいではないかもしれないが、それでも動く。何かを「一度だけ」動かすのは、それほど難しいことではないからだ。

　ソフトウェアを正しくするのは完全に別問題である。正しくするのは**難しい**。若いプログラマがまだ持っていない知識やスキルが必要になるだろう。プログラマが習得に時間をかけていない思考や洞察力が必要になるだろう。プログラマが必要になるとは夢にも思わなかったレベルの規律や献身が必要になるだろう。たいていの場合、職人としての情熱とプロになりたいという願望も必要になるはずだ。

　ソフトウェアを正しくすると、不思議なことが起こる。ソフトウェアを動かすのに大量のプログラマが不要になる。膨大な要件文書や巨大な課題管理システムが不要になる。パーティションで区切られた世界中のオフィスで、24時間ずっとプログラミングしなければいけないようなことも不要になる。

　ソフトウェアを正しくすれば、開発や保守に必要な人材はわずかで済む。変更は簡単で迅速になる。欠陥の数は少なく、ほとんど出てこなくなる。労力は最小に抑えられ、機能性と柔軟性は最大になる。

　こうした光景はユートピアのように思える。だが、私はそこにいる。そうした光景をこの目で見ている。システムの設計とアーキテクチャのおかげで、開発や保守が楽になっているプロジェクトに取り組んでいる。必要となる人材が少ないプロジェクトも経験している。欠陥率が極端に低いシステムの経験もある。優れたソフトウェアアーキテクチャが、システム、プロジェクト、チームに驚異的な影響を与えるのを見たことがある。私は「約束の地」へ行ったことがあるのだ。

　だが、私の言葉を真に受けてはいけない。自分自身の経験をふりかえってみよう。これまでに反対の経験をしたことはないだろうか？　相互接続が何重にも複雑に絡み合い、あらゆる変更は（どれだけ小さなものでも）大きなリスクを伴い、終わるまでに数週間もかかる。そのよ

第I部　イントロダクション

うなシステムに関わったことはないだろうか？　ひどいコードや腐った設計に邪魔されたこと
はないだろうか？　システムの設計が、チームの士気、顧客の信頼、マネージャーの忍耐に大
きな悪影響を及ぼしたことはないだろうか？　ソフトウェアの腐った構造によって、チーム、
部署、さらには企業がつぶれるのを目撃したことはないだろうか？　あなたはプログラミング
の地獄へ行ったことがあるだろうか？

　私はある。みなさんもそうだろう。すばらしい設計に取り組む喜びを味わうよりも、クソみ
たいな設計と必死に戦うほうが一般的だ。

設計とアーキテクチャ　第1章

　設計とアーキテクチャについては、何年も混乱が生じている。設計とは何か？　アーキテクチャとは何か？　両者の違いは何か？

　本書の目的は、こうした混乱を切り捨て、設計とアーキテクチャについて最終的な定義をすることである。まずは、両者に違いがないことから主張したい。**何も違いはないのだ。**

　通常、「アーキテクチャ」という言葉は、下位レベルの詳細とは切り離された文脈で使用されている。一方、「設計」という言葉は、下位レベルの構造や意思決定を意味している。だが、実際のアーキテクトの行動を見ていると、この使い分けは無意味であることがわかる。

　新しい家を設計する建築家（アーキテクト）を考えてみよう。家にはアーキテクチャはあるだろうか？　もちろんある。そのアーキテクチャとは何だろうか？　おそらく、家の形、外観、正面図、空間や部屋のレイアウトなどになるだろう。だが、建築家の作成した図を見ると、膨大な量の詳細が書き込まれている。たとえば、排気口、ライトのスイッチ、ライトの配置などもわかるようになっている。どのスイッチがどのライトを制御しているのかもわかる。ボイラーの位置と給湯器や排水ポンプのサイズや配置もわかる。壁、屋根、基礎がどのように構築されるのかも詳しく書き込まれている。

第1章　設計とアーキテクチャ

　要するに、上位レベルの決定をサポートする下位レベルの詳細がすべてわかるようになっているのだ。また、下位レベルの詳細と上位レベルの決定が家全体の設計の一部であることも見てわかる。

　ソフトウェアの設計も同じだ。下位レベルの詳細と上位レベルの構造は全体の設計の一部となる。それらが連続した構造を作り、システムの形状を定義する。どちらも欠くことはできない。両者を明確に区別することはできない。最上位レベルから最下位レベルまで、決定の連続なのである。

目的は？

　では、そうした決定の目的は何だろうか？　優れたソフトウェアの設計の目的とは何か？それは、私のユートピアの実現にほかならない。

ソフトウェアアーキテクチャの目的は、求められるシステムを構築・保守するために必要な人材を最小限に抑えることである。

　設計の品質は、顧客のニーズを満たすために必要な労力で計測できる。必要な労力が少なく、システムのライフタイム全体で低く保たれているならば、その設計は優れている。逆に、リリースごとに労力が増えるなら、その設計は優れていない。ね、簡単でしょ。

ケーススタディ

　例として、ケーススタディを考えてみよう。匿名を希望しているが、現実の企業の実際のデータを使用している。

　まず、エンジニアリング部門の人材の増加を見てみよう（**図1-1**）。リリースするたびに人数が増えている。みなさんも望ましい傾向だと同意してくれるのではないだろうか。人材の増加は、大きな成功を示しているはずだ！

　では、この企業の同時期の生産性を見てみよう。単純にコード行数で計測したものだ（**図1-2**）。

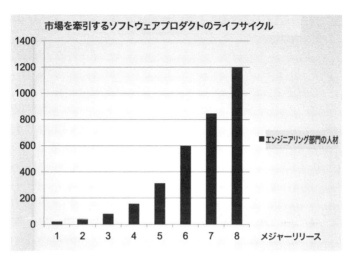

図 1-1　エンジニアリング部門の人材の増加（Jason Gorman のプレゼンテーションスライドを許可を得て掲載）

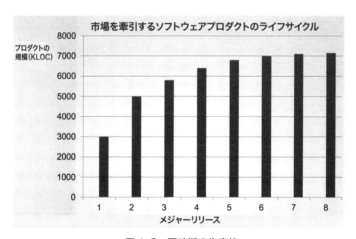

図 1-2　同時期の生産性

　明らかに何かがうまくいっていない。開発者の増加によってリリースはできているが、コードの増加は漸近線に近づいている。

　図 1-3 を見てほしい。本当に恐ろしいグラフだ。これは、コード 1 行あたりのコストの変化を示している。

　グラフの傾向から、持続可能性が低いことがわかる。同時期に企業がいくら利益を上げていようが関係ない。この曲線は、ビジネスモデルから利益を奪い去り、完全に崩壊させることはないにしても、企業を大きく失速させるだろう。

こうした生産性の変化の原因は何だろうか？　リリース8にリリース1の40倍ものコストがかかっているのはなぜだろうか？

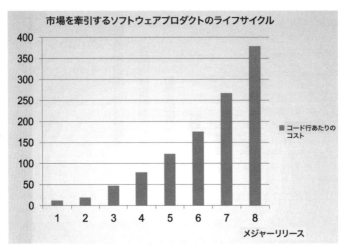

図1-3　コード行あたりのコストの変化

崩壊のサイン

　あなたが見ているのは崩壊のサインだ。システムを慌てて構築しているとき、大量のプログラマによってアウトプットを生み出しているとき、コードがクリーンであることや設計の構造について配慮が欠けているとき、この曲線に乗ったまま最悪な結末を迎えることになるだろう。

　図1-4 は、開発者にとってこの曲線がどのように見えるかを示したものである。最初はほぼ100%だった生産性が、リリースするたびに低下していることがわかる。4回目のリリースからは、生産性は底を打っている。

　開発者の視点からすると、誰もが**一生懸命**に働いているので、非常にイライラすることになるだろう。決して、誰かが手を抜いているわけではない。

　だが、彼らの自己犠牲や残業や献身的な行動があったとしても、もはや何も効果はない。機能の開発ではなく、崩壊の対応に追われているからだ。ある場所の対応が終われば次の場所、また次の場所、またまた次の場所へと、崩壊の対応を続けていると、機能の開発はほとんどできなくなる。

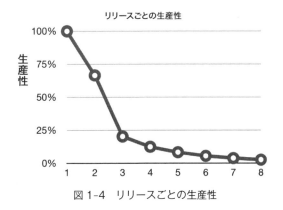

図1-4　リリースごとの生産性

経営者の視点

「これはひどい」と思ったなら、経営者の視点から見てみよう！　図1-5は、同時期の開発者の給与を示している。

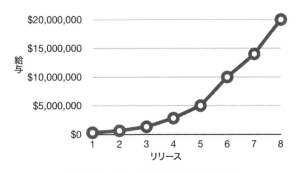

図1-5　リリースごとの開発者の給与

　リリース1は毎月百万ドル程度の給与でデリバリーされた。リリース2では、数百万ドルがプラスされた。リリース8は毎月2,000万ドルの給与でデリバリーされ、さらに上昇を続けている。

　このグラフだけでも恐ろしい。明らかに衝撃的なことが起きていることがわかる。収益はコストを上回っているので、上記の費用は正当化できるだろう。だが、この曲線を見る限り、不安しか生まれない。

　図1-5の曲線と図1-2のリリースごとのコード行を比較してみよう。初期の数百万ドルの頃は非常に多くの機能を手に入れていたが、最終的な2,000万ドルの頃にはほとんど何も手に入れられていない！　CFOがこの2つのグラフを見れば、惨事を食い止めるために早急な対応

第 1 章　設計とアーキテクチャ

が必要だと考えるだろう。

　だが、どのような対応ができるだろうか？　何がうまくいっていないのだろうか？　生産性の急激な低下の原因は何か？　憤慨しながら開発者に激怒するほかに、経営者には何ができるのだろうか？

何が間違っていたのか？

　約 2,600 年前、イソップが「ウサギとカメ」という物語を作った。この物語の教訓は、さまざまな表現で何度も述べられている。

- 「遅くとも着実であれば競走に勝つ」
- 「競走は短期戦ではない。強い者が勝つわけではない」
- 「急げば急ぐほど速度は落ちる」

　この物語は自信過剰の愚かさを描いている。ウサギは生まれながらの足の速さに自信を持っていたが、競走を真剣に受け止めなかったがために昼寝をした結果、カメに先にゴールされてしまったのである。

　現代の開発者も自信過剰な競走をしている。おっと、昼寝はしてないか。君たちは猛烈に働いている。だが、脳みそは**眠っている**。優れた、クリーンな、うまく設計されたコードが**重要**であることがわかっていない。

「あとでクリーンにすればいいよ。先に市場に出さなければ！」

　開発者たちはそうやっていつもごまかす。だが、あとでクリーンにすることはない。市場からのプレッシャーは止まらないからだ。「先に市場に出さなければ」ということは、後ろに競合他社が大勢いるということである。競合他社に追い抜かれないためには、これからも走り続けるしかない。

　その結果、開発者はモードを切り替えることができない。次の機能、また次の機能、またまた次の機能を追加することになり、コードをクリーンにすることまで手が回らない。そして、崩壊が始まる。生産性がゼロに近づいていく。

　ウサギが足の速さに自信を持っていたように、開発者は生産性に自信を持っている。だが、生産性を低下させるコードの崩壊は、絶えず忍び寄ってくる。すきあらば、生産性は数か月でゼロになってしまうだろう。

　先ほどの開発者のごまかしは、崩壊したコードを書けば長期的には遅くなるものの、短期的には速度が上がるという考え方にもとづいている。このことを信じている開発者は、崩壊したコードを書くモードから、いずれどこかでクリーンにするモードに切り替われる、というウサ

ギのような自信を持っている。だが、それは事実誤認である。事実は、短期的にも長期的にも、**崩壊したコードを書くほうがクリーンなコードを書くよりも常に遅い。**

Jason Gorman の実験結果を見てみよう（図 **1-6**）。Jason は 6 日間かけて実験を行った。毎日、整数をローマ数字に変換する簡単なプログラムを作るという実験だ。事前に定義した受け入れテストをパスすれば作業完了となる。作業は毎日 30 分以内とした。1 日目、3 日目、5 日目は、テスト駆動開発（TDD）というコードをクリーンにする有名な規律を適用した。2 日目、4 日目、6 日目は、TDD を使わずにコードを書いた。

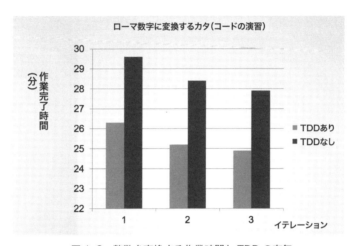

図 1-6　整数を変換する作業時間と TDD の有無

図 1-6 を見ると、学習曲線が描かれていることがわかる。日を追うごとに作業完了時間が短縮されている。また、TDD を使ったほうが全体的に 10%ほど速く、TDD を使わなかった最速時間よりも、TDD を使った最遅時間のほうが速い。

これを驚くべき結果だと感じる人もいるだろう。一方、ウサギの自信過剰に惑わされていない人にとっては、思っていたとおりだと感じるだろう。ソフトウェア開発のシンプルな真実を理解しているからだ。

速く進む唯一の方法は、うまく進むことである。

これは、経営者のジレンマに対する答えでもある。生産性の低下とコストの増加を回復させる唯一の方法は、開発者にウサギの自信過剰な思考をやめさせ、自ら生み出した崩壊に対して責任を持たせることである。

開発者はスクラッチからシステム全体を再設計することが答えだと考えているかもしれないが、それもまたウサギのやり方だ。崩壊をもたらした自信過剰が、今度は競走をやり直せばもっ

とうまく構築できるという話に変わっている。現実はそれほどうまくはいかない。

自信過剰による再設計は、元のプロジェクトと同じように崩壊する。

まとめ

　いずれの場合も、開発組織が自らの自信過剰を認識して回避し、ソフトウェアアーキテクチャの品質と真剣に向き合うことが、最善の選択肢となる。

　ソフトウェアアーキテクチャと真剣に向き合うには、優れたソフトウェアアーキテクチャとは何かを知る必要がある。労力の最小化と生産性の最大化を実現する設計とアーキテクチャを構築するには、そこに到達するためのシステムアーキテクチャの属性を把握する必要がある。

　それが本書の内容だ。優れたクリーンなアーキテクチャと設計がどのようなものかを説明する。本書を読んだソフトウェア開発者は、長期的に利益をもたらすシステムを構築できるだろう。

2つの価値のお話　第2章

　すべてのソフトウェアシステムは、ステークホルダーに2つの異なる価値を提供する。それは「振る舞い」と「構造」だ。ソフトウェア開発者には、この2つの価値を維持する責任がある。残念ながら、片方だけにフォーカスすることが多く、もう片方が無視されてしまっている。さらに残念なことに、2つのうち価値の低いほうにフォーカスすることが多く、最終的にソフトウェアシステムの価値がゼロになってしまうこともある。

振る舞い

　ソフトウェアの1つ目の価値は「振る舞い」だ。プログラマは、マシンがステークホルダーのためにお金を生み出したり節約したりできるように、マシンに振る舞いを与えるために雇用されている。そのためにプログラマは、ステークホルダーが機能仕様書や要件文書を作成するのを支援する。その後、ステークホルダーのマシンが要件を満たせるように、プログラマはコードを書くことになる。

もしマシンが要件を満たしていなければ、プログラマはデバッガを取り出して問題を解決する。

多くのプログラマは、それが自分たちの仕事だと思っている。マシンが要件を満たせるようにして、バグがあれば修正する。それが仕事だと信じている。ひどい間違いだ。

アーキテクチャ

ソフトウェアの2つ目の価値は「ソフトウェア」という言葉に関係している。この言葉は「ソフト」と「ウェア」の複合語だ。「ウェア」は「プロダクト」を意味する。「ソフト」は……そう、ここに2つ目の価値がある。

ソフトウェアは「ソフト」になるように考案されたものだ。マシンの振る舞いを簡単に変更する手段になることを目的としたものである。マシンの振る舞いを簡単に変更したくないときは、それを「ハード」ウェアと呼んだ。

上記の目的を達成するには、ソフトウェアはソフトでなければいけない。つまり、簡単に変更できなければいけない。ステークホルダーが機能を変更したいと思えば、その変更は簡単にできるようになっておくべきだ。変更の難易度は、変更の**形状**ではなく、変更のスコープに比例しなければいけない。

ソフトウェア開発のコストの増加の背景に、こうした「スコープ」と「形状」の違いがある。要件の変更のサイズに対して、不釣り合いなほどコストがかかるのはそのためだ。開発の初年度のほうが2年目よりも変更のコストが安く、2年目のほうが3年目よりも安いのはそのためだ。

ステークホルダーの視点からすると、ほとんど同じようなスコープの変更を伝えているだけである。だが、開発者の視点からすると、ステークホルダーはジグソーパズルのピースを渡してくるようなものだ。パズルは次第に複雑になっていき、システムの形状が要件の形状に合わなくなっていくため、新しい要件は前回の要件よりも当てはめるのが難しくなるのである。

ここで「形状」という聞き慣れない言葉を使っているが、私は比喩としては適切だと考えている。ソフトウェア開発者は、「四角い」ペグを「丸い」穴に打ち込まなければいけないような気持ちになることがよくある。

この問題はもちろん、システムのアーキテクチャの問題である。アーキテクチャが特定の「形状」を選択していると、新しい機能がその構造に適さない可能性が高くなっていく。したがって、形状にとらわれないアーキテクチャにしたほうが実用的である。

大きな価値

　機能？　それともアーキテクチャ？　価値が大きいのはどちらだろうか？　ソフトウェアシステムが動作することが重要だろうか？　それとも、簡単に変更できることのほうが重要なのだろうか？

　ビジネスマネージャーに質問すると、ソフトウェアシステムが動作することが重要であると答える。開発者もこの意見に賛同することが多い。**だが、これは間違った態度だ**。簡単な論理的思考で極端な状況を想定し、これが間違っていることを証明しよう。

- 完ぺきに動作するが、変更できないプログラムを与えられたとする。要件が変更されると機能しなくなる。修正することもできない。したがって、このプログラムはいずれ役に立たなくなる。
- 動作しないが、変更が簡単なプログラムを与えられたとする。要件が変更されても修正は可能なので、動かし続けることができる。したがって、このプログラムはこれからも引き続き役に立つ。

　これでは納得できないかもしれない。変更できないプログラムなど存在しないからだ。だが、変更のコストがメリットを上回っており、変更が**事実上できなくなっている**システムは存在するだろう。多くのシステムでは、一部の機能や設定がその段階に到達している。

　ビジネスマネージャーに変更を希望するかと聞くと、当然ながら「希望する」と答える。ただし、将来の柔軟性よりも現在の機能性のほうが重要だと回答を補足するはずだ。とはいえ、ビジネスマネージャーが変更を求めたとき、あなたが膨大なコストを見積もると、変更が非現実的になるまでシステムを放置したあなたに対して、ビジネスマネージャーは激怒するだろう。

アイゼンハワーのマトリックス

　ドワイト・D・アイゼンハワー大統領による「重要度と緊急度のマトリックス」を考えてみよう（**図2-1**）。このマトリックスに対して、アイゼンハワーは以下のように述べている。

図2-1　アイゼンハワーのマトリックス

　私には緊急と重要の2種類の問題がある。緊急と重要は違う。重要なことが緊急になるわけではない[1]。

　この古い格言には真実が数多く含まれている。緊急なことが重要になることはほとんどない。重要なことが緊急になることもほとんどない。
　ソフトウェアの1つ目の価値（振る舞い）は緊急だが、常に重要とは限らない。
　ソフトウェアの2つ目の価値（アーキテクチャ）は重要だが、常に緊急とは限らない。
　もちろん緊急かつ重要なものもある。緊急でも重要でもないものもある。この4つの組み合わせには、以下の優先順位を付けることができる。

1. 緊急かつ重要
2. 緊急ではないが重要
3. 緊急だが重要ではない
4. 緊急でも重要でもない

　コードのアーキテクチャ（重要）は1と2、コードの振る舞い（緊急）は1と3に位置する。
　ビジネスマネージャーや開発者がよくやる間違いは、3の項目を1に昇格させることだ。つまり、「緊急だが重要ではない」ものと「緊急かつ重要」なものを区別できていないのである。こうした間違いは、システムの重要ではないことを優先して、システムの重要なアーキテクチャを無視することにつながる。
　ソフトウェア開発者のジレンマは、ビジネスマネージャーがアーキテクチャの重要性を評価できないことである。**そのためにソフトウェア開発者が雇われている**。したがって、ソフトウェア開発チームには、機能の緊急性よりもアーキテクチャの重要性を強く主張する責任が求められる。

---

[1] 1954年のノースウェスタン大学での演説より。

アーキテクチャの戦い

　この責任を果たすことは「戦い」に足を踏み入れることを意味する。「闘争」のほうが適切かもしれない。率直に言えば、物事は常にこうして成し遂げられる。開発チームは、企業にとって最善と思えるものを求めて闘争する。それは、マネジメントチームも、マーケティングチームも、セールスチームも、オペレーションチームも同じだ。**常に闘争である**。

　優れたソフトウェア開発チームは、真正面から闘争に立ち向かう。ステークホルダーたちと対等に、ひるむことなく口論する。**ソフトウェア開発者もステークホルダー**であることは忘れてはいけない。保護すべきソフトウェアに対する責任がある。それが、あなたの役割であり、義務である。それが、あなたが雇われている大きな理由だ。

　あなたがソフトウェアアーキテクトであれば、このことは特に重要となる。ソフトウェアアーキテクトは、その職務記述からすると、システムの機能よりも構造にフォーカスするものだ。アーキテクトは、機能を簡単に開発・変更・拡張できるアーキテクチャを構築するのである。

　アーキテクチャを後回しにすると、システムの開発コストはますます高くなり、システムの一部または全部が変更不能になるだろう。そのことを覚えておいてほしい。そのような状態が許されているようなら、ソフトウェア開発チームが自らが必要とするもののために、懸命に闘わなかったということだ。

構成要素から始めよ： プログラミングパラダイム 第II部

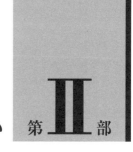

　ソフトウェアアーキテクチャはコードから始まる。それでは、コードをはじめて書いたときからこれまでに学んできたことをふりかえりながら、アーキテクチャの議論を進めていこう。

　1938 年、Alan Turing がコンピュータプログラミングの基礎を築いた。彼が最初にプログラム可能なマシンを考案したわけではないが、プログラムが単なるデータであることを最初に理解したのは彼だ。1945 年まで、彼は実際のコンピュータで、実際のプログラムを書いていた。我々も（十分に目を凝らしてみれば）彼の書いたものがコードだと認識できる。そのプログラムには、ループ、分岐、代入、サブルーチン、スタックなど、我々のよく知るものが使われている。彼の使用していた言語はバイナリだ。

　それからというもの、さまざまなプログラミングの革命が起きている。よく知られた革命は、言語の革命だ。まず、1940 年代後半にアセンブラが登場した。これらの「言語」は、プログラムをバイナリに翻訳する負担をプログラマから解放した。1951 年に Grace Hopper が世界初のコンパイラ「A-0 system」を考案した。彼女が「コンパイラ」という言葉を生み出したのだ。Fortran は 1953 年に考案された（私が生まれた翌年だ）。その後、COBOL、PL/1、SNOBOL、C、Pascal、C++、Java など、絶え間なく新しいプログラミング言語が生み出されている。

　さらに重要な革命がある。それは、プログラミング**パラダイム**の革命だ。パラダイムとは、プログラミングの方法のことであり、言語とは比較的関係のないものである。パラダイムは、どのプログラミング構造を使うべきか、それをいつ使うべきかを教えてくれる。現在までに、このようなパラダイムは大きく 3 つ存在している。理由はあとで説明するが、どれもお互いに似ているところがない。

パラダイムの概要 第3章

　本章では、3つのパラダイムの概要を紹介する。その3つのパラダイムとは、「構造化プログラミング」「オブジェクト指向プログラミング」「関数型プログラミング」である。

構造化プログラミング

　最初に導入された（最初に誕生したわけではない）パラダイムは、1968年にEdsger Wybe Dijkstraが発見した「構造化プログラミング」である。Dijkstraは、制限のないジャンプ（goto文の使用）がプログラムの構造に対して有害であることを示した。今後の章で示すことになるが、彼はこのようなジャンプを、なじみのあるif/then/elseやdo/while/untilといった構文に置き換えた。

第3章　パラダイムの概要

構造化プログラミングのパラダイムは、以下のように要約できる。

構造化プログラミングは、直接的な制御の移行に規律を課すものである。

オブジェクト指向プログラミング

次に導入されたパラダイムは、構造化プログラミングの2年前の1966年に、Ole Johan Dahl と Kristen Nygaard が発見した「オブジェクト指向プログラミング」である。この2人のプログラマは、ALGOL 言語の関数呼び出しのスタックフレームをヒープに移動できること、そのことにより、関数から戻ってきたあとでも関数で宣言したローカル変数が存在し続けられることに気づいた。この関数はクラスのコンストラクタになり、ローカル変数はインスタンス変数になった。そして、ネストした関数はメソッドになった。その後、規律のある関数ポインタの使用によって、必然的にポリモーフィズムの発見につながった。

オブジェクト指向プログラミングのパラダイムは、以下のように要約できる。

オブジェクト指向プログラミングは、間接的な制御の移行に規律を課すものである。

関数型プログラミング

3つ目のパラダイムの「関数型プログラミング」は、最近になって導入するところも増えてきたが、発明された時期は3つのパラダイムのなかで最も早い。実際、コンピュータプログラミングよりも昔に発明されている。関数型プログラミングは、Alonzo Church の業績の直接的な成果である。彼は、同時期に Alan Turing が挑んでいた数学的問題を追求しながら、1936年にラムダ計算を発明した。彼のラムダ計算は、Lisp 言語の基礎となっている。Lisp は、1958年に John McCarthy によって開発された言語だ。ラムダ計算の基本的な概念は不変性である。つまり、シンボルの値は変化しないという概念だ。このことは、関数型言語には代入文がないことを意味する。実際には、変数の値を変更する手段が用意された関数型言語も多い。ただし、その手段は非常に厳しく制限されている。

関数型プログラミングのパラダイムは、以下のように要約できる。

関数型プログラミングは、代入に規律を課すものである。

50

考えるべきこと

3つのプログラミングパラダイムを紹介する際に、私が意図的に設定したパターンに注目してほしい。これらのパラダイムは、プログラマから能力を**削除**しているのである。新しい能力を提供しているものはない。それぞれが**ネガティブ**な意図を持ち、何らかの規律を課しているのである。これらのパラダイムは、**何をすべきかを伝える**というよりも、**何をすべきでないか**を伝えているのである。

この問題を別の角度から見ると、それぞれのパラダイムは我々から「何かを奪っている」と言える。つまり、3つのパラダイムは、我々からgoto文、関数ポインタ、代入を奪っているのだ。では、ほかにも奪われたものはあるのだろうか？

奪われたものは、ほかにはない。したがって、これらの3つのパラダイムが、我々がこれからお目にかかるすべてのパラダイムである。少なくともネガティブなパラダイムはこの3つだけになるだろう。これら以外にパラダイムが存在しないという証拠もある。それは、この3つが1958年から1968年の10年間に発見されたことだ。それから何十年もの間、新しいパラダイムは追加されていない。

まとめ

パラダイムの歴史的な教訓は、アーキテクチャとどのように関係しているのだろうか？　「すべて」において関係している。我々は、アーキテクチャの境界を越えるための仕組みとして、ポリモーフィズムを使う。我々は、データの配置やアクセスに規律を課すために、関数型プログラミングを使う。我々は、モジュールのアルゴリズムの基盤として、構造化プログラミングを使う。

これらの3つが、アーキテクチャの3つの大きな関心事に対応していることに注目してほしい。その3つとは「コンポーネントの分離」「データ管理」「機能」である。

第4章 構造化プログラミング

　Edsger Wybe Dijkstraは、1930年にロッテルダムで生まれた。第二次世界大戦中、ロッテルダムの爆撃とオランダのドイツ占領から逃れた彼は、1948年に高校を卒業。数学・物理学・化学・生物学の成績が優秀だった。1952年3月、彼が21歳のとき（私が生まれるわずか9か月前）、オランダ初のプログラマとして、アムステルダムの数学センターの職に就いた。

　1955年、3年間プログラマを務めたDijkstraは、身分としてはまだ学生であり、理論物理学よりもプログラミングの知的挑戦のほうが大きいとして、自身の長期的なキャリアにプログラミングを選択した。

　1957年、DijkstraはMaria Debetsと結婚した。当時、オランダの結婚式では自分の職業を宣言することになっていた。だが、オランダ当局は、Dijkstraの職業である「プログラマ」を受け入れようとしなかった。そのような職業など聞いたことがなかったからだ。そのために彼は「理論物理学者」という肩書を受け入れた。

　プログラミングをキャリアに選ぶことについて、Dijkstraは上司のAdriaan van Wijngaardenに相談した。プログラミングという学問分野や科学を誰も明らかにしておらず、そのために自分はプログラミングに真剣に取り組むことができないと伝えたのだ。上司からの答えは、Dijkstra

第 4 章　構造化プログラミング

ならプログラミングの学問分野を発見し、ソフトウェアを科学に進化させることができるというものだった。

Dijkstra は、コンピュータが巨大で、壊れやすく、遅く、信頼性が低く、（今日の基準では）非常に制限された、真空管の時代にキャリアを開始した。当時のプログラムは、バイナリ形式やまだ洗練されていないアセンブリ言語で書かれていた。入力となるのは、物理的な紙テープやパンチカードだった。編集・コンパイル・テストのループは、数日とはいわないまでも、数時間はかかるものだった。

こうした原始的な環境で、Dijkstra はすばらしい発見をしたのである。

証明

Dijkstra が最初に認識していた問題は、プログラミングは**ハード**なものであり、プログラマはプログラミングがうまくできていないというものだった。複雑なプログラムには、人間の脳が何の支援もなく管理するにはあまりにも多くの詳細が含まれている。些細な詳細を見落とすと、プログラムは動く**かのように思える**が、驚くようなことで失敗してしまう。

Dijkstra の解決策は、数学の**証明**を適用するというものだった。彼のビジョンは、公理・定理・系・補助定理といったユークリッドの階層の構築だった。数学者と同じように、プログラマもその階層を使えると彼は考えていたのだ。つまり、すでに実績のある構造をプログラマが使用することで、それをコードに結び付け、自ら証明できるようにするのである。

これを実現するために、Dijkstra はアルゴリズムの証明を記述する手法が必要であることを認識した。これはかなり大きな挑戦だった。

Dijkstra は研究を続けるなかで、goto 文を使うことによって、モジュールを再帰的に小さな単位に分割できなくなること、それにより合理的な証明に欠かせない「分割統治」が使えなくなることを発見した。

だが、goto 文を適切に使えば、こうした問題は発生しなかった。Dijkstra は、goto を「うまく」使えば、if/then/else などの選択や、do/while といった反復の制御構造に対応することに気づいたのである。これらの制御構造のみを使用したモジュールならば、証明可能な単位に再帰的に分割できる**可能性**がでてきた。

これらの制御構造と順次処理を組み合わせると、特別なものになることを Dijkstra は知っていた。その 2 年前に Böhm と Jacopini が、あらゆるプログラムは「順次」「選択」「反復」の 3 つの構造で構築できることを特定していたからだ。

この発見が決定的なものとなった。モジュールを証明可能にする制御構造は、あらゆるプログラムを構築できる制御構造の最小セットと同じだったのだ。こうして「構造化プログラミン

グ」が誕生した。

「順次」が正しいことを証明するために、Dijkstra は単純な列挙を行った。入力と出力を数学的に追跡したのである。こうしたアプローチは、通常の数学的証明と何ら変わりはなかった。

「選択」の証明についても、Dijkstra は列挙を適用した。選択のそれぞれの経路を列挙したのである。両方の経路が最終的に適切な数学的な結果になれば、その証明は確かなものになったと言える。

「反復」は少し違っていた。反復を証明するために、Dijkstra は**数学的帰納法**を使用する必要があった。1 のときは、列挙によって証明した。次に、**N** が正しいと仮定した場合、**N＋1** も正しいことを列挙によって証明した。反復の開始条件と終了条件についても、列挙によって証明した。

　こうした証明は、苦労が多く複雑なものだったが、それが証明というものである。こうした発展により、定理のユークリッドの階層を構築できるというアイデアが、実現可能であるかのように思えてきた。

有害宣言

　1968 年、Dijkstra は 3 月に出版される **CACM** の編集委員にレター論文を送った。レター論文のタイトルは「Go To Statement Considered Harmful.（GOTO 文は有害だと考えられる）」。3 つの制御構造に対する彼の立場を表明したものだった。

　そして、**プログラミングの世界は炎上した**。当時の人たちはまだインターネットが使えなかったので、Dijkstra の悪評を投稿することはできず、オンラインで彼を非難することもできなかった。だが、多くのジャーナルに投書することはできたし、実際にそれが行われた。

　こうした投書は必ずしも礼儀正しいものばかりではなかった。彼の立場を猛烈に否定するものもあれば、逆に強く支持するものもあった。議論は論争となり、その後約 10 年間も続くことになった。

　最終的に論争は収まった。理由は簡単だ。Dijkstra が勝利したからである。コンピュータ言語が進化するにつれ、goto 文の存在は影を潜め、ほとんど消え去ってしまった。現代的なほとんどの言語には、goto 文は備わっていない（もちろん、Lisp には**あるわけがない**）。

　今日の我々は、好むと好まざるとにかかわらず、構造化プログラマである。我々の使用する言葉には、規律のない直接的な制御の移行を使うという選択肢は用意されていないからだ。

　Java の break や例外処理も goto の一種だと指摘する人もいる。だが、こうした構造は、かつて Fortran や COBOL が持っていた、制限のない制御の移行とは違うものだ。実際、goto キーワードをサポートしている言語でさえ、ターゲットを現在の関数のスコープに制限している。

第4章 構造化プログラミング

機能分割

　構造化プログラミングは、モジュールを証明可能な単位に再帰的に分割することを可能にする。それによって、モジュールは機能的に分割できる。つまり、大きな問題は上位レベルの機能に分割できるというわけだ。分割された機能は、さらに下位レベルの機能へと無限に分割していくことができる。また、このように分割された機能は、構造化プログラミングの制限された制御構造を使って表現することができる。

　こうした基盤の上に、1970年代後半から1980年代にかけて、「構造化分析」や「構造化設計」が知名度を高めていった。Ed Yourdon、Larry Constantine、Tom DeMarco、Meilir Page-Jonesといった人物が、これらの手法を宣伝・普及させた。プログラマたちは、こうしたやり方に従い、大きな問題をモジュールやコンポーネントに分割し、さらに小さな証明可能な機能へと分割していったのである。

正式に証明できない

　だが、最後まで証明されることはなかった。定理のユークリッドの階層が構築されることはなかった。プログラマたちは、小さな機能が正しいことを証明するプロセスに対して、利点を見いださなかったのである。結局、Dijkstra の夢は途絶え、消え去った。今日のプログラマは、正式な証明が高品質のソフトウェアを生み出す適切な方法であるとは考えていない。

　正しいことを証明する戦略は、正式な、ユークリッド方式の、数学的な証明だけではない。大きく成功したもうひとつの戦略に**科学的方法**がある。

救済のための科学

　科学の理論や法則は、正しいと証明することができない。それが科学と数学の根本的に異なるところである。たとえば、ニュートンの運動の第二法則（$F = ma$）や万有引力の法則（$F = Gm_1m_2/r^2$）が正しいと証明することはできない。もちろん、これらの法則を実証することはできる。小数何桁かの精度で計測することもできる。だが、数学的に証明することはできない。実験をどれだけ行っても、実証的な証拠をどれだけ多く集めても、実験によってこれらの法則が「正しくない」ことが証明される可能性が常に残されているのである。

　これが、科学の理論や法則の本質だ。証明可能ではなく、**反証可能**なのである。

56

証明可能ではないにもかかわらず、我々は日常的にこれらの法則に命をかけている。たとえば、車に乗るたびに、$F = ma$ に命を預けている。これが世の中の仕組みを表す信頼できるものだと考えているからだ。あるいは、一歩踏み出すたびに、$F = Gm_1m_2/r^2$ が正しいものであるとして、自らの健康と安全をささげている。

科学は、真であることを証明することではなく、**真ではないことを証明すること**で機能している。そして、多くの労力をかけても真ではないことが証明できないなら、目的のために十分に真であるとみなされる。

もちろん、すべてのことが証明できるわけではない。「これは嘘である」という主張は、真でも偽でもない。これは、証明できない最も簡単な例だろう。

つまり、数学は証明可能な主張を真であると証明する学問であり、科学は証明可能な主張を偽であると証明する学問であると言えるだろう。

テスト

Dijkstra は「テストはバグが存在しないことではなく、バグが存在することを示すものである」と述べた。つまり、テストによってプログラムが正しくないことは証明できるが、プログラムが正しいことは証明できないのである。テストに十分な労力をかけていれば、そのプログラムは目的のために十分に真であるとみなせる。

この事実は、驚くべきことを示している。ソフトウェア開発は、数学的な構成要素を操作しているかのように思えるかもしれないが、実際には数学的な試みではない。むしろソフトウェア開発は科学のようなものである。どれだけ最善を尽くしても正しくないことを証明できないことによって、その正しさを明らかにしているのである。

ただし、こうした「正しくないことの証明」は、**証明可能な**プログラムにしか適用できない。（たとえば goto を無制限に使用した）証明不可能なプログラムは、いくらテストしても正しいとみなされることはない。

構造化プログラミングでは、プログラムを再帰的に分割して、証明可能な小さな機能にする必要がある。そして、証明可能な小さな機能が正しくないことを、テストを使って証明する。テストが正しくないことを証明できなければ、その機能は目的のために十分に正しいとみなすことができる。

第4章　構造化プログラミング

まとめ

　構造化プログラミングの価値を高めるのは、反証可能なプログラミングの単位を作成する能力である。したがって、現代の言語では無制限の goto 文がサポートされていない。このことは、アーキテクチャレベルにおいて、**機能分割**がベストプラクティスだと考えられている理由でもある。

　最小の機能から最大のコンポーネントまで、あらゆるレベルにおいて、ソフトウェアは科学のように、反証可能性によって動かされている。ソフトウェアアーキテクトは、簡単に反証できる（テスト可能な）モジュール、コンポーネント、サービスを定義しようとする。そのために、さらに上位のレベルにおいて、構造化プログラミングのような制限を課している。

　こうした制限については、今後の章で詳しく調べていきたい。

オブジェクト指向プログラミング 第5章

　これから説明していくことになるが、優れたアーキテクチャの基本となるのは「オブジェクト指向設計」の原則の理解と適用である。だが、オブジェクト指向（OO: Object Oriented）とは何だろうか？

　ひとつの答えに「データと関数の組み合わせ」がある。これはよく引き合いに出されるものだが、満足できない答えである。o.f() と f(o) が別物であるかのように扱われているからだ。バカバカしい。Dahl と Nygaard が関数呼び出しのスタックフレームをヒープに移動することで「オブジェクト指向」というものを発明した 1966 年よりもずっと前から、プログラマたちはデータ構造を関数に渡していた。

　もうひとつのよくある答えに「現実の世界をモデル化する方法」がある。言い訳がましい答えだ。「現実の世界をモデル化」とは、何を意味しているのだろうか？　どうしてそんなことをしたいと思うのだろうか？　おそらくこれは、OO を使えばソフトウェアと現実世界が近くなるので、ソフトウェアのことを理解しやすくなる、といったことを意図しているのだろう。あまりにも言い訳がましい答えだが、そもそも定義が雑すぎる。結局、OO とは何なのかを明らかにしていない。

第 5 章　オブジェクト指向プログラミング

あるいは、**カプセル化**、**継承**、**ポリモーフィズム**という 3 つの魔法の言葉で OO の性質を説明しようとする人もいる。おそらくこういう人たちは「OO はこれら 3 つの適切な混合物である」とか「OO 言語はこれら 3 つをサポートするべきだ」などと言いたいのだろう。

では、それぞれの概念を順番に調べてみよう。

カプセル化とは？

「カプセル化」が OO の定義の一部となっているのは、OO 言語がデータと関数のカプセル化を簡単かつ効果的なものにしているからだ。それによって、データと関数の周囲に線を引くことができる。その線の外側にはデータは見えないようになっていて、一部の関数だけが見えるようになっている。これらの概念は、「プライベートなデータメンバー」と「クラスのパブリックなメンバー関数」として表される。

この考え方は、OO だけのものではない。実際、C 言語でも完ぺきなカプセル化は実現できる。以下の簡単なプログラムを考えてみよう。

リスト 5-1　point.h

```
struct Point;
struct Point* makePoint(double x, double y);
double distance(struct Point *p1, struct Point *p2);
```

リスト 5-2　point.c

```
#include "point.h"
#include <stdlib.h>
#include <math.h>

struct Point {
  double x,y;
};

struct Point* makepoint(double x, double y) {
  struct Point* p = malloc(sizeof(struct Point));
  p->x = x;
  p->y = y;
  return p;
```

60

```
}

double distance(struct Point* p1, struct Point* p2) {
  double dx = p1->x - p2->x;
  double dy = p1->y - p2->y;
  return sqrt(dx*dx+dy*dy);
}
```

point.h のユーザーは、struct Point のメンバーにアクセスできない。makePoint() と distance() は呼び出せるが、Point のデータ構造や関数の実装については何も知らない。

これは（非 OO 言語による）完ぺきなカプセル化である。C 言語のプログラマは、このようなことをいつもやっていた。データ構造と関数をヘッダーファイルに宣言し、実装ファイルでそれらを実装するのである。ユーザーからは、実装ファイルの要素にアクセスすることはできない。

だがその後、C++という OO 言語が登場し、C 言語の完ぺきなカプセル化が破られてしまった。

C++のコンパイラの技術的な理由から[1]、クラスのメンバー変数をヘッダーファイルに宣言する必要があった。その結果、Point を以下のように変更することになった。

リスト 5-3 point.h

```
class Point {
public:
  Point(double x, double y);
  double distance(const Point& p) const;

private:
  double x;
  double y;
};
```

リスト 5-4 point.cc

```
#include "point.h"
#include <math.h>
```

---

1 C++コンパイラは、クラスのインスタンスのサイズを知る必要がある。

第5章 オブジェクト指向プログラミング

```cpp
Point::Point(double x, double y)
: x(x), y(y)
{}

double Point::distance(const Point& p) const {
  double dx = x-p.x;
  double dy = y-p.y;
  return sqrt(dx*dx + dy*dy);
}
```

point.h のクライアントから、メンバー変数 x と y が見えている！ 変数へのアクセスはコンパイラによって防御されることになるが、クライアントはそれらの存在を知っているのである。つまり、メンバー名が変更されると、point.cc ファイルを再コンパイルする必要がある！カプセル化が壊れてしまっているのだ。

もちろんカプセル化を部分的に修復することはできる。public、private、protected のキーワードを導入すればいい。だがこれらは、コンパイラからヘッダーファイルの変数を見るための、技術的に必要とされる**ハック**である。

Java や C#では、ヘッダーと実装の分離を廃止している。これにより、カプセル化はさらに弱体化した。これらの言語では、クラスの宣言と定義を分離することは不可能である。

こうした理由から、OO がカプセル化に依存していることを受け入れるのは難しい。実際、多くの OO 言語[2]は、強制的なカプセル化をほとんどあるいはまったく持っていない。

確かに OO は、プログラマがカプセル化されたデータを盗み見ないように、礼儀正しく振る舞うべきであるという考え方には依存している。だとしても、OO を提供すると主張している言語は、C 言語で完ぺきに実現できていたカプセル化を弱体化させてしまっているのである。

継承とは？

OO 言語が優れたカプセル化を与えてくれなかったとしても、継承ならば確実に与えてくれるはずである。

まあ、普通ならそう思うはずだ。そもそも継承とは、スコープ内の変数と関数のグループを再度宣言したものである。これは、OO 言語が登場するはるか前から、C 言語のプログラマが手動でやってきたことだ[3]。

2　たとえば、Smalltalk、Python、JavaScript、Lua、Ruby などがある。
3　C言語のプログラマだけでなく、その時代のほとんどの言語は、あるデータ構造を別のものとして装うことができた。

継承とは？

これを元の point.h に対してやってみよう。

リスト 5-5　namedPoint.h

```
struct NamedPoint;

struct NamedPoint* makeNamedPoint(double x, double y, char* name);
void setName(struct NamedPoint* np, char* name);
char* getName(struct NamedPoint* np);
```

リスト 5-6　namedPoint.c

```
#include "namedPoint.h"
#include <stdlib.h>

struct NamedPoint {
  double x,y;
  char* name;
};

struct NamedPoint* makeNamedPoint(double x, double y, char* name) {
  struct NamedPoint* p = malloc(sizeof(struct NamedPoint));
  p->x = x;
  p->y = y;
  p->name = name;
  return p;
}

void setName(struct NamedPoint* np, char* name) {
  np->name = name;
}

char* getName(struct NamedPoint* np) {
  return np->name;
}
```

第5章 オブジェクト指向プログラミング

リスト5-7　main.c

```c
#include "point.h"
#include "namedPoint.h"
#include <stdio.h>

int main(int ac, char** av) {
  struct NamedPoint* origin = makeNamedPoint(0.0, 0.0, "origin");
  struct NamedPoint* upperRight = makeNamedPoint
    (1.0, 1.0, "upperRight");
  printf("distance=%f\n",
    distance(
            (struct Point*) origin,
            (struct Point*) upperRight));
}
```

　main プログラムを注意深く見ると、NamedPoint というデータ構造が Point の派生物のように動作していることがわかる。これは、NamedPoint の最初の2つのフィールドの順序が Point と同じになっているからだ。要するに、NamedPoint は Point の純粋な上位集合であり、対応するメンバーの順番を保持してるため、Point になりすますことができているのだ。

　このようなトリックは、OO の登場以前からプログラマが使用する一般的なプラクティスだった[4]。実際、このようなトリックを使って、C++は単一継承を実現している。

　したがって、OO 言語が発明されるよりもずっと前から、我々はある種の「継承」を持っていたと言えるだろう。ただし、この主張はすべてが真実というわけではない。トリックが存在したことは事実だが、本物の継承と比べると、さほど便利なものではなかったからだ。また、このトリックを使って多重継承を実現するのは、かなり困難である。

　それから、main.c では、NamedPoint の引数を Point にキャストしなければいけないことにも注意してほしい。実際の OO 言語では、こうしたアップキャスティングは暗黙的に行われる。

　OO 言語はまったく新しいものを我々に与えてくれたわけではない。だが、データ構造のなりすましが格段に便利になったことは間違いない。

　まとめると、カプセル化についてはポイントを獲得できず、継承については半分のポイントしか獲得できていない。これまでのところ、OO のスコアはあまり優れているとは言えない。

　だが、考慮すべき特性がもうひとつ残されている。

4　実際にはまだ存在する。

ポリモーフィズムとは？

OO 言語の登場より前に、ポリモーフィズムのような振る舞いはあったのだろうか？ 当然あった。以下にある C 言語の簡単な copy プログラムを見てほしい。

```
#include <stdio.h>

void copy() {
  int c;
  while ((c=getchar()) != EOF)
    putchar(c);
}
```

getchar() は STDIN から読み取りを行っている。だが、どのデバイスが STDIN なのだろうか？ putchar() は STDOUT に書き込みを行っている。だが、どのデバイスが STDOUT なのだろうか？ これらの関数は、**ポリモーフィズム**を実現している。その振る舞いが STDIN と STDOUT の種類によって決まるからだ。

STDIN と STDOUT は、各デバイスの実装を抱える Java のインターフェイスのようなものである。もちろん、先ほどの C のプログラムにはインターフェイスはない。それでは、getchar() の呼び出しが、実際に文字を読み取るデバイスドライバにどのようにつながるのだろうか？

その質問の答えは簡単だ。UNIX では、すべての IO デバイスドライバに5つの標準機能を提供することが求められている[5]。その5つとは、open、close、read、write、seek だ。これらの関数のシグネチャは、すべての IO ドライバで同じでなければいけない。

FILE データ構造体には、関数へのポインタが5つ含まれている。今回の例では、以下のようになるだろう。

```
struct FILE {
  void (*open)(char* name, int mode);
  void (*close)();
  int (*read)();
  void (*write)(char);
  void (*seek)(long index, int mode);
};
```

コンソール用の IO ドライバでは、これらの関数を定義し、そのアドレスで FILE データ構造

5　UNIX システムは多種多様なので、これはあくまでも例である。

第5章　オブジェクト指向プログラミング

体をロードする。

```
#include "file.h"

void open(char* name, int mode) {/*...*/}
void close() {/*...*/};
int read() {int c;/*...*/ return c;}
void write(char c) {/*...*/}
void seek(long index, int mode) {/*...*/}

struct FILE console = {open, close, read, write, seek};
```

STDIN が FILE* として定義されていて、それがコンソールのデータ構造体を指しているのであれば、getchar() は以下のように実装できる。

```
extern struct FILE* STDIN;

int getchar() {
  return STDIN->read();
}
```

　言い換えれば、getchar() は、STDIN が指している FILE データ構造体の read ポインタが指している関数を呼び出しているだけなのだ。

　この簡単なトリックが、OO のポリモーフィズムの基礎である。たとえば、C++では、クラスの仮想関数は vtable というテーブルにポインタを持ち、すべての仮想関数への呼び出しはこのテーブルを経由することになる。派生クラスのコンストラクタでは、生成したオブジェクトの vtable にそれらの関数をロードするだけだ。

　まとめると、ポリモーフィズムは関数へのポインタの応用である。1940 年代後半にノイマン型アーキテクチャが実装されて以来、プログラマはポリモーフィズムの振る舞いを実現するために、関数へのポインタを使用してきた。つまり、OO は新しいものを提供しているわけではないのである。

　ただし、このことが全面的に正しいわけでもない。OO 言語がポリモーフィズムを提供してくれたわけではないが、それを安全かつ便利にしてくれたのは OO 言語だ。

　関数へのポインタを明示的に使用して、ポリモーフィズムの振る舞いを生み出すときの問題は、関数へのポインタが**危険**であることだ。ポインタを初期化するときは「ポインタを経由して関数を呼び出す」という規約を覚えておく必要がある。プログラマが規約を覚えておかない

66

と、バグの追跡と排除が相当難しくなるだろう。

OO 言語はこうした規約を排除することで、関数へのポインタの危険性を回避している。OO 言語を使えば、ポリモーフィズムも簡単に使えるようになる。古参の C 言語のプログラマだけが夢見ることのできた「強力なパワー」を授けてくれる。これらを踏まえると、OO は間接的な制御の移行に規律を課すものであると結論づけることができるだろう。

ポリモーフィズムのパワー

ポリモーフィズムの優れた点は何だろうか？　その魅力をきちんと評価するために、copy プログラムの例を再度考えてみたい。新しい IO デバイスが作成されたら、プログラムはどうなるだろうか？　たとえば、copy プログラムを使用して、手書き認識装置から音声合成装置にデータをコピーしたいとしよう。こうした新しいデバイスを動かすためには、copy プログラムをどのように変更する必要があるだろうか？

答えは、何も変更する必要はない！　copy プログラムを再コンパイルする必要もない。なぜだろうか？　copy プログラムのソースコードは、IO ドライバのソースコードに依存していないからだ。IO ドライバが FILE で定義されている 5 つの標準関数を実装していれば、copy プログラムは喜んでそれらを使用するのである。

IO デバイスは copy プログラムのプラグインになったのだ。

それでは、なぜ UNIX は IO デバイスをプラグインにしたのだろうか？　1950 年代後半に、我々がプログラムを**デバイス非依存**にすべきであることを学んだからだ。それはなぜか？　デバイス**依存**のプログラムをいくつも作った結果、プログラムに同じ仕事をしてもらいながら、さまざまなデバイスを扱ってもらいたいことがわかったからだ。

たとえば、カードデッキから入力データを読み込み[6]、新しいデッキにパンチを出力するプログラムをよく書いていた。その後、顧客からカードデッキの代わりに、磁気テープのリールを渡されるようになった。これが非常に不便だった。プログラムの大部分を書き直す必要があったからだ。同じプログラムでカードとテープが動作すればいいのにと思っていた。

プラグインアーキテクチャは、こうした IO デバイスの非依存性をサポートするために考案されたものだ。それ以来、ほぼすべてのオペレーティングシステムで実装されている。だが、ほとんどのプログラマは、自分たちのプログラムにその考え方を適用しなかった。関数のポインタを使うのは危険だったからだ。

OO ならば、プラグインアーキテクチャをどこでも何にでも使うことができる。

6　パンチカード（IBM Hollerith の 80 欄パンチカード）を見たことがない人も多いと思うが、1950 年代、1960 年代、さらに 1970 年代でさえ、当たり前のように使われていた。

依存関係逆転

　ポリモーフィズムの安全で便利な仕組みが使えるようになる前に、どのようなソフトウェアがあったのかを想像してほしい。典型的な呼び出しツリーでは、main 関数が上位レベルの関数を呼び出し、それが中間レベルの関数を呼び出し、それが下位レベルの関数を呼び出す。ソースコードの依存関係は、依然として制御の流れに従っている（図 5-1）。

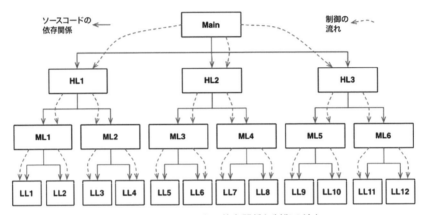

図 5-1　ソースコードの依存関係と制御の流れ

　main が上位レベルの関数の 1 つを呼び出すためには、その関数を含むモジュールの名前に言及する必要がある。C 言語では #include を使う。Java では import 文を使う。C# では using 文を使う。呼び出し元は、呼び出し先を含んだモジュールの名前に言及しなければいけない。

　こうした制約があるため、ソフトウェアアーキテクトにはわずかな選択肢しか残されていない。制御の流れはシステムの振る舞いによって決まり、ソースコードの依存関係は制御の流れによって決まるのである。

　だが、ポリモーフィズムを活用すると、まったく異なることが発生する（図 5-2）。

　図 5-2 では、モジュール HL1 がモジュール ML1 にある F() 関数を呼び出している。インターフェイス経由で関数を呼び出しているところが、ソースコードの仕掛けだ。実行時には、インターフェイスは存在しない。HL1 は ML1 にある F() を呼び出すだけだ[7]。

　ML1 とインターフェイス I のソースコードの依存関係（継承関係）が、制御の流れと逆転していることに注目してほしい。これは**依存関係逆転**と呼ばれ、ソフトウェアアーキテクトに大きな影響を与えるものである。

　OO 言語が安全で便利なポリモーフィズムを提供しているというのは、ソースコードの依存

7　間接的ではあるが。

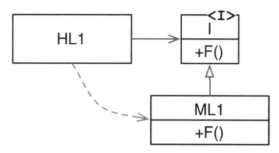

図5-2　依存関係逆転

関係は（たとえどこにあっても）逆転できることを意味する。

再び図5-1の呼び出しツリーとソースコードの依存関係を見てみよう。ソースコードにあるすべての依存関係は、インターフェイスを挿入することで逆転可能である。

このアプローチを使うことで、OO言語で書かれたシステムに取り組んでいるソフトウェアアーキテクトは、システムにあるすべてのソースコードの依存関係の方向を**絶対的に制御**できる。依存関係を制御の流れに合わせる必要はない。どのモジュールが呼び出しを行い、どのモジュールが呼び出されようとも、ソフトウェアアーキテクトはソースコードの依存関係をどの方向にも向けることができる。

これはパワーだ！　これがOOの提供するパワーである。これこそが本当のOOだ。少なくともアーキテクトの観点からはそう言える。

このパワーで何ができるだろうか？　たとえば、システムのソースコードの依存関係を並べ替えるだけで、他の方法を使わなくても、データベースとユーザーインターフェイス（UI）をビジネスルールに依存させることができる（**図5-3**）。

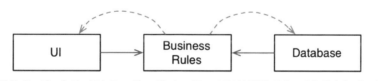

図5-3　データベースとユーザーインターフェイスはビジネスルールに依存している

つまり、UIとデータベースをビジネスルールのプラグインにできるということだ。したがって、ビジネスルールのソースコードからUIやデータベースに言及することはない。

結果として、ソースコードと同じ依存関係のまま、ビジネスルール、UI、データベースを3つの異なるコンポーネントやデプロイメントユニット（jarファイル、DLL、Gemファイルなど）にまとめることができる。つまり、ビジネスルールを含むコンポーネントは、UIやデータベースを含むコンポーネントに依存しないということだ。

第 5 章　オブジェクト指向プログラミング

　また、ビジネスルールは、UI やデータベースとは**独立して**デプロイできる。UI やデータベースに対する変更が、ビジネスルールに影響を与えることはない。これらのコンポーネントはビジネスルールとは関係なく、独立してデプロイできるからだ。

　コンポーネントのソースコードを変更しても、そのコンポーネントだけを再デプロイすればいい。これが、**独立デプロイ可能性**である。

　システムにあるモジュールを個別にデプロイできるなら、別々のチームが個別に開発できる。これが、**独立開発可能性**である。

まとめ

　「OO とは何か？」この質問には、多くの意見と多くの答えがある。だが、ソフトウェアアーキテクトにとって、その答えは明らかだ。OO とは「ポリモーフィズムを使用することで、システムにあるすべてのソースコードの依存関係を絶対的に制御する能力」である。

　これにより、アーキテクトは「プラグインアーキテクチャ」を作成できる。これは、上位レベルの方針を含んだモジュールを下位レベルの詳細を含んだモジュールから独立させることである。下位レベルの詳細はプラグインモジュールとなり、上位レベルの方針を含んだモジュールとは独立して、デプロイおよび開発することが可能となる。

関数型プログラミング 第6章

　さまざまな意味で、関数型プログラミングの概念はプログラミング以前から存在する。このパラダイムは、1930年代にAlonzo Churchが発明したラムダ計算にもとづいている。

整数の二乗

　関数型プログラミングを説明するために、いくつかの例を見ていこう。まずは簡単な計算だ。最初の25の整数の二乗を印字するというものだ。

　Javaのような言語では、以下のように書くことになるだろう。

```
public class Squint {
  public static void main(String args[]) {
    for (int i=0; i<25; i++)
      System.out.println(i*i);
  }
}
```

第6章　関数型プログラミング

　Clojure（Lisp の派生言語）などの関数型の言語では、同じプログラムを以下のように実装するだろう。

```
(println (take 25 (map (fn [x] (* x x)) (range))))
```

　Lisp を知らないなら、少し奇妙に見えるかもしれない。少しだけフォーマットし直して、いくつかのコメントを追加してみよう。

```
(println ;_____ Print ( 印字する )
  (take 25 ;_____ the first 25 ( 最初の25を )
    (map (fn [x] (* x x)) ;__ squares ( 二乗する )
      (range)))) ;_____ of Integers ( 整数の )
```

　println、take、map、range がすべて関数であることはわかるだろう。Lisp では、括弧で囲んで関数を呼び出す。たとえば、(range) は range 関数を呼び出している。

　(fn [x](* x x)) という式は、引数を 2 回渡して乗算関数を呼び出す無名関数である。つまり、入力の二乗を計算するものだ。

　再び全体を見ると、内側の関数呼び出しから説明するとよさそうだ。

- range 関数は、0 から始まる整数の無限リストを返す。
- 先ほどのリストは map 関数に渡される。これは、各要素に対して二乗の無名関数を呼び出し、整数の二乗の無限リストを生成する。
- 先ほどの二乗のリストは take 関数に渡される。これは、最初の 25 個の要素だけを含んだ新しいリストを戻す。
- println 関数は入力を印字する。入力となるのは、整数の二乗のリストの最初の 25 個のリストである。

　「無限リスト」と聞いて不安になったかもしれないが、心配する必要はない。実際に生成されるのは、最初の 25 個の要素だけを含んだリストである。無限リストの要素は、アクセスされるまで評価されないからだ。

　すべての不安が解消できたら、これから Clojure と関数型プログラミングを学べるすばらしい時間を心待ちにしてほしい。ただし、ここではこれらについて教えることが目的ではない。

　私の目的は、Clojure と Java プログラムの大きな違いについて指摘することだ。Java プログラムは、**可変変数**（プログラムの実行中に状態を変化させる変数）を使用する。たとえば、ループの制御変数 i がそうだ。だが、そのような変数は Clojure プログラムには存在しない。先ほ

どの Clojure プログラムを見ると、x などの変数は初期化されているが、そこから変更されることはない。

このことが驚くべき主張につながる。それは「関数型言語の変数は**変化しない**」というものだ。

不変性とアーキテクチャ

アーキテクチャの観点からすると、なぜこれが重要なのだろうか？　なぜアーキテクトは、変数の可変性に配慮すべきなのだろうか？　その答えは、簡単すぎるくらいである。それは、競合状態、デッドロック状態、並行更新の問題の原因が、すべて可変変数にあるからだ。変数が変化しないのであれば、競合状態や並行更新の問題は発生しない。また、変更可能なロックがなければ、デッドロックになることもない。

言い換えれば、並行処理の（複数のスレッドやプロセスを必要とする）アプリケーションにおいて直面するあらゆる問題は、可変変数がなければ発生しないのである。

アーキテクトならば、並行性の問題には関心があるはずだ。設計しているシステムを複数のスレッドやプロセッサの環境でも、堅牢に動作させたいはずである。ここで、みなさんは自分自身にこう問いかけていることだろう。「不変性は実際に使えるのか？」と。

ストレージとプロセッサ速度が無限にあれば、その答えは肯定的なものとなる。これらのリソースが無限になければ、その答えは少し微妙になる。つまり、ある程度の妥協ができれば、不変性は実際に使えるだろう。

こうした妥協をいくつか見ていこう。

可変性の分離

不変性に関する最も一般的な妥協となるのは、アプリケーションまたはアプリケーションのサービスを「可変コンポーネント」と「不変コンポーネント」に分離することである。不変コンポーネントは、可変変数を使わずに、純粋に関数的にタスクを行う。可変コンポーネントは、変数の状態の変更を許可している（純粋に関数的にタスクを行わない）1つ以上のコンポーネントと通信する（**図 6-1**）。

状態の変更により、これらのコンポーネントは並行性の問題に遭遇する可能性がある。したがって、変更可能な変数を並行更新や競合状態から保護するために、**トランザクショナルメモリ**を使用するのが一般的である。

トランザクショナルメモリとは、データベースがディスクのレコードを扱うのと同じように、

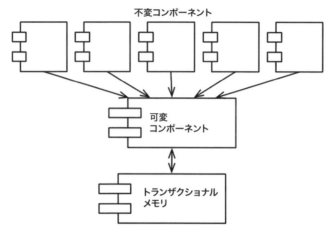

図 6-1　可変状態とトランザクショナルメモリ

メモリ内の変数を扱うものである[1]。変数をトランザクションやリトライベースのスキームから保護してくれる。

このアプローチの簡単な例として、Clojure の atom がある。

```
(def counter (atom 0)) ; initialize counter to 0（カウンターを0で初期化）
(swap! counter inc) ; safely increment counter.（安全にカウンターを加算）
```

このコードでは、変数 counter は atom として定義されている。Clojure では、atom は特別な種類の変数であり、その値は厳しい条件下で、swap!関数によって強制的に変更する必要がある。

先ほどのコードの swap!関数は、変更する atom と、新しい値を計算して atom に格納する関数の 2 つの引数をとる。ここでは、引数を増加させる inc 関数によって、counter という atom の値を変更している。

swap!が使用する戦略は、従来からある**比較と置換**のアルゴリズムだ。counter の値を読み込んでから、inc に渡している。inc から戻ったときに、counter をロックして、inc に渡した値と比較する。値が同じならば、inc から戻された値を counter に格納して、ロックを解除する。値が違っていたら、ロックを解除して、戦略を最初から再試行する。

atom は、簡単なアプリケーションには適している。だが、従属変数が複数になると、並行更新やデッドロックから安全に保護することはできない。そのような場合は、さらに洗練された機構を使用することになる。

---

[1] わかっている……ディスクを知らない人もいるだろう。

適切に構造化されたアプリケーションは、変数を変更しないコンポーネントと変更するコンポーネントに分離されている。こうした分離は、変更された変数を保護する適切な規律を使うことで実現されている。

アーキテクトならば、不変コンポーネントにできるだけ多くの処理を押し込み、可変コンポーネントからできるだけ多くのコードを追い払うべきだろう。

イベントソーシング

ストレージと処理能力の限界は、我々の視界から急速に遠ざかっている。今では、プロセッサは毎秒数十億の命令を実行し、数十億バイトの RAM を持つことが一般的である。記憶容量が増え、マシンが高速になれば、変更可能な状態を持つ必要性は薄くなっていく。

簡単な例として、顧客の口座残高を保持する銀行アプリケーションを想像してほしい。入出金の取引を実行すると、口座の残高が変更される。

では、口座の残高を保存する代わりに、取引のみを保存すると考えてみよう。残高を知りたい場合は、これまでのすべての取引を合計するのである。この仕組みならば、可変変数は必要ない。

このアプローチは明らかにおかしい。時間が経つにつれて、取引の数は際限なく増加し、合計を計算するために必要な処理能力が維持できなくなるだろう。この仕組みを永遠に機能させるには、無限のストレージと無限の処理能力が必要になるだろう。

だがおそらく、この仕組みを永遠に機能させる必要はない。アプリケーションの寿命期間だけこの仕組みを機能させるなら、すでに我々は十分な記憶容量と十分な処理能力を持っている。

これが**イベントソーシング**の背景にある考え方だ[2]。イベントソーシングとは、状態ではなく取引（トランザクション）を保存するという戦略である。状態が必要になれば、すべての取引を収集すればいい。

もちろんショートカットも用意されている。たとえば、毎晩 0 時に状態を計算して保存しておくことができる。そして、状態が必要になれば、0 時からの取引だけを計算すればいいのである。

この仕組みに必要なデータストレージを考えてみよう。おそらく膨大な量が必要になるはずだ。実際、オフラインのデータストレージは急速に増加しており、現在では数兆バイトのデータ量でも少ないと考えられている（したがって、ものすごい量が必要になる）。

さらに重要なのは、こうしたデータストアに対して、削除や更新は行われないということだ。

2　この概念を教えてくれた Greg Young に感謝。

第6章　関数型プログラミング

その結果、アプリケーションはCRUDにはならず、CRだけになる。また、並行更新の問題も発生しない。

　十分な記憶容量と十分な処理能力があれば、アプリケーションを完全に不変にできる。したがって、**完全に関数型になる**。

　まだおかしいと思っているようなら、この仕組みはソースコード管理システムとまったく同じであることを思い出すといいだろう。

まとめ

　これまでの流れをまとめよう。

- 構造化プログラミングは、直接的な制御の移行に規律を課すものである。
- オブジェクト指向プログラミングは、間接的な制御の移行に規律を課すものである。
- 関数型プログラミングは、代入に規律を課すものである。

　これら3つのパラダイムは、我々から何かを奪っている。それぞれがコードの書き方に何らかの制限をかけている。いずれのパラダイムも我々にパワーや能力を与えてくれるものではない。

　過去半世紀にかけて我々が学んだのは、**何をすべきではないか**である。

　そのために我々は、歓迎できない事実に直面する必要がある。それは、ソフトウェアは急速に進歩する技術ではないということだ。現在のソフトウェアのルールは、Alan Turing が電子計算機で実行するための最初のコードを書いた 1946 年のものと同じである。ツールは変わり、ハードウェアも変わったが、ソフトウェアの本質は変わっていない。

　ソフトウェア（コンピュータプログラムの本質）は、「順次」「選択」「反復」と「間接参照」で構成されている。それ以上でも、それ以下でもない。

76

設計の原則 第III部

　よくできたソフトウェアシステムは、クリーンなコードを書くことから始まる。レンガの出来が悪ければ、その建築は優れたものにはならない。一方、たとえよくできたレンガを使っても、ぐちゃぐちゃなものを作ってしまうことがあり得る。そこで登場するのが「SOLID原則」だ。

　SOLID原則は、関数やデータ構造をどのようにクラスに組み込むのか、そしてクラスの相互接続をどのようにするのかといったことを教えてくれる。「クラス」という用語を使ったからといって、これらの原則がオブジェクト指向ソフトウェアにしか通用しないわけではない。ここでいうクラスとは、単にいくつかの機能やデータをとりまとめたものを指しているにすぎない。「クラス」と呼ぶかどうかは別として、どのようなソフトウェアシステムにもそのような仕組みはあるはずだ。SOLID原則は、そうした仕組みに適用するものである。

　SOLID原則の目的は、以下のような性質を持つ中間レベルのソフトウェア構造を作ることだ。

- 変更に強いこと
- 理解しやすいこと
- コンポーネントの基盤として、多くのソフトウェアシステムで利用できること

第 III 部　設計の原則

「中間レベルの」という言葉は、SOLID 原則がモジュールレベルの開発に使われるものであることを意図している。コードレベルよりも上に適用するものであり、モジュールやコンポーネントで使うソフトウェア構造の定義に役立つ。

よくできたレンガを使っても、ぐちゃぐちゃな建築になってしまうことがあるのと同様に、中間レベルのコンポーネントがいくらよくできていても、システム全体としてはひどいものになってしまうことがある。そのため、SOLID 原則の説明が終わったら、次はそれに対応するコンポーネントの原則を説明する。そのあとに上位レベルのアーキテクチャの原則の話に移る。

SOLID 原則の歴史は古い。私がいろいろな原則をまとめるようになったのは、80 年代後半のことだった。あの頃の私は、USENET（Facebook のご先祖様みたいなものだと思ってほしい）でソフトウェア設計の原則についていろんな議論をしていた。議論を重ねるにつれて、原則が変化することもあった。なかには消えてしまったものもあるし、いくつかの原則をひとつにまとめたこともあった。新しい原則を追加したこともあった。最終的に安定したのは 2000 年代初期のことだったが、当時は今とは違う順番で原則を紹介していた。

確か 2004 年だったと思うが、Michael Feathers から「これらの原則の並び順を変えれば、頭文字を SOLID と読めるのでは？」というメールが届いた。SOLID 原則誕生の瞬間だ。

この後の章で個々の原則を詳しく説明するので、ここではその概要を示す。

- **単一責任の原則（SRP：Single Responsibility Principle）**

  コンウェイの法則[1]から導かれる当然の帰結。個々のモジュールを変更する理由がたったひとつだけになるように、ソフトウェアシステムの構造がそれを使う組織の社会的構造に大きな影響を受けるようにする。

- **オープン・クローズドの原則（OCP：Open-Closed Principle）**

  Bertrand Meyer が 80 年代に広めた原則。ソフトウェアを変更しやすくするために、既存のコードの変更よりも新しいコードの追加によって、システムの振る舞いを変更できるように設計すべきである。

- **リスコフの置換原則（LSP：Liskov Substitution Principle）**

  Barbara Liskov が提唱した有名な派生型の定義。1988 年に誕生。要するに、交換可能なパーツを使ってソフトウェアシステムを構築するなら、個々のパーツが交換可能となるような契約に従わなければいけないということ。

- **インターフェイス分離の原則（ISP：Interface Segregation Principle）**

  ソフトウェアを設計する際には、使っていないものへの依存を回避すべきだという原則。

1　第 16 章「独立性」の「開発」を参照。

第 III 部　設計の原則

- **依存関係逆転の原則（DIP：Dependency Inversion Principle）**
  上位レベルの方針の実装コードは、下位レベルの詳細の実装コードに依存すべきではなく、逆に詳細側が方針に依存すべきであるという原則。

　これらの原則の詳細については、これまでにもさまざまな書籍や記事が公開されている[2]。本書では、それらの文献での議論を繰り返すのではなく、これらの原則がアーキテクチャ的にどのような意味を持つのかを中心に説明する。SOLID 原則についてなじみのない人にとっては、本書の説明だけでは不十分かもしれない。その場合は、脚注で紹介した文献をあたってみるといいだろう。

2　拙書『アジャイルソフトウェア開発の奥義』、http://www.butunclebob.com/ArticleS.UncleBob.PrinciplesOfOod、https://en.wikipedia.org/wiki/SOLID_(object-oriented_design) など。あるいは「SOLID」で検索してみるといいだろう。

79

SRP：単一責任の原則　第7章

　SOLID 原則のなかで最も誤解されがちなのが「単一責任の原則（SRP）」だろう。おそらくその原因は、名前があまりよくなかったことだ。この原則の名前を聞いたプログラマは「どのモジュールもたったひとつのことだけを行うべき」と受け取ってしまう。

　確かにそのような原則も**存在する**。ひとつの**関数**はたったひとつのことだけを行うべきというものだ。巨大な関数にリファクタリングを施して、小さな関数に切り分けるときに使うのがこの原則である。ただ、これを用いるのは最下位のレベルだ。SOLID 原則の単一責任の原則（SRP）とは別のものである。

　かつて単一責任の原則（SRP）は、以下のように語られてきた。

　　モジュールを変更する理由はたったひとつだけであるべきである。

　ソフトウェアシステムに手を加えるのは、ユーザーやステークホルダーを満足させるためだ。この「ユーザーやステークホルダー」こそが、単一責任の原則（SRP）が指す「変更する理由」である。つまり、この原則は以下のように言い換えられる。

第 7 章　SRP：単一責任の原則

モジュールはたったひとりのユーザーやステークホルダーに対して責務を負うべきである。

残念ながら「たったひとりのユーザーやステークホルダー」という表現は適切ではない。複数のユーザーやステークホルダーがシステムを同じように変更したいと考えることもある。ここでは、変更を望む人たちをひとまとめにしたグループとして扱いたい。このグループのことを**アクター**と呼ぶことにしよう。

これを踏まえると、最終的な単一責任の原則（SRP）は以下のようになる。

モジュールはたったひとつのアクターに対して責務を負うべきである。

さて、ここでいう「モジュール」とは何のことだろう？　端的に言えば、モジュールとはソースファイルのことである。たいていの場合は、この定義で問題ないだろう。だが、ソースファイル以外のところにコードを格納する言語や開発環境も存在する。そのような場合の「モジュール」は、いくつかの関数やデータをまとめた凝集性のあるものだと考えよう。

「凝集性のある」という言葉が単一責任の原則（SRP）を匂わせる。凝集性が、ひとつのアクターに対する責務を負うコードをまとめるフォースとなる。

単一責任の原則（SRP）を理解するには、この原則に違反している例を見るのが一番だ。

症例1：想定外の重複

私がよく使うお気に入りの例が、給与システムにおける Employee クラスだ。このクラスには、calculatePay()、reportHours()、save() の 3 つのメソッドがある（図 7-1）。

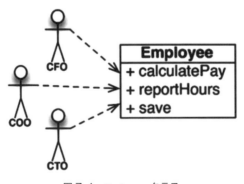

図 7-1　Employee クラス

このクラスは単一責任の原則（SRP）に違反している。3つのメソッドがそれぞれ別々のアクターに対する責務を負っているからだ。

- `calculatePay()` メソッドは、経理部門が規定する。報告先は CFO だ。
- `reportHours()` メソッドは、人事部門が規定して使用する。報告先は COO だ。
- `save()` メソッドは、データベース管理者が規定する。報告先は CTO だ。

これらのメソッドをひとつの Employee クラスに入れると、開発者はすべてのアクターを結合することになる。この結合が原因となり、CFO チームの何らかの操作が、COO チームの使うものに影響を及ぼしてしまうこともある。

たとえば、`calculatePay()` メソッドと `reportHours()` メソッドの両方で所定労働時間を算出しているとしよう。計算アルゴリズムはどちらも同じである。開発者はコードの重複を嫌い、この計算部分を `regularHours()` メソッドに切り出した（図 **7-2**）。

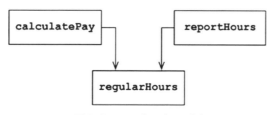

図 7-2　アルゴリズムの共有

ここで、CFO チームでの所定労働時間の算出方法に手を加える必要が出てきたとしよう。COO チームにはその必要はない。というのも、人事部門では所定労働時間を別の目的で使っていたからだ。

そのタスクを担当する開発者は、`calculatePay()` メソッドから `regularHours()` が呼ばれていることを確認した。だが、`regularHours()` が `reportHours()` メソッドからも呼び出されていることには気づかなかった。

その開発者は `regularHours()` に手を加えて要件を満たすようにした。十分にテストもした。CFO チームも期待どおりの動きをすることを確認した。そして、システムがデプロイされた。

もちろん、COO チームはそのことを知らない。人事の担当者は相変わらず `reportHours()` から出てきた数字を使っている。だが、すでにその数字は間違っている。やがて問題が発覚し、COO は激怒した。間違ったデータのせいで、何百万ドルもの損害が出たからだ。

よく似たことは誰もが経験しているだろう。問題が起こった原因は、別々のアクターのコードをひとつにまとめてしまったことにある。単一責任の原則（SRP）は、**アクターの異なるコー**

第7章　SRP：単一責任の原則

ドは分割するべきという原則だ。

症例2：マージ

さまざまなメソッドが含まれるソースファイルでは、マージが頻繁に発生することもめずらしくない。個々のメソッドがそれぞれ別々のアクターに対応しているなら、なおさらそのような場面は多くなる。

たとえば、CTO の配下にいる DBA チームが、データベースの Employee テーブルのスキーマを少し変更することになったとしよう。一方、COO の配下にいる人事の事務員も、勤怠報告の書式変更が必要になったとする。

おそらく別々の開発チームに属している開発者が、それぞれ Employee クラスをチェックアウトして変更を始めることになるだろう。残念ながら、双方の変更内容が衝突したようだ。こんなときにはマージが必要になる。

マージのリスクについてはわざわざ説明する必要もないだろう。いまどきのツールならうまい具合にこなしてくれる。だが、どんな場面にも対応できる万能のツールなど存在しない。どうしてもリスクは残ってしまう。

今回のマージの例では、CTO と COO の双方にリスクが残る。さらには、CFO まで巻き添えを食らう可能性も否定できない。

その他にもさまざまな症例が考えられるが、いずれも複数の人たちがそれぞれ別の理由で、同じソースファイルを変更することに原因がある。

改めて言うが、こうした問題を回避するには、**アクターの異なるコード**は**分割するべき**である。

解決策

これらの問題にはさまざまな解決策がある。いずれも関数を別のクラスに移動するというものだ。

一番わかりやすいのは、データを関数から切り離すというものだろう。たとえば、3つのクラスから EmployeeData クラスを使うようにする。このクラスは、シンプルなデータ構造を持つだけで、メソッドはひとつも含まれていない（**図 7-3**）。3つのクラスはそれぞれ、特定の機能に必要なソースコードだけを保持している。また、他のクラスについて知ることは許可されていない。こうしておけば、想定外の重複は避けられる。

この解決策にも弱点がある。開発者が3つのクラスをインスタンス化して、追跡しなければ

84

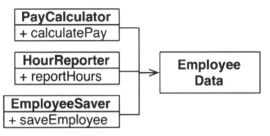

図 7-3　3 つのクラスはお互いに相手のことを知らない

いけないという点だ。このジレンマを解決するために一般的に使われるのが、**Facade** パターンである（図 **7-4**）。

図 7-4　Facade パターン

EmployeeFacade に含まれるコードはごくわずかである。その責務は、実行したいメソッドを持つクラスのインスタンスを生成して、処理を委譲するだけだ。

　重要なビジネスルールはデータの近くに置いておきたいと考える開発者もいるだろう。その場合は、元の Employee クラスに重要なメソッドだけを残し、重要ではないメソッドを呼び出す **Facade** として使えばいい（図 **7-5**）。

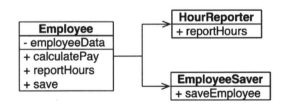

図 7-5　元の Employee クラスに重要なメソッドだけを残し、重要ではないメソッドの Facade として使う

　メソッドがひとつしかないクラスばかり作られるという理由で、この方法を気に入らない人もいるだろう。だが、そのようなことになるはずがない。給与計算や帳票出力やデータの保存

第 7 章　SRP：単一責任の原則

に必要なメソッドの数は多くなる。また、各クラスには、**private** メソッドがいくつも含まれることになるだろう。

　関連するメソッドを持つクラスは、それぞれがひとつのスコープを表す。スコープの外からは、どのような private メンバーが存在するかはわからない。

まとめ

　単一責任の原則（SRP）は関数やクラスに関する原則だが、同じような原則が別のレベルでも登場する。コンポーネントレベルでは、この原則は「閉鎖性共通の原則（CCP）」と呼ばれるようになる。また、アーキテクチャレベルでは、「アーキテクチャの境界」を作るための「変更の軸」と呼ばれている。これらについては、すべてこの後の章で取り上げる。

OCP: オープン・クローズド の原則 第8章

「オープン・クローズドの原則（OCP）」は、1988 年に Bertrand Meyer が提唱した以下のような原則だ[1]。

> ソフトウェアの構成要素は拡張に対しては開いていて、修正に対して閉じていなければならない。
> 『アジャイルソフトウェア開発の奥義 第 2 版』（SB クリエイティブ）より引用

言い換えれば、ソフトウェアの振る舞いは、既存の成果物を変更せず拡張できるようにすべきである、ということだ。

これこそが、我々がソフトウェアアーキテクチャを学ぶ根本的な理由だ。ちょっとした拡張のために大量の書き換えが必要になるようなら、そのソフトウェアシステムのアーキテクトは大失敗への道を進んでいることになる。

ソフトウェア設計の研究者の多くは、オープン・クローズドの原則（OCP）はクラスやモジュールを設計する際の指針となる原則だと考えている。だが、コンポーネントのレベルを考慮したときに、この原則はさらに重要なものとなる。

---

[1] Bertrand Meyer. *Object Oriented Software Construction*, Prentice Hall, 1988, p. 23.（邦訳：『オブジェクト指向入門』アスキー）

本章で思考実験をすることで、それが明確になるだろう。

思考実験

　財務情報をウェブページに表示するシステムを考えてみよう。ページ上のデータはスクロールできて、負の数値は赤く表示される。

　ステークホルダーから「画面に出ている内容と同じものを、白黒のプリンターで印刷したい」という要望が出たとしよう。印刷するとしたら、適切なページ処理が必要になるだろう。各ページのヘッダーやフッター、列の見出しも必要になる。負の数値は括弧で囲むなどの処理も必要だろう。

　新しくコードを書かなければいけないのは明白だが、既存コードの修正はどれくらい必要になるだろう？

　よくできたソフトウェアアーキテクチャなら、既存コードの修正は必要最小限に抑えられるだろう。修正なしで済ませられれば理想的だ。

　だが、その方法は？　まずは、変更する理由が異なるものは、単一責任の原則（SRP）で適切に分割する。そして、それらの依存関係を依存関係逆転の原則（DIP）で適切にまとめる。

　単一責任の原則（SRP）を適用する際には、**図 8-1** のようなデータフロー図を使うことになるだろう。財務データを分析して会計報告データを生成し、これを2種類の出力処理で適切にフォーマットする。

図 8-1　SRP を適用する

　ここで重要なのは、レポートの作成は2つの異なる責務を伴うことだ。出力するデータの計算と、ウェブ（あるいは印刷）向けの表示形式の作成である。

　この2つを分離するには、ソースコードの依存関係を適切に調整し、一方に影響を与えることなく変更できるようにする必要がある。また、変更を取り消すことなく振る舞いを拡張できるようにする必要がある。

これを実現するには、処理をクラスに分割して、それぞれのクラスをコンポーネントにまとめる。図 8-2 の二重線がコンポーネントを表している。図の左上のコンポーネントが **Controller**、右上が **Interactor**、その下が **Database** である。左下には、**Presenter** と **View** を表す 4 つのコンポーネントがある。

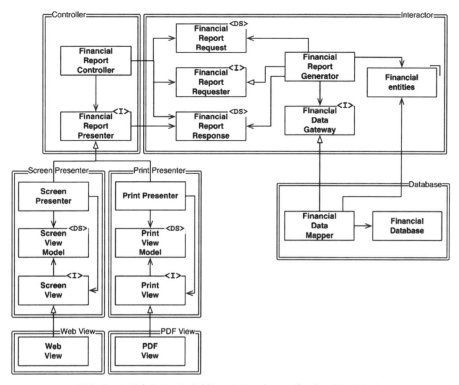

図 8-2　処理をクラスに分割し、クラスをコンポーネントにまとめる

<I>マークがついているクラスはインターフェイスで、<DS>マークはデータ構造を表している。また、通常の矢印は**使用**の関係、白抜きの矢印は**実装**や**継承**の関係を表している。

まず気づくのが、すべての依存関係は**ソースコード**に関するものであるということだ。たとえば、クラス A からクラス B に矢印が引かれている場合は、クラス A のソースコードからクラス B の名前についての言及がある。だが、クラス B からクラス A への言及はない。たとえば、図 8-2 において、FinancialDataMapper は**実装**の関係によって FinancialDataGateway のことを知っているが、FinancialDataGateway は FinancialDataMapper のことを一切知らない。

また、二重線で囲まれた枠を越える線が、**すべて一方通行**になっていることにも気づく。これはつまり、コンポーネントの関係が単方向であることを意味している。コンポーネントは図

8-3 のようになる。矢印の向かっている先が、自分自身を変更したときに影響を及ぼしたくないコンポーネントである。

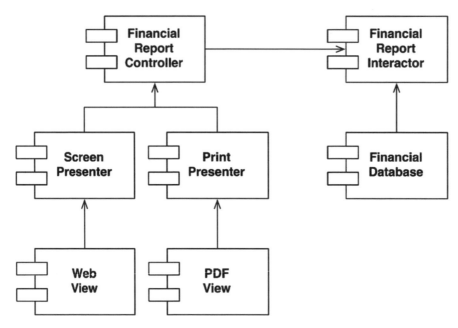

図 8-3　コンポーネントの関係は単方向である

　改めて言おう。コンポーネント A がコンポーネント B の変更から保護されるべきならば、コンポーネント B からコンポーネント A へ依存すべきである。
　ここでは、**Presenter** を変更したときに、**Controller** を変更する必要をなくしたい。**Views** を変更したときに、**Presenter** を変更する必要をなくしたい。他のすべてを変更したときに、**Interactor** を変更する必要をなくしたい。
　オープン・クローズドの原則（OCP）に最も適しているのは、**Interactor** である。**Database**、**Controller**、**Presenter**、**View** を変更しても、**Interactor** には何の影響も及ぼさない。
　なぜ **Interactor** がそんなにも特権的な位置づけになるのだろう？　それは、ビジネスルールを含んでいるからだ。**Interactor** は、アプリケーションの最上位レベルの方針を含んでいる。そのほかのコンポーネントは、周辺にある関心事を処理している。**Interactor** は、その中心となる関心事を処理している。
　Controller は、**Interactor** の周辺にある関心事だが、その一方で **Presenter** や **View** に対しては中心的な位置づけになる。同じく **Presenter** も、**Controller** に対しては周辺的だが、**View** に対しては中心的な位置づけになる。

「レベル」の概念にもとづいた保護の階層ができていることに注目しよう。**Interactor** は最上位レベルの概念なので、これが最も保護される。**View** は最下位レベルの概念なので、保護レベルは最も低くなる。**Presenter** は、**View** よりも上位にあるが、**Controller** や **Interactor** よりも下位レベルにある概念だ。

これが、アーキテクチャレベルにおけるオープン・クローズドの原則（OCP）だ。アーキテクトは、いつどのような理由でどのように変更するかを考えて機能を分割する。そして、分割した機能をコンポーネントの階層構造にまとめる。上位レベルにあるコンポーネントは、下位レベルのコンポーネントが変更されたとしても、変更する必要はない。

方向の制御

先ほどのクラス図に怖じ気づいた人がいるなら、ここでもう一度見直してほしい。図が複雑になっているのは、コンポーネントの依存関係が正しい方向になるように制御するためだった。

たとえば、FinancialDataGateway インターフェイスが FinancialReportGenerator と FinancialDataMapper の間に入っているのは、**Interactor** コンポーネントから **Database** コンポーネントへの依存関係を逆転させるためである。FinancialReportPresenter インターフェイスや2つの **View** インターフェイスの役割も同様だ。

情報隠蔽

FinancialReportRequester インターフェイスは、依存関係の逆転とは別の役割を担っている。このインターフェイスの役割は、FinancialReportController が **Interactor** の内部を知りすぎないように保護することである。このインターフェイスがなければ、**Controller** は推移的に FinancialEntities に依存してしまう。

推移的な依存関係は「ソフトウェアのエンティティは自分が直接使っていないものに依存すべきではない」という大原則に違反している。この大原則については、後ほどインターフェイス分離の原則（ISP）や全再利用の原則（CRP）について説明するときに再び取り上げる。

Controller への変更が **Interactor** に影響を及ぼさないようにすることが最優先ではあるが、**Controller** もまた **Interactor** の変更から保護しておきたい。そのために、**Interactor** の内部を隠蔽しているのである。

91

第 8 章　OCP：オープン・クローズドの原則

まとめ

　オープン・クローズドの原則（OCP）は、システムのアーキテクチャの隠れた原動力である。その目的は、変更の影響を受けずにシステムを拡張しやすくすることだ。目的を達成するために、システムをコンポーネントに分割して、コンポーネントの依存関係を階層構造にする。そして、上位レベルのコンポーネントが下位レベルのコンポーネントの変更の影響を受けないようにする。

LSP：リスコフの置換原則　第9章

1988 年に Barbara Liskov が、派生型について以下のように定義した。

ここで望まれるのは、次に述べるような置換可能な性質である：S 型のオブジェクト o1 の各々に、対応する T 型のオブジェクト o2 が 1 つ存在し、T を使って定義されたプログラム P に対して o2 の代わりに o1 を使っても P の振る舞いが変わらない場合、S は T の派生型であると言える[1]。

『アジャイルソフトウェア開発の奥義 第 2 版』（SB クリエイティブ）より引用

この考えは「リスコフの置換原則（LSP）」と呼ばれている。いくつか例を見てみよう。

継承の使い方の指針

図 9-1 に示すような License クラスについて考えてみよう。このクラスには calcFee() メソッドがあり、Billing アプリケーションから呼ばれている。また、License の「派生型」が

---

[1] Barbara Liskov, "Data Abstraction and Hierarchy," *SIGPLAN Notices 23*, 5 (May 1988).

2つある。PersonalLicense と BusinessLicense だ。これらは、それぞれ異なるアルゴリズムを用いてライセンス料を計算する。

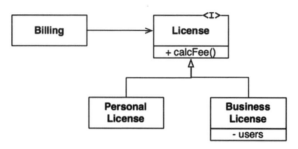

図 9-1　License とその派生型。リスコフの置換原則（LSP）を満たしている。

この設計はリスコフの置換原則（LSP）を満たしている。Billing アプリケーションは、使っている 2 つの派生型に依存していないからだ。どちらの派生型も License 型に置き換えることができる。

正方形・長方形問題

リスコフの置換原則（LSP）違反のお手本のような例が、かの有名な（悪名高いと言うべきか）正方形・長方形問題だ（**図 9-2**）。

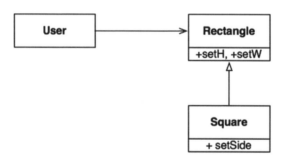

図 9-2　悪名高き正方形・長方形問題

この例の Square（正方形）は、Rectangle（長方形）の適切な派生型とは言えない。なぜなら、Rectangle は幅と高さをそれぞれ独立して変えられるのに対して、Square は両方を同時に変える必要があるからだ。User が相手を Rectangle であると信じていると、おかしなことに

94

なってしまう。以下のコードを見てみよう。

```
Rectangle r = …
r.setW(5);
r.setH(2);
assert(r.area() == 10);
```

　最初の…のところで Square のインスタンスを作っていると、最後のアサーションは失敗するだろう。

　こうしたリスコフの置換原則（LSP）違反から身を守る唯一の手段は、User のなかに（たとえば if 文を使うなどして）Rectangle の正体が Square かどうかを検出する仕組みを用意することだ。ただし、User の振る舞いが使用する型に依存することになるので、これらの型は置換可能ではなくなってしまう。

リスコフの置換原則（LSP）とアーキテクチャ

　オブジェクト指向の黎明期には、リスコフの置換原則（LSP）は（先ほどのセクションで紹介したような）継承の使い方の指針になるものだと考えられていた。だが、時間をかけてその適用範囲は広がり、今ではインターフェイスと実装に関するソフトウェア設計の原則になっている。

　対象となるインターフェイスにはさまざまな形式がある。Java 風のインターフェイスは、それを実装したクラスをいくつも作れる。Ruby であれば、同じメソッドシグネチャを共有するクラスをいくつも作れる。ウェブであれば、同じ REST インターフェイスに応答するサービスをいくつも作れる。

　これらを含めたさまざまな場面にリスコフの置換原則（LSP）を適用できる。ユーザーはきちんと定義されたインターフェイスに依存しており、そのインターフェイスの実装の置換可能性にも依存しているからだ。

　アーキテクチャの観点からリスコフの置換原則（LSP）を理解するには、この原則に違反したときにシステムのアーキテクチャに何が起こるのかを考えてみるのが一番だ。

リスコフの置換原則（LSP）違反の例

　さまざまなタクシー配車サービスを集約するシステムを作っているとしよう。我々のウェブサイトを使うユーザーは、複数のタクシー会社を横断して、自分に最適なタクシーを探すことができる。ユーザーがタクシーを決めたら、我々のシステムがRESTfulサービスを使ってタクシーを配車する。

　このとき、RESTfulな配車サービスのURIは、運転手データベースに含まれる情報の一部であるものとする。我々のシステムがユーザーのリクエストを満たす運転手を選んだら、まずは運転手データベースからURIを取得する。そして、そのURIを使い、お目当ての運転手を呼び出す。

　たとえば、運転手Bobの呼び出しURIが以下のようなものだったとしよう。

```
purplecab.com/driver/Bob
```

　我々のシステムは、このURIに配車情報を付加して、以下のようなPUTリクエストを送ることになる。

```
purplecab.com/driver/Bob
        /pickupAddress/24 Maple St.
        /pickupTime/153
        /destination/ORD
```

　もちろん、すべての配車サービスが同じRESTインターフェイスに準拠していることが前提だ。すべての会社が、pickupAddress、pickupTime、destinationといったフィールドを同じように扱う必要がある。

　ここで、Acmeというタクシー会社が、仕様をきちんと読み取れないプログラマを雇ったとしよう。そのプログラマは、destinationというフィールド名をdestと省略してしまった。Acmeは地域最大のタクシー会社で、CEOの離婚した元妻が我々の会社のCEOと結婚するらしい……。さて、なんとなく状況はわかった。このとき、我々のシステムのアーキテクチャはどうなるだろうか？

　我々のシステムに特別な処理を組み込む必要があるのは間違いない。Acmeの運転手の配車リクエストを組み立てるときには、その他の運転手へのリクエストとは別のルールを使う必要がある。

最もシンプルな方法は、配車コマンドを組み立てるモジュールに if 文を追加するというものだ。

```
if (driver.getDispatchUri().startsWith("acme.com"))…
```

もちろん、有能なアーキテクトならそんな小細工は許さないだろう。"acme"をハードコーディングしてしまうと、ありとあらゆる不具合の原因になってしまう。また、セキュリティの問題につながる可能性もあるだろう。

たとえば、成長を続ける Acme が別のタクシー会社 Purple を買収したとしよう。合併した新会社のなかで、Acmc と Purple はそれぞれ別々のブランドとして生き続けることになった。ウェブサイトは別々に持つが、システムは旧 Acme のものに統一することになった。このとき、我々のシステムは、"purple"用にもうひとつ if 文を追加することになるのだろうか？

アーキテクトはこの手のバグからシステムを守る必要がある。URI をキーとする設定データベースを使い、何らかの配車コマンド作成モジュールを用意することになるだろう。その設定データは、たとえば以下のようになる。

URI	配車フォーマット
Acme.com	/pickupAddress/%s/pickupTime/%s/dest/%s
.	/pickupAddress/%s/pickupTime/%s/destination/%s

RESTful サービスのインターフェイスが置換可能になっていないせいで、アーキテクトは複雑な仕組みを追加することになってしまった。

まとめ

リスコフの置換原則（LSP）はアーキテクチャのレベルにも適用できる。むしろ適用すべきである。置換可能性に少しでも違反してしまうと、システムのアーキテクチャが特別な仕組みだらけになってしまう。

ISP: インターフェイス分離の原則 第10章

「インターフェイス分離の原則（ISP）」の名前の由来を図 10-1 に示した。

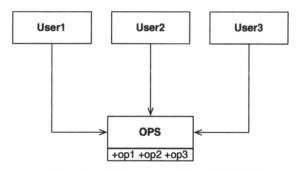

図 10-1　インターフェイス分離の原則（ISP）

図 10-1 では、複数のユーザーが同じ OPS クラスを使っている。ここでは、User1 が op1 を使い、User2 が op2 を使い、User3 が op3 を使っているものとする。

OPS が、Java のような言語で書かれたクラスだとしよう。User1 のソースコードは、実際に

は使っていない op2 と op3 にも意図せずに依存している。ここでいう「依存」とは、op2 のコードを変更したときに、User1 の再コンパイルと再デプロイが必要になるという意味だ。本来ならば、op2 のコードが変わっても気にする必要はないはずだ。

この問題を解決するには、各操作をインターフェイスに分離すればいい（**図 10-2**）。

先ほどと同じく Java のような静的型付け言語で実装されているとすると、User1 のソースコードは U1Ops と op1 には依存しているが、OPS には依存していない。つまり、OPS に変更があったとしても、もしそれが User1 に関係のない部分であれば、User1 の再コンパイルと再デプロイは不要になる。

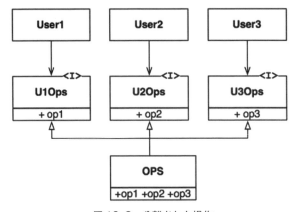

図 10-2　分離された操作

インターフェイス分離の原則（ISP）と言語との関係

先ほど説明した内容は、プログラミング言語の種類に大きく依存する。Java のような静的型付け言語は、import や use や include といった宣言をプログラマに強要する。ソースコードに書かれたこれらの宣言がソースコードの依存性を作り出し、そのために再コンパイルと再デプロイが必要になってしまう。

Ruby や Python のような動的型付け言語では、こうした宣言はソースコードには存在せず、実行時に推論される。つまり、再コンパイルや再デプロイを強制するソースコードの依存性は存在しないのだ。このあたりが、静的型付け言語よりも動的型付け言語のほうが柔軟で疎結合なシステムを作れる最大の理由である。

この事実だけを見ると、インターフェイス分離の原則（ISP）は言語の問題であり、アーキテ

クチャの問題ではないと考える人もいるかもしれない。

インターフェイス分離の原則（ISP）とアーキテクチャとの関係

冷静になってインターフェイス分離の原則（ISP）のそもそもの動機を考えてみると、そこには深刻な問題が潜んでいることがわかる。必要としないモジュールに依存することは一般的に有害とされる。ソースコードの依存関係においては、再コンパイルや再デプロイを強制されるので明らかに有害であることがわかる。だが、さらに上位のアーキテクチャレベルにおいても有害なのだ。

システムSを担当するアーキテクトが、あるフレームワークFをシステムに導入したいと考えたとしよう。このフレームワークFの作者は、フレームワークを特定のデータベースDのためだけに作っている。つまり、SはFに依存しており、さらにFはDに依存していることになる（図10-3）。

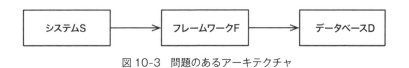

図10-3　問題のあるアーキテクチャ

FがDのすべての機能を使っているわけではなく、使っていない機能もあるだろう。Sにとって、それらの機能はどうでもいいものだ。だが、Dのそのような部分が変更されると、Fを再デプロイすることになるだろう。それはすなわち、Sも再デプロイしなければいけないということだ。さらに悪いことに、Dの一部の機能に障害が発生すると、それがFやSの障害の原因になってしまう可能性がある。

まとめ

本章での教訓は、必要としないお荷物を抱えたものに依存していると、予期せぬトラブルの元につながるということだ。

この件については、第13章「コンポーネントの凝集性」で全再利用の原則（CRP）を扱う際に改めて掘り下げたいと思う。

DIP：依存関係逆転の原則　第11章

　ソースコードの依存関係が（具象ではなく）抽象だけを参照しているもの。それが、最も柔軟なシステムである。これが「依存関係逆転の原則（DIP）」の伝えようとしていることである。
　Javaのような静的型付け言語ならば、useやimportやincludeで指定する参照先を、インターフェイスや抽象クラスなどの抽象宣言だけを含むソースモジュールに限定するということだ。具象に依存するべきではない。
　RubyやPythonのような動的型付け言語でもルールは同じ。ソースコードの依存性が具象モジュールを参照してはいけない。ただし、これらの言語では、具象モジュールが何かを明確にするのは難しい。ここでは、呼ばれている関数の実装が書かれているモジュールを「具象モジュール」と呼ぶことにしよう。
　このルールを絶対のものとして守り続けるのは明らかに現実的ではない。ソフトウェアシステムは数多くの具象に依存しているからだ。たとえば、JavaのStringクラスは具象であり、これを抽象にするのは無理がある。ソースコードが具象の`java.lang.string`に依存するのは避けられないし、避けるべきでもない。
　Stringクラスは他のクラスに比べて非常に安定している。変更されることはほとんどないし、あったとしてもきちんとコントロールされている。プログラマやアーキテクトは、String

の内容がコロコロ変わることなど心配しなくていい。

そのような理由から、依存関係逆転の原則（DIP）を考えるときにはOSやプラットフォームまわりは気にしないことが多い。変化しないとみなして構わないので、こうした具象への依存は許容することにしよう。

依存したくないのは、システム内の**変化しやすい**具象要素だ。開発中のモジュールや、頻繁に変更され続けているモジュールがその対象になる。

安定した抽象

抽象インターフェイスの変更は、それに対応する具象実装の変更につながる。一方、具象実装を変更してもインターフェイスの変更が必要になることはあまりない。つまり、インターフェイスは実装よりも変化しにくいということだ。

優れたソフトウェア設計者やアーキテクトは、インターフェイスの変動性をできるだけ抑えようとする。新しい機能を実装するときにも、できる限りインターフェイスの変更なしで済ませられるようにする。これは、ソフトウェア設計の基本中の基本だ。

安定したソフトウェアアーキテクチャは、変化しやすい具象への依存を避け、安定した抽象インターフェイスに依存すべきである。これをコーディングレベルのプラクティスにまとめると、以下のようになる。

- **変化しやすい具象クラスを参照しない。**その代わりに抽象インターフェイスを参照すること。静的型付け言語であっても動的型付け言語であっても、このルールを守ること。これはオブジェクトの生成時にも大きな制約となる。一般的には、**Abstract Factory**パターンを使うしかないだろう。
- **変化しやすい具象クラスを継承しない。**これは先ほどのルールにも含まれるが、あえて言及しておきたい。静的型付け言語における継承は、ソースコードの関係のなかで最も強力かつ厳格なものだ。そのため、十分に注意しながら使う必要がある。動的型付け言語であればそれほど問題にはならないが、継承が一種の依存関係であることは変わらない。気をつけて使うのが賢明だ。
- **具象関数をオーバーライドしない。**具象関数はソースコードの依存を要求することが多い。関数をオーバーライドしても依存関係を排除することはできず、そのまま**継承**することになるだろう。依存をうまく管理するには、元の関数を抽象関数にして、それに対する複数の実装を用意しなければいけない。

- 変化しやすい具象を名指しで参照しない。これは単に依存関係逆転の原則（DIP）を言い換えたものにすぎない。

Factory

　上記のルールに従おうとすると、具象オブジェクトを生成する際に特別な処理が必要になる。事実上すべての言語において、オブジェクトの生成にはオブジェクトの具象定義を含むソースコードへの依存が避けられないからだ。

　Javaを含む大半のオブジェクト指向言語では、**Abstract Factory** パターンを使ってこの望まざる依存性を管理する。

　その仕組みを図11-1に示そう。Applicationは、ServiceインターフェイスCreatedでConcreteImplを使う。だが、Applicationは何らかの方法でConcreteImplを生成する必要がある。ConcreteImplのソースコードに依存せずにこれを実現するために、ApplicationはServiceFactoryのmakeSvcメソッドを呼ぶ。このメソッドの実装はServiceFactoryImplクラスで定義されており、このクラスはServiceFactoryの派生クラスである。この実装がConcreteImplのインスタンスを生成し、それをServiceとして戻すのである。

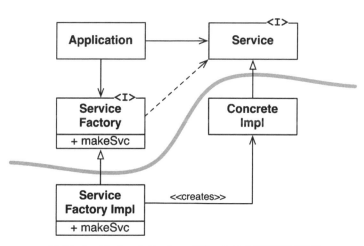

図11-1　Abstract Factoryパターンによる依存性の管理

　図11-1の上下を区切る曲線がアーキテクチャの境界だ。これが抽象と具象の区切りになる。この曲線を横切るソースコードの依存性は、すべて具象側から抽象側へと向かっている。

第 11 章　DIP：依存関係逆転の原則

　この曲線は、システムを 2 つのコンポーネントに分割する。一方が抽象、もう一方が具象だ。抽象コンポーネントには、すべての上位レベルのビジネスルールが含まれる。具象コンポーネントには、これらのビジネスルールが操作する実装の詳細が含まれる。

　図中の曲線を横切る処理の流れは、ソースコードの依存性とは逆向きになることに注意しよう。ソースコードの依存性と処理の流れは逆向きになる。だからこそ「依存関係逆転の原則（DIP）」と名付けたのである。

具象コンポーネント

　図 11-1 の具象コンポーネントには依存性があるので、依存関係逆転の原則（DIP）を満たしていない。これはよくあることだ。依存関係逆転の原則（DIP）の違反を完全に取り除くことはできないが、依存関係逆転の原則（DIP）を満たさない具象コンポーネントを少数に絞り込み、それらをシステムの他の部分と分離することはできる。

　ほとんどのシステムには、依存関係逆転の原則（DIP）を満たさない具象コンポーネントが少なくともひとつは存在する。このコンポーネントは main コンポーネントと呼ばれることが多い。main 関数[1]を含んでいるからだ。図 11-1 の場合なら、おそらく main 関数が ServiceFactoryImpl のインスタンスを生成して、それを ServiceFactory 型のグローバル変数として扱うことになるだろう。Application からは、このグローバル変数を通じて Factory にアクセスする。

まとめ

　本書では、ここからさらに上位レベルのアーキテクチャの原則を扱うことになるが、依存関係逆転の原則（DIP）も何度となく登場する。これは、アーキテクチャの図のなかで最も目立つ原則だろう。図 11-1 の曲線は、後の章では「アーキテクチャの境界」を表すことになる。曲線を横切る依存性が抽象に向かっているが、これは後の章では「依存性のルール」という新しいルールとして登場する。

1　アプリケーションの起動時に OS が最初に実行する関数のこと。

106

コンポーネントの原則

　SOLID原則がレンガを組み合わせて壁や部屋を作る方法を伝える原則だとするならば、コンポーネントの原則は部屋を組み合わせて建物を作る方法を伝える原則である。大規模建築と同様に、大きなソフトウェアシステムは小さなコンポーネントを組み合わせて作られている。

　第IV部では、ソフトウェアコンポーネントとはいかなるものなのか、その構成要素は何なのか、どのように組み合わせてシステムを作り上げるのかといった内容を扱う。

第12章 コンポーネント

　コンポーネントとは、デプロイの単位のことである。システムの一部としてデプロイできる、最小限のまとまりを指す。Javaならjarファイル、Rubyならgemファイル、.NETならDLLなどがそれにあたる。コンパイル型言語ならバイナリファイル、インタプリタ型言語ならソースファイルになる。あらゆる言語において、コンポーネントがデプロイの基準になる。

　複数のコンポーネントをリンクして単体の実行可能ファイルにすることもできる。あるいは、複数のコンポーネントを.warファイルのようなアーカイブにまとめることもできる。.jarや.dllや.exeなどの形式で、動的に読み込むプラグインとして、個別にデプロイすることもできる。最終的にどのような形式でデプロイするかにかかわらず、よくできたコンポーネントは常に個別にデプロイできる状態を保っているため、個別に開発を進められる。

第 12 章　コンポーネント

コンポーネントの簡単な歴史

　その昔、プログラムをメモリ上のどの場所にどのように配置するかを決めるのは、プログラマの役割だった。プログラムの先頭に「origin」を示すものを置いて、プログラムを読み込むメモリのアドレスをそこで宣言していた。

　以下に示すのは、簡単な PDP-8 のプログラムだ。GETSTR というサブルーチンでは、キーボードから入力された文字列をバッファに保存している。また、GETSTR を実行するちょっとしたユニットテストもついている。

```
            *200
            TLS
    START,  CLA
            TAD BUFR
            JMS GETSTR
            CLA
            TAD BUFR
            JMS PUTSTR
            JMP START
    BUFR,   3000

    GETSTR, 0
            DCA PTR
    NXTCH,  KSF
            JMP -1
            KRB
            DCA I PTR
            TAD I PTR
            AND K177
            ISZ PTR
            TAD MCR
            SZA
            JMP NXTCH

    K177,   177
    MCR,    -15
```

　先頭の*200 コマンドに注目しよう。これは、生成したコードを 200_8 番地にロードするようにコンパイラに指示するものだ。

　いまどきのプログラマにはなじみのない概念だろう。プログラムがコンピュータのメモリ上

110

でどこにロードされるかなんて、今ではほとんど気にすることがない。その昔、これはプログラマが最初に決めるべきことのひとつだった。その当時、プログラムはリロケータブル（再配置可能）ではなかったのだ。

当時のプログラマは、ライブラリ関数をどのように使っていたのだろうか？　実は、先ほどのソースコードにその手法が書かれている。プログラマはライブラリ関数のソースコードをアプリケーションに組み込んで、ひとつのプログラムとしてコンパイルしていた[1]。ライブラリはバイナリではなく、ソースコードとして管理されていたのだ。

この手法の問題は、その当時のデバイスが低速であり、メモリが高価だった（つまり、使えるメモリが限られていた）ことだ。コンパイラはソースコードを繰り返し走査する必要があったが、すべてのソースコードをメモリ上に置いておく余裕はなかった。その結果、コンパイラは低速なデバイスから何度もソースコードを読む必要があった。

これには時間がかかる。関数ライブラリが大きくなればなるほど、コンパイラの処理時間も延びる。巨大なプログラムのコンパイルには何時間もかかっていた。

コンパイルにかかる時間を短縮しようと考えたプログラマは、関数ライブラリのソースコードをアプリケーションから分離するようになった。関数ライブラリを個別にコンパイルして、そのバイナリを既知の番地（たとえば 2000_8 など）にロードするようにした。そして、関数ライブラリ用のシンボルテーブルを作り、このシンボルテーブルをアプリケーションコードと一緒にコンパイルした。アプリケーションを実行するときには、まず関数ライブラリのバイナリをロードしてから[2]、アプリケーションをロードした。メモリ上の配置は**図 12-1**のようになる。

アプリケーションが 0000_8 番地から 1777_8 番地に収まっているうちは、これで問題ない。しかし、アプリケーションはすぐに巨大化し、この範囲に収まらなくなるだろう。そのときは、関数ライブラリを挟んだ2つのアドレスセグメントにアプリケーションを分割しなければいけない（**図 12-2**）。

どう見ても持続可能な状況ではない。関数ライブラリに関数を追加しようとすると、さらに別の場所を確保する必要がある（7000_8 近辺を使うことになるだろう）。このままでは、コンピュータのメモリが増えてもプログラムとライブラリの断片化は解消されない。

何か手を打つべきであることは間違いない。

1 　私の最初の勤務先では、サブルーチン集のソースコードが入った大量のカードが棚に置かれていた。新しいプログラムを書くときには、そこから抜き出したカードを自分のデッキに放り込んだものだった。
2 　当時のマシンの大半はコアメモリを使っており、コンピュータの電源を落としてもその内容は消去されなかった。いったんロードした関数ライブラリは、そのまま何日も残しておいたものだ。

第12章　コンポーネント

図12-1　最初のメモリ配置

図12-2　アプリケーションを2つのアドレスセグメントに分割する

リロケータビリティ（再配置可能性）

　その解決策が、リロケータブルなバイナリだった。アイデアは極めて単純だ。コンパイラが出力するバイナリコードに手を加えて、スマートローダでメモリに再配置できるようにしたのだ。ローダには、リロケータブルなコードをどこにロードするかが伝えられる。リロケータブルなコードにはフラグが組み込まれ、選択したアドレスにロードするときにデータのどの部分を変更すべきかをローダに伝えていた。通常は、バイナリのメモリ参照アドレスに開始アドレスを加算するだけだった。

　これでプログラマは、関数ライブラリとアプリケーションをどこにロードするかを指示できるようになった。実際には、ローダが受け取ったバイナリ入力をそのままの順番でメモリに再

配置しているだけだ。その結果、プログラマは必要な関数だけをロードできるようになった。

　その後、コンパイラにさらに手を加えて、リロケータブルなバイナリのメタデータとして関数名を出せるようにした。プログラムからライブラリ関数が呼ばれたら、コンパイラはその関数名を**外部参照**として出力する。プログラムがライブラリ関数を定義するときは、コンパイラはその関数名を**外部定義**として出力する。これにより、外部定義をどこにロードするかが決まれば、ローダが外部参照を**リンク**できるようになった。

　リンクローダの誕生である。

リンカ

　リンクローダのおかげで、プログラムを個別にコンパイルやロードができるセグメントに分割できるようになった。プログラムもライブラリも、規模が比較的小さいうちは、これでうまくいっていた。しかし、60 年代後半から 70 年代にかけて、プログラマはどんどん野心的になり、プログラムも巨大化していった。

　最終的にリンクローダの処理が重すぎて使えない状況に陥った。関数ライブラリは磁気テープのような低速デバイスに格納されていた。ディスクに格納されていたとしても、当時のディスクはかなり遅かった。こうした低速デバイスを使っていると、リンクローダが外部参照を解決するために、何十回もバイナリライブラリを読み込まなければいけなくなる。プログラムが大きくなればなるほど、ライブラリの関数も増えていく。リンクローダがプログラムをロードするのに 1 時間以上かかることもあった。

　結局、ロードとリンクをそれぞれ別のフェーズに分けることになった。遅い部分（リンクの処理）を**リンカ**と呼ばれる別のアプリケーションに切り出した。リンカの出力はリンク済みのリロケータブル形式であり、ローダによる再配置も非常に高速にできた。実行形式を作るときはまず低速なリンカによる準備が必要になるが、それさえ済ませておけば、いつでもすぐにロードできるようになった。

　時は流れて 80 年代。プログラマは C 言語などの高級言語を使うようになっていた。プログラマの野心はとどまるところを知らず、プログラムもさらに巨大化した。何十万行ものコードで書かれたプログラムもめずらしくはなかった。

　.c ファイルに書かれたソースモジュールをコンパイルして .o ファイルを作り、それをリンカに渡してすぐにロードできる実行ファイルを作った。モジュールを個別にコンパイルするのにそれほど時間はかからなかったが、**すべての**モジュールを一度にコンパイルするにはそれなりに時間がかかった。リンカにはそれよりもさらに時間がかかった。全体の所要時間も長くなり、かつてのように 1 時間以上かかることもめずらしくなかった。

113

第 12 章　コンポーネント

　プログラマは永遠に自分の尻尾を追い続ける運命にあるようだ。60 年代、70 年代、80 年代にかけて、ワークフローを高速化するために施されたあらゆる変更は、プログラマの野心とそれに伴うプログラムの巨大化によって打ちのめされてきた。結果が出るまで 1 時間待ちという状態からは逃れられないようだ。ロードは高速だが、コンパイルとリンクにかかる時間がボトルネックになった。

　つまり、我々はプログラムのサイズに関する「マーフィーの法則」を実体験していたわけだ。

　プログラムは、コンパイルとリンクに使える時間を使い切るまで肥大化する。

　だが、登場人物はマーフィーだけではなかった。そこで登場したのがムーア[3]だった。80 年代後半に両者が激突した。勝利したのはムーアだった。ディスクの小型化が始まり、速度は劇的に向上した。メモリも非常に安価になり、ディスク上のほとんどのデータを RAM 上にキャッシュできるようになった。クロック数は、1MHz から 100MHz にまで成長した。

　90 年代半ばには、プログラマの野心によるプログラムの肥大化よりも、リンク時間の短縮のほうが早く進むようになった。一部の例外を除いて、リンク時間は**秒単位**にまで短縮された。小さなジョブなら、リンクローダのアイデアも再び使える状況になった。

　当時は Active-X や共有ライブラリが主役の時代で、ちょうど.jar ファイルが出始めた頃だった。コンピュータやデバイスが十分に高速になり、ロード時にリンクできる時代が再び訪れた。複数の.jar ファイルや共有ライブラリを秒単位でリンクして、プログラムを実行できるようになったのだ。コンポーネントをプラグイン化するアーキテクチャが生まれたのもちょうどこの頃だった。

　今では、.jar ファイルや DLL などの共有ライブラリを既存のアプリケーションのプラグインとしてリリースすることも当たり前になった。**Minecraft** の MOD が作りたければ、自作の.jar ファイルを特定のフォルダに配置するだけでいい。**ReSharper** を **Visual Studio** に組み込みたければ、DLL をインクルードするだけでいい。

まとめ

　動的にリンクされたファイルを実行時にプラグインできる。これが我々のアーキテクチャにおけるソフトウェアコンポーネントだ。ここにたどり着くまでに大変な労力を要する 50 年だったが、我々は気軽に使えるコンポーネントプラグインアーキテクチャをようやく手に入れるこ

3　ムーアの法則：計算機の速度やメモリや集積度は 18 か月ごとに倍になる。この法則は 1950 年代から 2000 年くらいまでは成り立っていた。しかしそれ以降は、少なくとも動作クロックに関しては成長が鈍っている。

114

とができた。

コンポーネントの凝集性　第13章

　どのクラスをどのコンポーネントに含めればいいのだろう？　この判断は重要で、優れたソフトウェアエンジニアリングの原則に従った判断が求められる。だが、残念ながら、これまではその場しのぎの思いつきの判断が続いてきた。
　本章では、コンポーネントの凝集性に関する以下の原則を取り上げる。

- 再利用・リリース等価の原則（REP）
- 閉鎖性共通の原則（CCP）
- 全再利用の原則（CRP）

第13章　コンポーネントの凝集性

再利用・リリース等価の原則（REP）

再利用の単位とリリースの単位は等価になる。

Maven や Leiningen や RVM など、この十年の間にさまざまなモジュール管理ツールが生まれた。これらのツールの重要性が増している理由は、再利用可能なコンポーネントやコンポーネントライブラリがどんどん作られているからである。我々は今、ソフトウェアを再利用する時代を生きている。オブジェクト指向モデルの当初からの理想がようやく達成されたのだ。

再利用・リリース等価の原則（REP）は、ごく当たり前のことを言っているようにも思える。ソフトウェアコンポーネントを再利用したくても、リリースプロセスでそのコンポーネントを追跡していなかったり、リリース番号がついていなかったりすると、うまく再利用できない。

再利用できない理由は単純で、リリース番号がついていなければ、再利用するコンポーネントの互換性を確認できないからだ。開発者はコンポーネントの新しいリリースが出たことを知る必要があるし、そのリリースで何が変わったのかも知る必要がある。

新しいリリースの通知を受け取った開発者が、そのリリースでの変更内容を確認したうえで、あえて古い版を使い続けるという判断をすることもめずらしくない。したがって、リリースプロセスにおいては適切な通知とリリースドキュメントを用意することが欠かせない。これらを用いて、新しいリリースを適用するか否か、適用するならいつ適用するかをユーザーが判断する。

この原則をソフトウェア設計やアーキテクチャの観点で考えると、コンポーネントを形成するクラスやモジュールは凝集性のあるグループでなければいけないという意味になる。コンポーネントはクラスやモジュールを適当に寄せ集めたものではない。コンポーネントには一貫するテーマや目的があり、それを共有するモジュールを集めなければいけない。

これは明確なことだろう。だが、この原則には別の観点もある。おそらくこちらはそれほど明確ではない。それは、ひとつのコンポーネントを形成するクラスやモジュールは、まとめて**リリース可能**でなければいけない、というものだ。同じバージョン番号を共有し、同じリリースプロセスを経て、同じリリースドキュメントを持っているという事実は、作者にとってもユーザーにとっても合理的なはずだ。

とはいえ、この言い方は心もとない。「合理的」という言葉は、権威づけをしようとしているようにも聞こえるし、なんだかつかみどころのないアドバイスである。だが、そうなってしまうのも無理はない。クラスやモジュールをひとつのコンポーネントにまとめる方法について、きちんと説明するのは難しいからだ。あいまいなアドバイスしかできないかもしれないが、それでもこの原則は重要だ。この原則に違反している例はよく見かけるし、それは「合理的ではない」からだ。もしあなたが再利用・リリース等価の原則（REP）に違反していれば、ユーザー

118

はそれに気づき、あなたのアーキテクチャの設計スキルに疑問を抱くだろう。

再利用・リリース等価の原則（REP）の弱点は、他の2つの原則の強みでも補いきれない。実際、閉鎖性共通の原則（CCP）と全再利用の原則（CRP）では、この原則の内容を否定的な意味で扱っている。

閉鎖性共通の原則（CCP）

同じ理由、同じタイミングで変更されるクラスをコンポーネントにまとめること。変更の理由やタイミングが異なるクラスは、別のコンポーネントに分けること。

これは、単一責任の原則（SRP）をコンポーネント向けに言い換えたものだ。単一責任の原則（SRP）は「**クラス**を変更する理由が複数あるべきではない」という原則だったが、閉鎖性共通の原則（CCP）は「**コンポーネント**を変更する理由が複数あるべきではない」と説いている。

多くのアプリケーションにおいて、再利用性よりも保守性のほうが重要だ。アプリケーションのコードを変更しなければいけないときには、ひとつのコンポーネントに変更箇所がまとまっているほうが、あちこちのコンポーネントに散らばっているよりもありがたい[1]。変更箇所がひとつのコンポーネントに閉じていれば、変更後にデプロイする必要があるのはそのコンポーネントだけになる。そのコンポーネントに依存していないコンポーネントは再デプロイする必要がない。

閉鎖性共通の原則（CCP）が我々に伝えようとしているのは、同じタイミングで変更されることが多いクラスはひとつにまとめておけということだ。2つのクラスが物理的あるいは概念的に密結合していて、変更のタイミングがいつも一緒になるのであれば、それは同じコンポーネントに属するものだ。まとめておけば、ソフトウェアのリリースやデプロイの際の作業量を最小限に抑えられる。

この原則は、オープン・クローズドの原則（OCP）とも密接に関連している。実際、閉鎖性共通の原則（CCP）で扱う「閉鎖性」は、オープン・クローズドの原則（OCP）の「クローズド」と同じ意味だ。オープン・クローズドの原則（OCP）では、クラスは修正に対しては閉じていて、拡張に対しては開いていなければいけないと定めている。完全に閉じるのは不可能なので、戦略的に進めていく必要がある。クラスの設計時には、想定できるものや過去に経験したことがあるものなど、よくある種類の変更に対して閉じるようにしておく。

閉鎖性共通の原則（CCP）は、この教えをさらにかみ砕いて「変更の種類が似ているクラスをひとつのコンポーネントにまとめる」とした。こうしておけば、要件変更があった場合の変

1　第27章「サービス：あらゆる存在」の「子猫の問題」を参照。

119

更箇所を最小限のコンポーネントに絞れる。

単一責任の原則（SRP）との類似点

前述のとおり、閉鎖性共通の原則（CCP）は単一責任の原則（SRP）をコンポーネントに適用したものである。単一責任の原則（SRP）は、変更の理由が異なるメソッドは別のクラスに分けるという原則だった。閉鎖性共通の原則（CCP）は、変更の理由が異なるクラスは別のコンポーネントに分けるという原則だ。どちらの原則も、要するに以下のようなことを言っている。

同じタイミング、同じ理由で変更するものはひとまとめにすること。変更のタイミングや理由が異なるものは別々に分けること。

全再利用の原則（CRP）

コンポーネントのユーザーに対して、実際には使わないものへの依存を強要してはいけない。

全再利用の原則（CRP）も、ひとつのコンポーネントにまとめるべきクラスやモジュールを判断するための原則である。この原則は、一緒に用いられることが多いクラスやモジュールは同じコンポーネントにまとめよというものである。

ひとつのクラスだけを再利用することはめったにない。他のクラスと組み合わせて、再利用可能な抽象として用いることが多い。全再利用の原則（CRP）は、そうしたクラスを同じコンポーネントにまとめるように説いている。コンポーネントに属するクラスには、多くの依存関係があることだろう。

わかりやすい例として、コンテナクラスとそれに対応するイテレータを考えてみよう。これらはまとめて再利用すべきものだ。お互いに密結合しているからである。したがって、これらは同じコンポーネントにまとめておくべきだ。

全再利用の原則（CRP）はどのクラスを同じコンポーネントにまとめるべきかだけを言っているのではない。どのクラスを同じコンポーネントにまとめるべき**ではない**かも教えてくれる。あるコンポーネントが別のコンポーネントを使うとき、両者には依存関係が生まれる。もしかすると**使う側**のコンポーネントが使いたいのは、**使われる側**のコンポーネントにあるひとつのクラスだけなのかもしれない。だからといって、依存関係が弱くなることはない。**使う側**のコンポーネントが**使われる側**のコンポーネントに依存していることには変わりない。

したがって、**使われる側**のコンポーネントが変更されるたびに、**使う側**のコンポーネントにも変更が必要になるだろう。仮に変更が不要であっても、再コンパイルと再デプロイが必要になる可能性は高い。変更された箇所が**使う側**のコンポーネントに関係のないところだったとしても、その可能性は変わらない。

コンポーネントに依存するのであれば、コンポーネントに含まれるすべてのクラスに依存するようにしておきたい。言い換えれば、ひとつのコンポーネントにまとめるクラスはどれも切り離せないものばかりにしておきたい。つまり、依存するクラスもあれば依存しないクラスもあるといった状況は避けておきたい。そのような状態では、本来不要であるはずの再デプロイに手間がかかってしまう。

全再利用の原則（CRP）は、どのクラスをひとまとめにすべきかというよりも、どのクラスをひとまとめにすべき**ではない**かを伝える原則だ。密結合していないクラスを同じコンポーネントにまとめるべきではない。

インターフェイス分離の原則（ISP）との関係

全再利用の原則（CRP）はインターフェイス分離の原則（ISP）を一般化したものである。インターフェイス分離の原則（ISP）は、使っていないメソッドを持つクラスに依存しないように伝えている。一方の全再利用の原則（CRP）は、使っていないクラスを持つコンポーネントに依存しないように伝えている。

これらはどちらも、以下のようにまとめられる。

不要なものには依存しないこと。

コンポーネントの凝集性のテンション図

もうお気づきかもしれないが、凝集性に関するこれらの原則には相反するところがある。再利用・リリース等価の原則（REP）と閉鎖性共通の原則（CCP）は、**包含関係**にある。どちらも、ひとつのコンポーネントを大きくする方向に働くものだ。一方の全再利用の原則（CRP）は、これらとは**相反する**原則で、ひとつのコンポーネントを小さくする方向に働くものだ。これら3つの原則のバランスをうまくとるのが、アーキテクトの腕の見せどころだ。

図 13-1 に示すテンション図[2]は、凝集性に関する3つの原則がそれぞれどのように影響を及

2　このアイデアを出してくれた Tim Ottinger に感謝する。

第 13 章　コンポーネントの凝集性

ぼしあうかを示したものだ。辺にある記述は、反対側の頂点にある原則を無視したときにかかる**コスト**を表している。

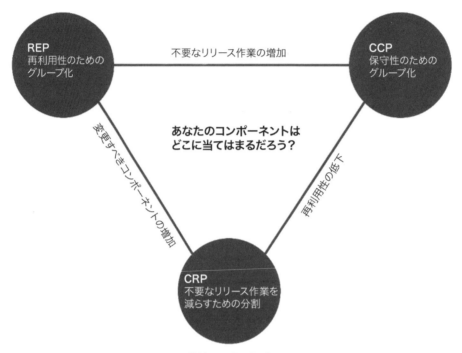

図 13-1　凝集性に関する原則のテンション図

再利用・リリース等価の原則（REP）と全再利用の原則（CRP）を守ることにだけ力を入れているアーキテクトは、些細な変更が大量のコンポーネントに影響を及ぼすことに驚かされるだろう。閉鎖性共通の原則（CCP）と再利用・リリース等価の原則（REP）に注目すると、リリースの回数が無駄に増えてしまう。

優れたアーキテクトは、この三角形のなかで開発チームの**現在**の懸念事項に見合った落としどころを見つける。それだけではなく、時がたてばチームの懸念事項が変わるということも心得ている。たとえば、開発の初期段階なら再利用・リリース等価の原則（REP）よりも閉鎖性共通の原則（CCP）のほうがずっと重要になる。再利用性よりも、開発しやすさのほうが重要だからだ。

一般に、プロジェクトの初期はこの三角形の右側に位置する傾向がある。つまり、再利用性を犠牲にしている状態だ。プロジェクトが進み、別のプロジェクトから利用される頃になると、図の左側へ移っていく。このことは、プロジェクトのコンポーネントの構造が経過時間や成熟度によって変わることを意味している。図の左側では、そのプロジェクトの開発よりも、他の

プロジェクトの開発でどのように使われるのかを考えるようになる。

まとめ

かつての我々は、凝集性に関してそれほど深く考えることはなく、再利用・リリース等価の原則（REP）、閉鎖性共通の原則（CCP）、全再利用の原則（CRP）よりもずっとシンプルに考えていた。凝集性は「ひとつのモジュールはひとつだけの機能を持っている」という属性のことだと考えていた。しかし、コンポーネントの凝集性に関するこれら3つの原則は、それがもっと複雑なものであることを示している。どのクラスをコンポーネントにまとめるかを決めるときには、開発時の利便性と再利用性のトレードオフを考慮する必要がある。アプリケーションのニーズに従ってこれらのバランスをとるのは、簡単なことではない。また、最適な落としどころは常に変わり続ける。つまり、今の時点で適切だった判断が、翌年には不適切になっているかもしれない。プロジェクトが進み、再利用性を重視するようになると、コンポーネントの構成も変わっていくのである。

コンポーネントの結合　第14章

　次に取り上げる3つの原則は、コンポーネントの関連を扱うものだ。先ほどの章と同様に、ここでも「開発の利便性」と「論理的な設計」のトレードオフが発生する。コンポーネント構造のアーキテクチャに影響を及ぼすフォースには、技術的なもの、政治的なもの、変動しやすいものが存在する。

非循環依存関係の原則（ADP）

コンポーネントの依存グラフに循環依存があってはいけない。

　一日の仕事を終え、作ったプログラムがきちんと動くことを確認して帰宅する。翌朝出社してみると、あら不思議。昨日はきちんと動いていたのに今朝はうまく動かない。そんな経験はないだろうか？　なぜそんなことになったのだろう？　おそらく、昨晩あなたよりも遅くまで残っていた誰かが変更した箇所が、何か悪さをしているのだろう。私はこれを「二日酔い症候群」と呼んでいる。

第 14 章　コンポーネントの結合

「二日酔い症候群」は、大勢の開発者が同じソースコードを変更する開発現場で発症する。小規模なプロジェクトで数人が同じソースコードを扱うくらいなら、そんなに大きな問題にはならない。しかし、プロジェクトや開発チームの規模が大きくなると、悪夢のような二日酔いが襲いかかってくる。安定版をビルドできない状態が何週間も続くことだってめずらしくない。ほかの誰かの最新の変更に追従するために、誰もが自分のコードを変更し続けているのである。

ここ数十年の間に、この問題に対するソリューションが 2 つ登場した。どちらも電気通信業界から生まれたものだ。ひとつは「週次ビルド」、もうひとつは「非循環依存関係の原則（ADP）」である。

週次ビルド

週次ビルドは中規模のプロジェクトで一般的に使われるようになった手法だ。以下のように進めていく。まず、週の最初の 4 日間は、ほかの開発者が何をどう変更したかを一切無視する。各自が手元にコピーしたコードで作業を進め、ほかのメンバーの作業との統合は気にしない。そして金曜日になったら、全員の変更を統合して、システムをビルドする。

この手法のすばらしいところは、週 5 日のうちの 4 日間は誰にも邪魔されずに開発できるところだ。一方、デメリットは明らかで、毎週金曜日の統合作業はとてもつらいものになる。

残念なことに、プロジェクトの規模が大きくなると、金曜日まる一日かけても統合が終わらなくなってしまう。金曜日に終わらなかった統合は、土曜日にずれ込んでしまう。そんなことが何度も続けば、これからは毎週木曜日に統合しようということになるだろう。最終的にはそれでも間に合わず、統合を水曜日から始めようということになるだろう。

統合に時間がかかり、開発の時間が短くなれば、チームとしての生産性が落ちる。やがてそれに耐えられなくなった開発者やプロマネが、1 週間おきにビルドすればいいと言い出すだろう。しばらくはそれでしのげるかもしれないが、プロジェクトが成長すれば統合に要する時間もさらに延びていく。

このシナリオの行き着く先は、危機的な状況だ。効率を求めるなら、ビルド周期を定期的に延ばす必要がある。しかし、ビルドの周期を延ばせば延ばすほど、失敗するリスクも高くなっていく。統合とテストはどんどん難しくなり、高速なフィードバックのメリットが得られなくなってしまう。

循環依存の除去

この問題を解決するには、開発環境をリリース可能なコンポーネントに分割すればいい。こうすれば、コンポーネントが作業の単位になり、コンポーネントごとに担当の開発者（あるい

は開発チーム）を割り当てられる。自分の担当するコンポーネントが動くようになったら、それをリリースして他の開発者たちからも使えるようにする。リリース番号を割り当てて、他のチームが利用できるディレクトリに移動する。その後の手直しについては、自分たちのローカル環境で進めていく。他の開発者たちが使うのは、先ほどリリースしたバージョンだけだ。

コンポーネントの新しいリリースが使えるようになったら、ほかのチームはそのリリースをすぐに導入するかどうかを自分たちで判断できる。すぐには導入しないことに決めたなら、今までのリリースを使い続ければいい。導入する準備が整った時点で、新しいリリースを使い始めることができる。

こうすれば、ほかの開発者に翻弄されることはない。ひとつのコンポーネントに加えた変更が、すぐにほかのチームに影響を及ぼすようなことはない。コンポーネントの新しいリリースをいつ導入するかは、それぞれのチームで判断できるようになる。さらに、統合の単位も小さくなる。それぞれの変更を統合するために、開発者全員を集めたりする必要もない。

これは非常にシンプルかつ合理的なプロセスであり、実際に広く使われている。しかし、このプロセスをきちんと機能させるには、コンポーネントの依存構造をきちんと**管理**しておく必要がある。**循環依存があってはいけない**。もし循環依存があれば「二日酔い症候群」は避けられない。

図14-1に示したコンポーネント図を考えてみよう。複数のコンポーネントを組み合わせたよくあるアプリケーションだ。このアプリケーションがどのような機能を持つかは気にする必要はない。それよりも重要なのは、コンポーネントの依存構造だ。**有向**グラフ構造になっていることに注目しよう。コンポーネントが**ノード**であり、依存が**有向エッジ**である。

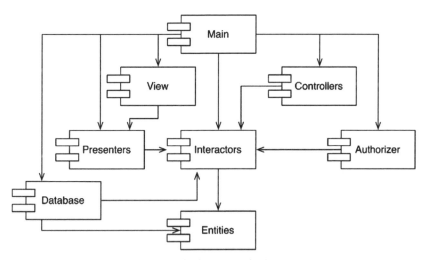

図14-1　典型的なコンポーネント図

もうひとつ注目すべきことがある。どのコンポーネントからスタートしても、矢印をたどって元のコンポーネントに戻ることができない。つまり、この図には循環構造が存在しない。このようなグラフは、**有向非循環グラフ**（DAG：Directed Acyclic Graph）と呼ばれる。

ここで、Presenters の開発チームが新しいリリースを公開したとしよう。このリリースの影響を受けるコンポーネントを調べるのは簡単だ。図の矢印を逆向きにたどるだけでいい。つまり、影響を受けるのは View と Main である。これらのコンポーネントを担当する開発者は、どこかのタイミングで自分たちの開発環境に Presenters の新しいリリースを統合することになる。

同様に考えると、Main がリリースされたときには、ほかのコンポーネントに何も影響を及ぼさないことがわかる。ほかのコンポーネントは Main のことを知らず、いつ変更されたかなどは気にしていない。ありがたいことだ。このおかげで、Main をリリースする際の影響は、比較的小さく済む。

Presenters の開発チームが開発中のコンポーネントをテストしたければ、開発版の Presenters を現在使用中の Interactors および Entities と組み合わせてビルドすればいい。そのほかのコンポーネントについては気にする必要はない。これもまたありがたいことだ。Presenters を担当する開発者は、比較的手間をかけずにテストを実行できるし、考慮すべき変動要素も少なくなる。

システム全体をリリースするときは、この手順をボトムアップで進めていこう。まずは、Entities をコンパイルして、テストして、リリースする。次に、Database と Interactors を同じように進める。その後、Presenters と View と Controllers をリリースする。続けて、Authorizer をリリースする。最後にリリースするのは Main だ。このプロセスは非常に明確で扱いやすい。コンポーネントの依存関係を把握できているからこそ、システムをビルドする方法が明確なのだ。

コンポーネントの依存グラフにおける循環依存の影響

新たな要件が追加されて、Entities に含まれるクラスが Authorizer にあるクラスを使わざるを得なくなったとしよう。たとえば、Entities にある User クラスが、Authorizer にある Permissions クラスを使うような場合だ。この変更によって、循環依存が発生してしまう（**図 14-2**）。

この循環依存がいくつかの問題を引き起こす。たとえば、Database の開発者は、今までコンポーネントをリリースするときには、Entities との互換性を維持することを考えておけばよかった。しかし、新たに登場した循環依存によって、さらに Authorizer との互換性も考慮しなければいけなくなる。Authorizer はさらに、Interactors にも依存している。今までと比べて、

Databaseをリリースするのが格段に難しくなった。EntitiesとAuthorizerとInteractors
は、事実上ひとつの巨大なコンポーネントになったようなものだ。これらのコンポーネントを
担当する開発者は、恐ろしい「二日酔い症候群」に悩まされることになる。それぞれが同じバー
ジョンのコンポーネントを使う必要が出てくるので、各コンポーネントの開発者はお互い歩み
寄ることになるだろう。

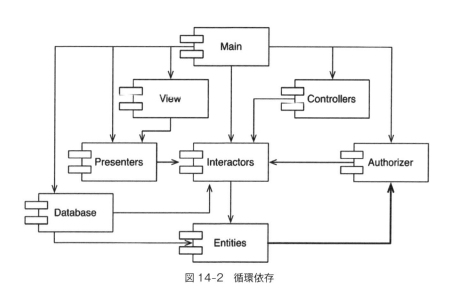

図14-2　循環依存

　問題はこれだけではない。Entitiesをテストするときにどうなるかを考えてみよう。残念
なことに、AuthorizerとInteractorsの両方を統合してビルドする必要がある。耐えられな
いほどではないかもしれないが、コンポーネントがこのように密結合してしまうとテストも面
倒だ。
　自分のクラスのユニットテストをひとつ実行したいだけなのに、なぜこんなにも多くのライ
ブラリやほかの開発者のコードが必要になるのか。少しでも調べれば、その原因が循環依存に
あることに気づくだろう。循環依存があると、コンポーネントを切り離すのが難しくなる。ユ
ニットテストやリリースも難しくなり、失敗に陥りやすくなる。さらに、モジュールの数が増
えるにつれて、ビルド時の課題も幾何級数的に増加する。
　循環依存があると、システムのリリース時にコンポーネントのビルドの順番を決めるのも難
しくなる。おそらく、正しい順序など存在しないのだろう。Javaのようにコンパイル済みのバ
イナリで他のコンポーネントを参照するような言語では、このことは非常にやっかいな問題に
つながる可能性がある。

129

循環依存の解消

どのような状況でも、コンポーネントの循環依存を排除して、有向非循環グラフに戻すことが可能だ。その方法としては、以下の2つがよく使われる。

1. 依存関係逆転の原則（DIP）を適用する。図 14-3 の場合は、User が必要とするメソッドを持つインターフェイスを作ればいい。このインターフェイスを Entities に入れて、Authorizer からはそれを継承する。これで Entities と Authorizer の依存関係が逆転するので、循環依存は解消される。

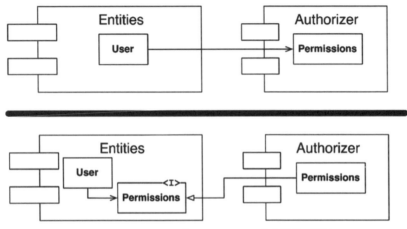

図 14-3　Entities と Authorizer の依存関係の逆転

2. Entities と Authorizer の両方が依存する新しいコンポーネントを作る。そして、両方のコンポーネントが依存するクラスをこの新しいコンポーネントに移動する（図 14-4）。

「変化」するもの

2番目に示した方法からもわかるとおり、コンポーネントの構造は要件の変更に伴って変化する。アプリケーションが成長するにつれて、コンポーネントの依存構造も細かく変わっていく。したがって、循環依存が入り込まないように、依存構造を常に注視しておく必要がある。循環が発生したときには、何らかの方法で解消しなければいけない。その過程で新しいコンポーネントが生まれて、依存構造が変わることもあるだろう。

130

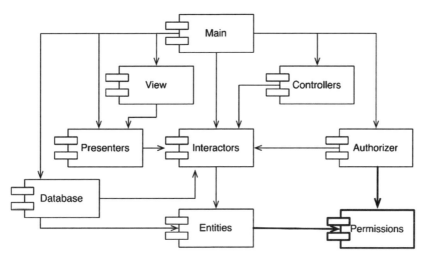

図 14-4　Entities と Authorizer の両方が依存する新しいコンポーネント

トップダウンの設計

　これまでの議論から必然的に導けるのは、コンポーネントの構造をトップダウンで設計するのは不可能だということだ。コンポーネントの構造は、システム設計の際に検討するだけのものではなく、その後もどんどん変わっていく。

　まだピンとこない人もいるかもしれない。我々は、コンポーネントのような粒度の粗い分解は、高水準の**機能**分解のようになると考えている。

　コンポーネントの依存構造のような粒度の粗いグループを見ると、それぞれのコンポーネントがシステムの何らかの機能を表していると考えてしまう。だが、コンポーネント図にはその様子は見られない。

　実際、コンポーネント図にアプリケーションの機能について書くことはほとんどない。この図はアプリケーションの**ビルド可能性**や**保守性**を見るための地図のようなものだ。したがって、プロジェクトの開始時にコンポーネント図を作ることはない。プロジェクトの開始時にはビルドや保守が必要なソフトウェアは存在しないため、地図は不要だからだ。しかし、設計や実装の初期段階からモジュールが増えていくと、それらの依存関係をきちんと把握する必要が出てくる。プロジェクトが「二日酔い症候群」に陥らないようにするためだ。また、あちこちを同時に変更するようなことは避けたいので、単一責任の原則（SRP）や閉鎖性共通の原則（CCP）に注目して、変更のタイミングが同じクラスをひとまとめにしようとするだろう。

　依存構造のなかで最優先に対処すべき問題が、変動性の分離である。さまざまな理由で頻繁に変更されるコンポーネントが、安定すべきコンポーネントに影響を及ぼすことは避けたい。

131

第 14 章　コンポーネントの結合

たとえば、GUI の見た目をちょっと変えるだけで、ビジネスルールに影響を及ぼすようなこと
はあってはいけない。新しい帳票を追加しただけで、最上位レベルの方針に影響を及ぼすのも
好ましくない。アーキテクトはこれらを踏まえ、コンポーネントの依存グラフを組み立てる。
価値の高い安定したコンポーネントを、頻繁に変更されるコンポーネントから保護するのだ。

　アプリケーションが成長するにつれて、構成要素の再利用性を考えるようになる。この段階
になると、全再利用の原則（CRP）がコンポーネントの構成に影響し始める。もし循環依存が
発生すれば、非循環依存関係の原則（ADP）を適用する。そして、依存グラフは変化しながら
成長していく。

　コンポーネントの依存構造をクラス設計の前に決めようとすると、散々な目にあうだろう。
共通の閉鎖性は見つかっていないし、再利用可能な要素にも気づいていない。そして、間違い
なく循環依存を作ってしまう。コンポーネントの依存構造は、システムの論理設計に合わせて
育てていくものだ。

安定依存の原則（SDP）

　　安定度の高い方向に依存すること。

　設計を完全に確定させるのは不可能だ。使い続けていくうちに、設計に多少の変化が発生す
るのは避けられない。閉鎖性共通の原則（CCP）を満たすようにすれば、特定の変更以外には
影響を受けないコンポーネントを作ることができる。このようなコンポーネントは、変動を見
越した**設計をしている**。変わりうるものであることを**想定している**のだ。

　変動を想定したコンポーネントは、変更しづらいコンポーネントから依存されてはいけない。
変更が難しくなってしまうからだ。

　変更しやすい設計で作ったモジュールであっても、ほかのコンポーネントから依存されると、
あっという間に変更しづらくなる。自分たちのモジュールには一切手を加えていないのに、そ
れ以降は手を加えづらくなってしまうのだ。安定依存の原則（SDP）を満たしていれば、手軽
に変更できるように作ったモジュールが変更しづらいモジュールから依存されていないことを
保証できる。

安定度

「安定度」とは何だろう？　1 枚のコインを立てた状態で置いたとする。これは安定している
だろうか？　おそらくあなたは「安定していない」と答えるだろう。余計な手出しをせずそっ

132

としておけば、コインはそのままの状態を保ち続けるだろう。それでも、これは「安定していない」。つまり、安定度は、変化の頻度とは関係ないということだ。コインがずっとそのままの状態を保っていたとしても、これを「安定している」とみなすのは難しい。

ウェブスター辞典によると、安定している（stable）とは「簡単には動かせないこと（not easily moved）」だそうだ。安定度は、何かを変更する際に要する労力と関連している。立てたコインは不安定である。なぜなら、ちょっと手を出すだけで簡単に倒れるからだ。一方、テーブルは非常に安定している。テーブルをひっくり返すにはかなりの労力を要するからだ。

さて、これをソフトウェアに当てはめてみよう。ソフトウェアコンポーネントを変更しづらくする要素には、サイズや複雑さや明快さなど、さまざまなものがある。だが、ここではこれらを一切無視して、別の要素に着目しよう。ソフトウェアを変更しづらくするには、多数のソフトウェアコンポーネントから依存されるようにすればいい。多数のコンポーネントから依存されたコンポーネントは非常に安定している。なぜなら、少し変更するだけでほかのさまざまなコンポーネントとの調整が必要になるからだ。

図 14-5 では、X が安定したコンポーネントになる。3つのコンポーネントが X に依存しているということは、このコンポーネントを変更しない理由が少なくとも3つはあるということだ。このようなとき、X は3つのコンポーネントに対する**責務**を負っていると言う。逆に、X はほかのコンポーネントに依存していない。つまり、外部要因で変更が必要になることはない。このようなコンポーネントを**独立**コンポーネントと呼ぶ。

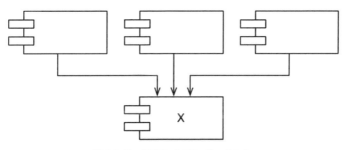

図 14-5　安定したコンポーネント X

図 **14-6** に示した Y は、非常に不安定なコンポーネントだ。Y に依存するコンポーネントはひとつもないので、このコンポーネントは何も責務を負わない。Y 自身は3つのコンポーネントに依存しているので、3つの外部要因による変更の可能性がある。このようなコンポーネントを**従属**コンポーネントと呼ぶ。

第14章　コンポーネントの結合

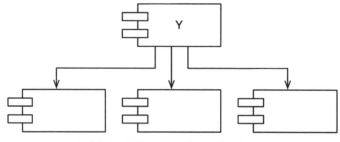

図14-6　非常に不安定なコンポーネントY

安定度の指標

コンポーネントの安定度をどのように計測すればいいだろうか？　そのコンポーネントに依存しているコンポーネントの数や、そのコンポーネントが依存しているコンポーネントの数を調べるのもひとつの方法だ。こうした数を調べれば、コンポーネントの**位置的な**安定度が算出できる。

- **ファン・イン**：依存入力数。この指標は、コンポーネント内のクラスに依存している外部のコンポーネントの数を表す。
- **ファン・アウト**：依存出力数。この指標は、コンポーネント内にある、外部のコンポーネントに依存しているクラスの数を表す。
- **I**（Instability）：不安定さ。I = ファン・アウト ÷ (ファン・イン ＋ ファン・アウト)。この指標は、ゼロ以上1以下の値になる。I = 0 が最も安定しているコンポーネントを表し、I = 1 が最も不安定なコンポーネントを表す。

ファン・インと**ファン・アウト**[1]を算出する際には、対象コンポーネントに含まれるクラスと依存関係にある外部コンポーネントの**クラスの数**を調べる。**図14-7** の例を考えてみよう。

コンポーネント Cc の安定度を算出してみよう。Cc の外部にある3つのクラスが Cc の内部のクラスに依存しているので、**ファン・イン** = 3 だ。一方、Cc の内部のクラスが依存する Cc の外部のクラスは1つなので、**ファン・アウト** = 1 となる。つまり、I = 1/4 だ。

C++では、これらの依存は一般的に #include 文で表される。ひとつのソースファイルにひとつのクラスしか含めないようにしておけば、I の値は簡単に算出できるようになる。Java の場合は、import 文と修飾名を数えれば、I の値がわかる。

I の値が1になるのは、そのコンポーネントに依存するコンポーネントがひとつもなく（ファ

---

[1]　以前に出版した書籍では「ファン・アウト」と「ファン・イン」ではなく、「遠心性」と「求心性」という用語を使っていた。正直すまなかったと思っている。当時の私は、中枢神経系のメタファーを好んでいたのだ。

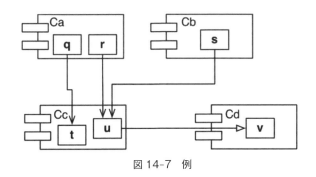

図14-7 例

ン・イン = 0)、そのコンポーネントが他のコンポーネントに依存している（**ファン・アウト > 0**）場合だ。これは、最も不安定な状態である。他のコンポーネントに対して何も責務を負わず、ただ依存しているだけである。他のコンポーネントから依存されていないので、そのコンポーネントを変更することを思いとどまる理由がない。他のコンポーネントに依存しているので、依存するコンポーネントの事情でそのコンポーネントを変更する可能性がある。

一方、Iの値がゼロになるのは、そのコンポーネントに依存しているコンポーネントが存在している（**ファン・イン > 0**）が、そのコンポーネントは他のコンポーネントに依存していない（**ファン・アウト = 0**）場合だ。このコンポーネントはほかのコンポーネントに対する**責務を負い**、ほかのコンポーネントからは**独立**している。これは、最も安定した状態である。ほかのコンポーネントからの依存があるために、気軽に手を加えることはできない。ほかのコンポーネントに依存していないので、ほかのコンポーネントの都合によって変更する必要がない。

安定依存の原則（SDP）は、コンポーネントのIを依存するコンポーネントのIよりも大きくすべきというものである。つまり、コンポーネントの依存性の方向を順番にたどると、Iの値は**減少**していくべきだということになる。

すべてのコンポーネントに高い安定度を求める必要はない

すべてのコンポーネントが最大限に安定した状態になっているとしたら、そのシステムには手を加えることができないだろう。それは我々の望む状況ではない。コンポーネント構造を設計するときには、安定度の高いコンポーネントもあれば、安定度の低いコンポーネントもあるようにしておきたい。3つのコンポーネントからなるシステムの理想的な構成を**図14-8**に示す。

変更しやすいコンポーネントを図の上に、それらが依存する安定したコンポーネントを図の下に配置している。このように、安定度の低いコンポーネントを図の上のほうに書くと定めておくと便利だ。そうすれば、**上向きの矢印は安定依存の原則（SDP）に違反している**（さらに、後述する非循環依存関係の原則（ADP）にも違反している）ことがすぐに見つけられるように

135

なる。

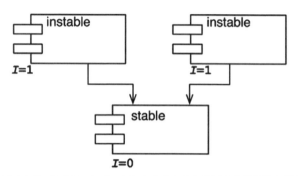

図 14-8　3つのコンポーネントからなるシステムの理想的な構成

以下に示す**図 14-9** は、安定依存の原則（SDP）に違反している例だ。

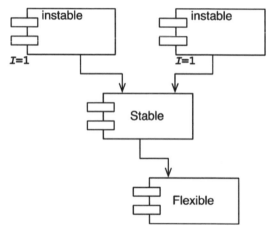

図 14-9　安定依存の原則（SDP）違反

Flexible は、意図的に変更しやすいように作られているコンポーネントだ。このコンポーネントは安定度を低くしておきたい。しかし、安定度の高いコンポーネント Stable を担当する開発者が、このコンポーネントに Stable を依存させてしまっている。これは安定依存の原則（SDP）に反した状態だ。なぜなら、Stable コンポーネントの I の値は、Flexible コンポーネントに比べてずっと小さいからだ。結果的に、Flexible コンポーネントは変更しづらいものになってしまう。このコンポーネントを変更すると、必然的に Stable コンポーネントやそれに依存するほかのコンポーネントにも手を加えなければいけなくなる。

　この問題を解決するには、Stable から Flexible への依存を何らかの手段で取り除く必要があ

る。そもそも、なぜこの依存が存在するのだろうか。ここでは、Stable のクラス U が Flexible のクラス C を使う必要があるとしよう（図 14-10）。

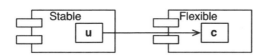

図 14-10　Stable の U が Flexible の C を利用している

この問題を修正するためには、依存関係逆転の原則（DIP）を使えばいい。インターフェイスの US を作り、これをコンポーネント UServer に格納する。このインターフェイスでは、U が使うすべてのメソッドを宣言しておく。そして、C にこのインターフェイスを実装させる（図 14-11）。これで Stable が Flexible に依存することはなくなり、両方のコンポーネントがそれぞれ UServer に依存するようになる。UServer は非常に安定しており（I = 0）、Flexible の安定度は低いまま（I = 1）にできる。これで、すべての依存が I を小さくする方向に流れるようになった。

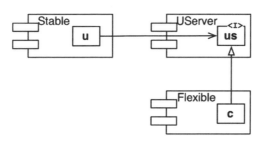

図 14-11　インターフェイス US を C が実装する

抽象コンポーネント

インターフェイスしかないコンポーネント（今回の例における UServer のようなもの）を見て、不思議に思う人もいるかもしれない。実行可能なコードが一切含まれていないからだ！しかし、Java や C# のような静的型付け言語では、これはごくありふれた戦略で、欠かせないものである。こうした抽象コンポーネントは安定度が非常に高いので、安定度の低いコンポーネントが依存する対象としては理想的だ。

Ruby や Python のような動的型付け言語には、このような抽象コンポーネントは存在しない。抽象コンポーネントへの依存も存在しない。これらの言語における依存構造は、静的型付け言語に比べるとずっとシンプルになる。依存関係を逆転させるときに、何らかの宣言をした

第 14 章　コンポーネントの結合

りインターフェイスを継承したりする必要がないからだ。

安定度・抽象度等価の原則（SAP）

コンポーネントの抽象度は、その安定度と同程度でなければいけない。

上位レベルの方針をどこに適用するか

システムのなかには、頻繁に変更すべきでないソフトウェアも含まれる。上位レベルのアーキテクチャや方針を示すソフトウェアがそれにあたる。ビジネスやアーキテクチャに関する決定は、頻繁に変わってほしくはないものだ。したがって、そのシステムにおける上位レベルの方針をカプセル化したソフトウェアは、安定度の高い（$I = 0$）コンポーネントに配置しなければいけない。安定度の低い（$I = 1$）コンポーネントには、すばやく簡単に変更できるようにしておきたいソフトウェアのみを含めるべきだ。

しかし、上位レベルの方針を安定度の高いコンポーネントに配置すると、方針を表現しているソースコードを変更しづらくなる。結果的に、そのアーキテクチャは柔軟性に欠けるものになってしまうだろう。安定度が最大の（$I = 0$）コンポーネントを変更せずに済ませることは可能だろうか？　その答えはオープン・クローズドの原則（OCP）にある。オープン・クローズドの原則（OCP）は、クラスを作るときには既存コードを変更せずに拡張できるようにしておくというものだった。この原則を満たすクラスとは何だろうか？　そう、**抽象**クラスだ。

安定度・抽象度等価の原則（SAP）の導入

安定度・抽象度等価の原則（SAP）は、安定度と抽象度の関係についての原則だ。安定度の高いコンポーネントは抽象度も高くあるべきで、安定度の高さが拡張の妨げになってはいけないと主張している。一方、安定度の低いコンポーネントは具体的なものであるべきだとしている。安定度が低いことによって、その内部の具体的なコードが変更しやすくなるからである。

したがって、コンポーネントの安定度を高くしようと思えば、拡張できるようにインターフェイスと抽象クラスで構成すべきである。安定度が高くて拡張可能なコンポーネントは柔軟になり、アーキテクチャへの制約も少なくなる。

安定度・抽象度等価の原則（SAP）と安定依存の原則（SDP）の組み合わせが、コンポーネ

138

ント版の依存関係逆転の原則（DIP）に相当する。安定依存の原則（SDP）では、安定度が高くなる方向に依存すべきであると言い、安定度・抽象度等価の原則（SAP）では、安定度が抽象度と連動するものだと言っているからだ。つまり、**抽象度が高くなる方向に依存すべき**ということになる。

とはいえ、依存関係逆転の原則（DIP）はクラスの関係を表す原則であり、クラスにはグレーゾーンは存在しない。抽象クラスとそれ以外のクラスにきちんと区別できる。一方、安定依存の原則（SDP）と安定度・抽象度等価の原則（SAP）の組み合わせはコンポーネントの関係を表す原則だが、コンポーネントの安定度や抽象度はきちんと区別できるものではない。

抽象度の計測

コンポーネントの抽象度を表す指標 **A** を以下のように定める。この値は、コンポーネントに含まれるクラスの総数に占める、インターフェイスや抽象クラスの割合を算出したものだ。

- **Nc**：コンポーネント内のクラスの総数。
- **Na**：コンポーネント内の抽象クラスとインターフェイスの総数。
- **A**：抽象度。**A ＝ Na ÷ Nc**

A は 0 から 1 までの値をとる。この値が 0 であれば、そのコンポーネントに抽象クラスやインターフェイスが一切含まれないことを表す。この値が 1 であれば、そのコンポーネントには抽象クラスやインターフェイスしか含まれないことを表す。

主系列

さて、安定度（**I**）と抽象度（**A**）の関連を定義する段階にきた。縦軸を **A**、横軸を **I** とするグラフを作ってみよう（**図 14-12**）。「よいもの」とされている 2 種類のコンポーネントが、このグラフのどこに置かれるかを考えてみよう。安定度と抽象度がともに最大のコンポーネントは、グラフの左上にあたる（0, 1）にプロットされるだろう。同様に、安定度と抽象度がともに最低のコンポーネントは、グラフの右下にあたる（1, 0）にプロットされる。

すべてのコンポーネントがこのどちらかに収まるわけではない。抽象度にも安定度にも、**程度**というものがあるからだ。たとえば、何かの抽象クラスを継承して別の抽象クラスを作るのはよくあることだ。この派生クラスは、依存性を含む抽象クラスになる。つまり、抽象度は最大ではあるが、安定度は最大ではないことになる。依存性を含むことで、安定度が低下しているのである。

第14章　コンポーネントの結合

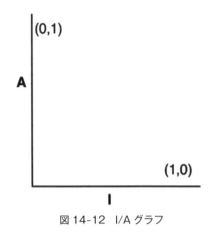

図 14-12　I/A グラフ

すべてのコンポーネントを (0, 1) か (1, 0) のいずれかになるように強制することは不可能だが、コンポーネントが I/A グラフのどのあたりにあれば妥当かを定めることはできる。これを定めるには、コンポーネントがプロットされるべきではない（**除外すべき**）範囲を見つければいい（**図 14-13**）。

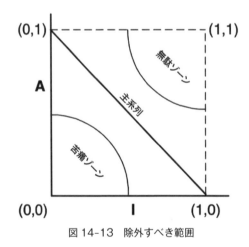

図 14-13　除外すべき範囲

苦痛ゾーン

(0, 0) の近辺にあるコンポーネントについて考えてみよう。ここにあるのは、安定度が最高の具象コンポーネントである。そのようなコンポーネントは柔軟性に欠けているので好ましくない。抽象度が低いために拡張することができず、安定度が高いために変更も難しい。きちんと設計したコンポーネントが (0, 0) の近辺にくることは、普通はないだろう。この近辺は除

安定度・抽象度等価の原則（SAP）

外すべき領域であり、**苦痛ゾーン**と呼ばれている。

　ソフトウェアの構成要素のなかには、このゾーンに入るものもある。その一例が、データベーススキーマだ。データベーススキーマは変更されやすく、極めて抽象度が低く、他のコンポーネントから依存されまくっている。だからこそ、オブジェクト指向アプリケーションとデータベースとのインターフェイスをきちんと管理するのは難しく、スキーマの変更は苦痛を伴う作業になりがちなのだ。

　（0, 0）近辺にあるソフトウェアの例としてもうひとつ考えられるのが、具象ユーティリティライブラリだ。こうしたライブラリのIの値は1になるが、実際にはほとんど変更されることはないだろう。たとえば、String コンポーネントを考えてみよう。ここに含まれるクラスはすべて具象クラスだが、あまりにもいろいろなところから使われているために、ちょっとした変更でも大騒ぎになってしまう。つまり、String は変動性が低い。

　変動性の低いコンポーネントは（0, 0）近辺にあっても害はない。変更されることはまずないからだ。つまり、苦痛ゾーンにあると問題になるのは、変動性の高いソフトウェアコンポーネントだけということになる。変動性が高ければ高いほど、このゾーンにあるときの「苦痛」も大きくなる。このグラフの第三の軸として、変動性を考えてもいいだろう。その場合、図14-13は苦痛が最大（つまり、変動性が最大）な平面だけを表していることになる。

無駄ゾーン

　次に、（1, 1）の近辺にあるコンポーネントを考えてみよう。最大限に抽象化されているにもかかわらず、それに依存するコンポーネントが存在しない。そんなコンポーネントは無意味だ。この領域を**無駄ゾーン**と呼ぶ。

　このゾーンにいるソフトウェアは、ゴミのようなものだ。実装がひとつもないまま放置された抽象クラスなどがそうだ。コードベースに含まれてはいるものの、実際には使われていないコードが存在することもある。

　このゾーンに深く入り込んだコンポーネントには、そうした要素がかなりの割合で含まれているに違いない。もちろん無駄な要素がある状態は好ましくない。

除外すべきゾーンを回避する

　変動性の高いコンポーネントをこれらのゾーンからできるだけ遠ざけておくべきなのは明らかだ。両方のゾーンから最も離れた点を結ぶ軌跡は（1, 0）と（0, 1）をつなぐ直線になる。この直線を**主系列**と呼ぶことにする[2]。

2　天文学の重要な概念を表す用語を借用するという傲慢を許してほしい。

141

第 14 章　コンポーネントの結合

主系列上にあるコンポーネントは、その安定度に対して抽象的すぎず、その抽象度に対して不安定すぎないものとなる。無駄でもないし、大きな苦痛を伴うこともない。抽象度が高いためにほかから依存されていることもあれば、抽象度が低いためにほかに依存していることもある。

コンポーネントにとって理想的な場所は、主系列の両端のどちらかである。優れたアーキテクトは、大半のコンポーネントをそのどちらかに収めようと努力している。だが、これまでの経験上、大規模システムにはどうしてもそこに収まらないコンポーネントが存在する。そうしたコンポーネントについては、できるだけ主系列上に乗せるか、そこに**近づける**ようにするといいだろう。

主系列からの距離

ここで登場するのが最後の指標だ。コンポーネントが主系列にできるだけ近い位置にあることが望ましいのであれば、その理想からどの程度離れているのかを表す指標を用意すればいい。

- **D**（Distance）[3]：距離。**D** = |**A**+**I**-1|。これは 0 以上 1 以下の値となる。値が 0 の場合、そのコンポーネントはまさに主系列にあることを意味する。値が 1 の場合、主系列から最もかけ離れた状態を表す。

この指標を使えば、主系列への適合度について設計の分析ができるようになる。すべてのコンポーネントの **D** の値を算出してから、**D** が 0 付近にないコンポーネントについて再検討すればいい。

設計を統計的に分析することもできる。すべてのコンポーネントの **D** の値について、その平均と分散を計算してみよう。うまく設計できていれば、平均も分散も 0 に近づくだろう。分散を使えば、そのほかのコンポーネントと比較した「例外的な」コンポーネントを識別するための「制御限界」を定めることができる。

図 14-14 の散布図からは、大半のコンポーネントが主系列上にあるが、平均からの距離が標準偏差（**Z** = 1）を超えているコンポーネントも存在することが読み取れる。これらの異常なコンポーネントは、改めて精査する価値があるだろう。何らかの理由で、その抽象度の割に依存が少なすぎたり、具象コンポーネントが大量の依存を持っていたりすることが考えられる。

この指標のもうひとつの利用法として考えられるのは、個々のコンポーネントについて **D** 値の推移を記録することだ。その結果は、**図 14-15** のようなグラフになる。このグラフからは、直近の何回かのリリースで Payroll コンポーネントに奇妙な依存性が入り込んでいることが読み取れる。このグラフでは、制御の閾値を **D** = 0.1 にしている。R2.1 の点はこの制御限界を超

3　以前の著書では、この指標のことを D′ と呼んでいたが、別にそれを踏襲する理由もないと判断した。

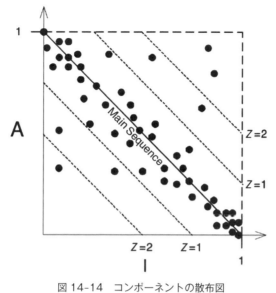

図 14-14　コンポーネントの散布図

えているので、なぜ主系列からこんなに離れてしまったのかを調べる価値があるだろう。

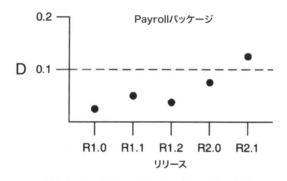

図 14-15　あるコンポーネントの D 値の推移

まとめ

　本章で取り上げた**依存性管理の指標**は、設計における依存性と抽象度の関係が、私が「よいもの」と考えているパターンに当てはまるかどうかを計測するものである。経験上、世の中にはよい依存もあれば、悪い依存もある。これらの指標は、私のこれまでの経験を踏まえたもの

143

になっている。とはいえ、これらの指標がすべてではない。これは何らかの基準に従って計測しただけにすぎない。だが、万能ではないかもしれないが、それなりに役立つのではないだろうか。

第V部 アーキテクチャ

アーキテクチャとは？　第15章

「アーキテクチャ」という言葉は、力と神秘のビジョンを呼び起こす。重苦しい決断と深い技術力のことが頭に思い浮かぶ。ソフトウェアアーキテクチャは技術の成果の頂点にある。ソフトウェアアーキテクトといえば、絶大な力を持ち、尊敬を集める人物が思い浮かぶ。「いつの日かソフトウェアアーキテクトになりたい」。意識の高い若きソフトウェア開発者のなかで、そう思わない者がいるだろうか？

だが、ソフトウェアアーキテクチャとは何だろうか？　ソフトウェアアーキテクトは何をするのだろうか？　いつそれをやるのだろうか？

そもそもソフトウェアアーキテクトはプログラマである。プログラマを続けておかなければいけない。ソフトウェアアーキテクトはコードを書かず、より高いレベルの問題にフォーカスするものだ、というウソを信じてはダメだ。そんなのはデタラメだ！　ソフトウェアアーキテクトは最高のプログラマであり、継続してプログラミングの仕事を引き受けながら、生産性を最大化する設計にチームを導いていく。ほかのプログラマほどコードを書かないかもしれないが、引き続きプログラミングの作業に関わっている。自分で課題を経験していなければ、ほかのプログラマのために適切な仕事をすることなどできないからだ。

第 15 章　アーキテクチャとは？

　ソフトウェアシステムのアーキテクチャは、それを構築した人がシステムに与えた「形状」である。その形状を生み出すためには、システムをコンポーネントに分割し、コンポーネントをうまく配置して、コンポーネントが相互に通信できるようにする必要がある。

　アーキテクチャの形状の目的は、そこに含まれるソフトウェアシステムの開発・デプロイ・運用・保守を容易にすることである。

　それらを容易にするための戦略は、できるだけ長い期間、できるだけ多く選択肢を残すことである。

　この言葉はみなさんを驚かせたかもしれない。みなさんは、アーキテクチャの目的を「システムを適切に動作させること」だと考えていたのではないだろうか。確かにシステムは適切に動作させたい。そして、システムのアーキテクチャは、それを最重要の優先事項としてサポートするものでなければいけない。

　しかし、システムのアーキテクチャは、システムの動作に影響を与えるものではない。世の中には数多くのシステムがあり、ひどいアーキテクチャにもかかわらず、正しく動作しているものはいくつも存在する。運用でトラブルが発生しているのではなく、デプロイ・保守・開発でトラブルが発生しているのである。

　アーキテクチャがシステムを適切に動作させるサポートの役割を果たすべきではない、ということではない。実際にその役割は果たしており、それは非常に重要なものである。だが、それは能動的で必要不可欠なものではなく、受動的で装飾的なものなのだ。システムの**振る舞い**の選択肢として、アーキテクチャが残せるものはほとんどないと言っていいだろう。

　アーキテクチャの主な目的は、システムのライフサイクルをサポートすることである。優れたアーキテクチャがあれば、システムを容易に理解・開発・保守・デプロイできる。最終的な目的は、システムのライフタイムコストを最小限に抑え、プログラマの生産性を最大にすることである。

開発

　開発が難しいソフトウェアシステムは、ライフタイムが長くて健全である可能性が低い。だからこそ、システムのアーキテクチャによって、開発チームが開発しやすくなるようなシステムにするべきなのである。

　チームの構成が異なれば、アーキテクチャの決定も異なる。たとえば、開発者が 5 人程度の小規模なチームであれば、コンポーネントやインターフェイスが明確に定義できていないモノリシックなシステムでも、みんなで協力してうまく開発できるはずだ。実際、そのようなチー

ムは、開発初期はアーキテクチャの構造が何らかの障害物になると考えている。多くのシステムに優れたアーキテクチャが存在しないのはそのためだ。チームの規模が小さく、障害物となるような強固な構造を望んでいないので、最初からアーキテクチャが存在しないのである。

一方、開発者が7人ずつ、5つのチームで開発しているシステムは、信頼性の高い安定したインターフェイスで明確にコンポーネントを分割しない限り、作業をうまく進めることはできない。このシステムのアーキテクチャは（ほかの要素を考慮しないならば）、1チームずつ合計5つのコンポーネントになっていくだろう。

このようなチーム単位のアーキテクチャは、システムのデプロイ・運用・保守に最適なアーキテクチャではない。だが、開発スケジュールが差し迫っていると、どうしてもこのようなアーキテクチャになってしまう。

デプロイ

ソフトウェアシステムが効果を生み出すためには、デプロイ可能な状態でなければいけない。デプロイのコストが高ければ、その分だけシステムの有用性は低下する。ソフトウェアアーキテクチャの目的は、システムを**単一のアクション**で簡単にデプロイできるようにすることである。

残念なことに、開発初期にデプロイ戦略を考慮することはほとんどない。そのため、システムの開発は容易になるかもしれないが、デプロイは非常に難しいものとなってしまう。

たとえば、システムの開発初期に、開発者が「マイクロサービスアーキテクチャ」の導入を決めたとする。コンポーネントの境界が明確で、インターフェイスが比較的安定しているため、システムの開発が楽になると思ったのかもしれない。だが、システムをデプロイする時期になると、マイクロサービスの数が問題になることが判明する。それぞれのサービスの設定や接続、起動のタイミングが、重大なエラーの原因となるのだ。

早い段階からアーキテクトがデプロイの問題について考えていれば、サービスの数を減らしたり、サービスとプロセス内のコンポーネントのハイブリッドにしたり、相互接続を管理する統合的な手段を選択したり、何らかの対策ができていただろう。

運用

システムの運用に対するアーキテクチャの影響は、開発・デプロイ・保守に対する影響と比べるとさほど大きくはない。運用の問題の多くは、ソフトウェアアーキテクチャを変更しなくても、ハードウェアを追加すれば解決できる。

実際、このような光景を何度も目にしたことがあるはずだ。非効率的なアーキテクチャを持つソフトウェアシステムでも、ストレージやサーバーを追加するだけで正常に動作することはよくある。ハードウェアは安価であり、人は高価であるという事実を踏まえれば、デプロイ・開発・保守を妨げるアーキテクチャよりも、運用を妨げるアーキテクチャのほうがコストは安い、ということになる。

システムの運用に最適化されたアーキテクチャが望ましくない、というわけではない。むしろそれは望ましい！　ただ、コストの計算式が、開発・デプロイ・保守に偏りすぎているのである。

とはいえ、システムの運用におけるアーキテクチャの役割はほかにもある。それは、システムの運用ニーズを伝えるというものだ。

アーキテクチャが優れていれば、システムの運用方法は開発者が見ればすぐにわかる、と説明すればわかりやすいだろう。つまり、アーキテクチャが運用方法を明らかにするのである。システムのアーキテクチャは、システムに求められるユースケース、機能、振る舞いを、ファーストクラスのエンティティになるまで高める必要がある。そして、それが開発者にとっての目印となるべきだ。これにより、システムの理解が容易になり、そのことによって、開発や保守に大いに役立つのである。

保守

ソフトウェアシステムのすべてにおいて、保守は最もコストがかかるものである。永遠に続く新しい機能の登場と、避けられない欠陥や修正の繰り返しは、人的リソースを膨大に消費する。

保守の主なコストは、**洞窟探検**とリスクだ。洞窟探検とは、既存のソフトウェアを掘り起こし、新しい機能の追加や欠陥の修正において、最適な場所や戦略を見つけるコストである。このような変更を行っているうちに、意図しない欠陥を生み出す可能性が生まれ、リスクのコストを高めることになってしまう。

アーキテクチャを慎重に考え抜けば、これらのコストは大幅に低下する。システムをコンポーネントに分離して、安定したインターフェイスを持つ独立したコンポーネントにしておけば、将来の機能の道筋が照らされ、意図せず壊してしまうリスクを大幅に軽減できるだろう。

選択肢を残しておく

これまでの章で説明したように、ソフトウェアには2種類の価値がある。「振る舞いの価値」と「構造の価値」だ。そして、後者のほうが価値が大きい。なぜなら、それがソフトウェアをソフトにする価値だからだ。

ソフトウェアが発明されたのは、マシンの振る舞いをすばやく簡単に変更する必要があったからだ。だが、その柔軟性は、システムの形状、コンポーネントの配置、コンポーネントの相互接続に大きく依存する。

ソフトウェアをソフトに保つには、できるだけ長い期間、できるだけ多く選択肢を残すことである。では、「残すべき選択肢」とは何だろうか？　それは、**重要ではない詳細**である。

あらゆるソフトウェアシステムは、大きく2つの要素に分割できる。「方針」と「詳細」だ。方針の要素は、ビジネスのすべてのルールや手順を含んでいる。方針には、システムの本当の価値がある。

詳細は、人間・そのほかのシステム・プログラマが、方針についてやり取りするために必要なものだが、方針の振る舞いに影響を与えるものではない。詳細には、IO デバイス、データベース、ウェブシステム、サーバー、フレームワーク、通信プロトコルなどが含まれる。

アーキテクトの目的は、方針とは**無関係**に詳細を決めながら、方針をシステムの最も重要な要素と認識するシステムの形状を作ることである。こうすることで、詳細の決定を**延期**や**留保**することができる。

いくつか例を挙げよう。

- 開発の初期段階でデータベースシステムを選択する必要はない。なぜなら上位の方針では、使用するデータベースの種類を気にかけるべきではないからだ。実際、アーキテクトが気をつけていれば、リレーショナルデータベースなのか、分散型データベースなのか、階層型データベースなのか、プレインなファイルなのかを上位の方針で気にすることはない。
- 開発の初期段階でウェブサーバーを選択する必要はない。なぜなら上位の方針では、ウェブで配信するかどうかを気にかけるべきではないからだ。上位の方針が、HTML、AJAX、JSP、JSF などのウェブ開発における「アルファベットの羅列」を認識しなければ、プロジェクトの決定を遅らせることができる。実際、**システムをウェブ経由で配信するかどうかすら決める必要はない。**
- 開発の初期段階で REST を採用する必要はない。なぜなら上位の方針では、外の世界に対するインターフェイスを認識すべきではないからだ。マイクロサービスや SOA のフレームワークを採用する必要もない。繰り返すが、上位の方針が気にする必要はない。
- 開発の初期段階で DI フレームワークを導入する必要はない。なぜなら上位の方針では、依

存性の解消方法を気にかけるべきではないからだ。

理解できたのではないだろうか。周囲の詳細を気にせずに上位の方針を構築できれば、詳細の決定をしばらく延期・留保できる。また、決定を遅延できれば、その分だけ**適切に作るための情報が数多く手に入る**。

これにより、複数の実験をするという選択肢も与えられる。あなたが上位レベルの方針に関与していて、それがデータベースについて認識していないとわかっている場合は、事前に複数の異なるデータベースに接続して、妥当性やパフォーマンスをチェックすることができる。ウェブシステム、フレームワーク、ウェブの利用そのものについても、同じ方法を適用できるだろう。

選択肢を残せる期間が長ければ、実験できる数が増え、挑戦できることが増え、決定しなければいけない時点までに入手できる情報も増える。

では、ほかの誰かがすでに決定していた場合はどうだろうか？　会社がすでに特定のデータベース、ウェブサーバー、フレームワークを使うと決めていた場合はどうだろうか？　**優秀なアーキテクトならば、まだ決まっていないと主張するだろう**。そして、決定をできるだけ長く遅延できるように、あるいはいつまでも変更できるように、システムの形状を決めていくだろう。

優れたアーキテクトは、決定しない数を最大化するのである。

デバイス非依存

この考え方の一例として、1960年代に戻ってみよう。当時は、コンピュータはまだティーンエイジャーで、ほとんどのプログラマは数学者かほかの分野のエンジニアだった（それから、3分の1以上が女性だった）。

その頃の我々は、数多くの間違いを犯した。そのときはそれが間違いだとも気づかなかった。気づけるはずもなかった。

たとえば、コードをIOデバイスに直接バインドするという間違いを犯したことがある。プリンターで何かを印字する必要があったので、プリンターを制御するIO命令を使ったコードを書いた。だが、そのコードは**デバイス依存**だった。

たとえば、テレプリンターに印刷するPDP-8プログラムを書くとき、私は以下のようなマシン命令を使っていた。

```
PRTCHR, 0
        TSF
        JMP .-1
        TLS
        JMP I PRTCHR
```

デバイス非依存

PRTCHR は、テレプリンターに 1 文字を印字するサブルーチンである。最初の 0 はリターンアドレスの記憶領域として使用する（質問は受け付けない）。TSF は、テレプリンターが文字を印字する準備ができていれば、次の命令をスキップするものである。テレプリンターがビジーであれば、TSF から JMP に移り、また TSF にジャンプする。準備ができていれば、TSF から TLS に飛び、A レジスタにある文字をテレプリンターに送信する。そして、JMP I PRTCHR で呼び出し元に戻る。

最初のうちは、この戦略でうまくいった。カードリーダーからカードを読み取るときは、カードリーダーと直接やり取りをするコードを使用した。カードをパンチするときは、カードパンチを直接操作するコードを記述した。プログラムは完ぺきに動いた。これが間違いだったとは、当時の我々は知る由もなかったのである……。

パンチカードの束は管理が難しい。なくなったり、破けたり、穴があいたり、バラバラになったり、どこかに落ちたりすることもあった。正しいカードがどこか消えて、余計なカードが混ざっていることもあった。データの整合性は大きな問題になっていた。

解決策は磁気テープだった。カードのイメージをテープに移すことができた。磁気テープを落としても、レコードがバラバラになることはなかった。誤ってレコードを失うこともなかったし、テープを渡すだけで空のレコードが挿入されることもなかった。テープは安全だった。また、読み書きが高速で、バックアップコピーを作成するのも簡単だった。

だが、残念なことに、我々のソフトウェアはカードリーダーとカードパンチを操作するために書かれたものだった。磁気テープを使うためには、すべてを書き直さなければいけなかった。それは大変な仕事だった。

1960 年代後半までに我々は、**デバイス非依存**にたどり着いた。当時のオペレーティングシステムは、カードのようなユニットレコードを処理するソフトウェア機能として、IO デバイスを抽象化していた。プログラムからは、抽象的なユニットレコードデバイスを操作するオペレーティングシステムのサービスを呼び出せばいい。オペレーターは、こうした抽象サービスを接続するカードリーダー、磁気テープ、ユニットレコードデバイスをオペレーティングシステムに伝えた。

これにより、**何も変更することなく**、同じプログラムでカードの読み書きとテープの読み書きの両方ができるようになった。ここからオープン・クローズドの原則（OCP）が誕生した（その名前はまだなかったが）。

153

ダイレクトメール

1960年代後半、私はクライアントのためにダイレクトメールを印刷する会社に勤めていた。クライアントがユニットレコードの入った磁気テープを送ってくる。そこには、氏名や住所などの顧客の情報が記録されている。我々は、パーソナライズされたステキな広告を印字するプログラムを書いた。

こんにちは、マーティンさん

おめでとうございます！

ウィッチウッドレーンの住人から、なんと「あなた」が選ばれました。
すばらしい限定サービスにご参加いただけます。つきましては……

クライアントは巨大なロール紙を送ってきた。そこには手紙の文面が記載されており、氏名と住所などの印字したい要素が空になっていた。我々は、磁気テープから氏名や住所などの要素を抽出し、指定された部分に印字するプログラムを作成した。

ロール紙の重さは225キロ以上もあり、数千通分に相当した。クライアントはそのロール紙を数百個送ってきた。我々が個別に印刷するのだ。

最初は、IBM 360の1台のラインプリンターで印刷していた。それは、シフトごとに数千文字を印字することができた。だが、非常に高価なマシンを長時間稼働し続けることになった。その当時、IBM 360をレンタルするのに月額数万ドルもかかっていたからだ。

そこで、ラインプリンターの代わりに、磁気テープを使用するようにオペレーティングシステムに指示を出した。オペレーティングシステムで抽象化したIOを使っていたので、プログラムは何も問題なく動作した。

IBM 360は、テープの内容を約10分でダンプアウトした。複数のロール紙に印刷するのに十分な量だった。磁気テープをコンピュータ室の外に持ち出して、オフラインプリンターに接続されたテープドライブにマウントした。オフラインプリンターは5台あり、24時間ずっと稼働させることができた。それらを使い、毎週数十万通のダイレクトメールを印刷した。

デバイス非依存の効果は絶大だった！　使用するデバイスのことを知らなくても、何も気にかけることなく、プログラムを書くことができた。コンピュータに接続されたローカルラインプリンターを使用して、プログラムをテストすることができた。磁気テープに「印刷」する命令をオペレーティングシステムに出してから、数十万通の印刷を実行したのである。

我々のプログラムには「形状」があった。その形状は、方針と詳細を切り離すものだった。こ

こでの方針は、氏名と住所のレコードの書式を設定することだった。ここでの詳細は、それを印刷するデバイスだった。我々は、使用するデバイスの決定を遅らせたのである。

物理アドレス

1970 年代初頭、私は全米トラック運転手組合の大規模な会計システムの仕事をしていた。25MB のディスクドライブがあり、そこに Agent、Employer、Member のレコードを格納した。レコードごとにサイズがさまざまだったので、各セクタが Agent レコードのサイズになるように、ディスクの最初のいくつかのシリンダをフォーマットするようにした。次のいくつかのシリンダは、Employer レコードに合うセクタを持てるようにフォーマットした。最後のいくつかのシリンダは、Member レコードに合うようにフォーマットした。

我々は、ディスクの詳細な構造を知るためのソフトウェアを書いた。その結果、ディスクには 200 のシリンダと 10 のヘッダがあり、各シリンダにはヘッドあたり数十のセクタがあることがわかった。また、どのシリンダに Agent、Employer、Member が保持されているかもわかった。これらはすべてコードに組み込まれていた。

我々は、Agent、Employer、Member を検索するためのインデックスをディスクに保存した。このインデックスは、ディスクにある特別にフォーマットされたシリンダだった。Agent のインデックスは、そのレコードの ID、シリンダ番号、ヘッド番号、セクタ番号で構成されていた。Employer と Member も同様のインデックスを持っていた。Member はディスクにある二重連結リストでも保持されていた。Member レコードは、次の Member レコードと前の Member レコードのシリンダ番号、ヘッド番号、セクタ番号を保持していた。

新しいディスクドライブにアップグレードする場合、何が起きるだろうか？ それがヘッドの多いものだったら？ シリンダが多いものだったら？ シリンダのセクタが多いものだったら？ 我々は、古いディスクからデータを読み取り、新しいディスクに書き出して、すべてのシリンダ、ヘッダー、セクタの番号を変換するという特別なプログラムを書く必要があった。コードにある配線をすべて接続し直す必要があったのだ。それがコードの**あらゆるところ**に存在した！ すべてのビジネスルールが、シリンダ、ヘッダー、セクタの構造を詳細に把握していたのである。

ある日、経験豊富なプログラマが仲間に加わった。我々がこれまでやってきたことを見た彼は、顔面から血の気が引いていた。我々がまるでエイリアンであるかのように衝撃を受けていた。そして、アドレス方式を相対アドレスに変えるべきだと穏やかにアドバイスしてくれた。

その賢明な同僚は、ディスクをセクタの巨大な配列と見なし、シーケンシャルな整数でアドレス可能にすべきだと提案した。そのようにしたことで、我々は簡単な変換ルーティンを書くこ

第 15 章　アーキテクチャとは？

とができた。ディスクの物理的な構造を把握し、相対アドレスをその場でシリンダ、ヘッダー、セクタの番号に変換するというものだ。

　我々にとって幸いだったのは、彼のアドバイスを受け入れることができたということだ。ディスクの物理的な構造を把握できないように、システムの上位の方針を変更したのである。これにより、ディスクドライブの構造に関する決定をアプリケーションから切り離すことができた。

まとめ

　本章で紹介した2つの物語は、アーキテクトが大規模に採用している原則の小規模な活用例である。優れたアーキテクトは、方針と詳細を慎重に区別して、方針が詳細を把握することなく、決して依存することがないように、両者を切り離す。優れたアーキテクトは、詳細の決定をできるだけ延期・留保できるように、方針をデザインする。

独立性 第16章

これまでに述べたように、優れたアーキテクチャは以下のことをサポートしなければいけない。

- システムのユースケース
- システムの運用
- システムの開発
- システムのデプロイ

ユースケース

箇条書きの最初の「ユースケース」とは、アーキテクチャがシステムの意図をサポートしなければいけないことを意味している。ショッピングカートのアプリケーションであれば、アー

キテクチャはショッピングカートのユースケースをサポートしなければいけない。まさにアーキテクトの最大の関心事であり、アーキテクチャの最優先事項になるだろう。アーキテクチャはユースケースをサポートしなければいけない。

だが、前述したように、アーキテクチャがシステムの振る舞いに大きな影響を与えることはない。アーキテクチャが選択肢として考えられることはほとんどない。とはいえ、影響を与えることがすべてではない。アーキテクチャが振る舞いをサポートするために最も重要なことは、アーキテクチャレベルでシステムの意図がわかるように、振る舞いを明らかにすることである。

優れたアーキテクチャを備えたショッピングカートのアプリケーションは、ショッピングカートのアプリケーションのように**見える**。システムのユースケースは、システムの構造のなかにハッキリと見えるようになるのだ。開発者は振る舞いを探すことがなくなる。振る舞いはファーストクラスの要素として、システムのトップレベルにあるからだ。このような要素には、クラス、関数、モジュールなどがあり、アーキテクチャでは目立った位置にいる。また、それぞれの機能を明確に示す名前が付けられている。

第21章「叫ぶアーキテクチャ」では、このポイントをさらに明確にするつもりだ。

運用

アーキテクチャは、システムの運用において、表面的というよりも本質的な役割を果たす。システムが毎秒100,000人の顧客を処理する必要があるなら、アーキテクチャはその求められるユースケースに対して、スループットと応答時間をサポートしなければいけない。システムから巨大なデータキューブにミリ秒単位で問い合わせる必要があれば、アーキテクチャはそうした運用を可能にする構造になっていなければいけない。

これを実現するために、小さなサービスをいくつも配置して、それぞれのサービスを並列で実行するシステムもあるだろう。ひとつのプロセッサでひとつのプロセスを動かし、アドレス空間を共有する大量の軽量スレッドで実現するシステムもあるだろう。アドレス空間を共有しない複数のプロセスを使うシステムもあるだろう。ひとつのプロセスで単純なモノリシックなプログラムを動かすシステムもあるだろう。

奇妙に思えるかもしれないが、優れたアーキテクトであれば、こうした決定は選択肢として残しておく。たとえば、モノリシックに書かれたシステムがその構造に依存している場合、必要に応じて、複数プロセス、複数スレッド、マイクロサービスなどへと簡単にアップグレードすることはできない。一方、コンポーネントを適切に分割し、コンポーネントの通信方法として特定の技術を想定していないアーキテクチャならば、システムの運用ニーズの変化に合わせて、スレッド、プロセス、サービスなどへと比較的簡単に移行することができる。

開発

アーキテクチャは、開発環境のサポートにおいて、非常に重要な役割を果たす。ここで、コンウェイの法則が作用する。

［コンウェイの法則］システムを設計する組織は、組織のコミュニケーション構造をコピーした構造の設計を生み出す。

チームや利害関係の多い組織では、開発中にチームがお互いに干渉しないように、それぞれのチームの行動を独立させるアーキテクチャをシステムに持たせる必要がある。そのためには、単独で開発可能なコンポーネントにシステムを適切に分割しなければいけない。そして、チームが独立して動けるように、分割したコンポーネントをそれぞれのチームに割り当てるのである。

デプロイ

アーキテクチャは、デプロイの手軽さの決定にも大きな役割を果たす。目指すべきは「即時デプロイ」である。優れたアーキテクチャならば、大量にある構成スクリプトやプロパティファイルの変更に依存することはない。ディレクトリやファイルを手作業で作成して用意する必要もない。優れたアーキテクチャがあれば、構築後すぐにシステムをデプロイできる。

これもシステムをコンポーネントに適切に分離・分割することで実現可能となる。このなかには、システム全体をまとめ、各コンポーネントが適切に開始・統合・管理されるようにする主要なコンポーネントも含まれる。

選択肢を残しておく

優れたアーキテクチャであれば、これらのすべての懸念点とそれらをお互いに満足させるコンポーネントの構造のバランスをうまく取ることができる。ね、簡単でしょ？　まあ、言うのは簡単だ。

実際にこのバランスを取ることは難しい。問題となるのは、すべてのユースケースを把握できないこと、運用上の制約、チーム構造、デプロイ要件がわからないことである。たとえわかっていたとしても、システムのライフサイクルに応じて、それらは必然的に変化していく。つまり、目指すべき目標は不明瞭で一貫性がないのだ。ようこそ、現実世界へ。

第16章 独立性

だが、すべてがわからないわけではない。達成すべきターゲットが明確でなくても、比較的安価に実装することができ、上記のバランスをうまく取ることができるアーキテクチャの原則もある。こうした原則によって、システムを独立したコンポーネントに分割できる。それにより、できるだけ長い期間、できるだけ多く選択肢を残すことが可能になる。

システムをどのように変更せざるを得なかったとしても、優れたアーキテクチャがあれば、選択肢を残すことでそれが容易になるのである。

レイヤーの切り離し

ユースケースを考えてみよう。アーキテクトは、必要なユースケースをすべてサポートするシステムの構造を求めているが、すべてのユースケースを把握することはできない。だが、システムの基本的な意図は**わかっている**。これはショッピングカートのシステム、それは BOM（部品表）のシステム、あれは注文処理システム、という具合だ。アーキテクトは、単一責任の原則（SRP）と閉鎖性共通の原則（CCP）を使用して、システムの意図を考慮しながら、異なる理由で変更されるものを分離し、同じ理由で変更されるものをまとめることができる。

異なる理由で変更されるものとは何か？　明らかなものがいくつかある。たとえば、ユーザーインターフェイスを変更する理由は、ビジネスルールを変更する理由とは関係がない。だが、ユースケースにはその両方の要素がある。優れたアーキテクトならば、ユースケースの UI 部分とビジネスルールの部分を分離したいと思うはずだ。そうすれば、ユースケースは明確にしたままで、それぞれの部分を独立して変更できるようになる。

ビジネスルール自体は、アプリケーションに密接に結び付いているものもあれば、一般的なものもある。たとえば、入力フィールドの検証は、アプリケーションと密接に結び付いている。一方、口座の利率計算や在庫の計算といったビジネスルールは、そのドメインに密接に結び付いている。この2種類のルールは異なる頻度や理由で変更されるため、独立して変更できるように分離すべきである。

データベース、クエリ言語、スキーマなども、ビジネスルールや UI とは関係のない技術的詳細である。システムのほかの部分とは関係なく、異なる頻度や理由で変更されるものだ。したがって、独立して変更できるように、システムのほかの部分から分離すべきである。

このように、システムは切り離された水平レイヤー（たとえば、UI、アプリケーション特有のビジネスルール、アプリケーションに依存しないビジネスルール、データベースなど）で分割されていることがわかる。

160

ユースケースの切り離し

　ほかに異なる理由で変更されるものはあるだろうか？　ユースケースそのものがそうだ！　注文入力システムに注文を追加するユースケースは、注文を削除するユースケースと比べると、明らかに異なる頻度と理由で変更される。ユースケースはシステムを分割する自然な方法である。

　また、ユースケースは、システムの水平レイヤーを薄く垂直にスライスしたものである。それぞれのユースケースは、UI の一部、アプリケーション特有のビジネスルールの一部、アプリケーションに依存しないビジネスルールの一部、データベース機能の一部を使用する。したがって、システムを水平レイヤーに分割するときには、それらを薄く垂直にユースケースとしても分割するのである。

　この切り離しを実現するためには、注文追加のユースケースの UI と注文削除のユースケースの UI を分離する。ビジネスルールについても、データベースについても同様である。ユースケースの分割をシステムの高さにそろえておく。

　ここにパターンが見られる。変更する理由の違いでシステムの要素を切り離しておくと、古いユースケースに影響を与えずに新しいユースケースを追加できる。また、ユースケースから使用する UI やデータベースをグループ化しておけば、新しいユースケースを追加しても古いユースケースに影響を及ぼすことがない。

切り離し方式

　箇条書きの 2 番目の「運用」について、切り離しの意味を考えてみよう。さまざまな観点でユースケースを分離しておけば、高いスループットで実行しなければいけないものと低いスループットで実行しなければいけないものは分離されているはずである。UI とデータベースがビジネスルールから分離されていれば、異なるサーバーで実行することができる。高い帯域幅を必要とするものは、複数台のサーバーにレプリケートできる。

　つまり、ユースケースの切り離しは、運用にも適用可能である。ただし、運用で活用するには、適切な方式が必要となる。たとえば、別々のサーバーで実行したいなら、分離したコンポーネントを同じプロセッサのアドレス空間に配置させることはできない。それぞれを異なるサーバーに配置して、何らかの通信手段でやり取りをすることになる。

　多くのアーキテクトは、このようなコンポーネントを（その基準はあいまいだが）「サービス」または「マイクロサービス」と呼んでいる。実際、サービスをベースにしたアーキテクチャは「サービス指向アーキテクチャ」と呼ばれることが多い。

第16章　独立性

　名前が気に入らないと思っても、気にすることはない。私は「サービス指向アーキテクチャ」が最善のアーキテクチャだとか、「マイクロサービス」のビッグウェーブに乗るしかないと言うつもりはない。ここで言いたいのは、コンポーネントをサービスレベルまで分離するときもある、ということだ。

　忘れないでほしいのだが、優れたアーキテクチャは選択肢を残しておくものである。**切り離し方式も、そうした選択肢のひとつだ。**

　このトピックを掘り下げる前に、ほかの箇条書きを見ていこう。

独立した開発が可能

　箇条書きの3番目は「開発」である。コンポーネントが明確に切り離されていれば、チーム同士の干渉は緩和される。ビジネスルールがUIを認識していなければ、UIにフォーカスしたチームがビジネスルールにフォーカスしたチームに影響を与えることはない。ユースケースがお互いに切り離されていれば、addOrder（注文追加）のユースケースにフォーカスしたチームがdeleteOrder（注文削除）のユースケースにフォーカスしたチームの邪魔をする可能性は低い。

　レイヤーやユースケースが切り離されている限り、システムのアーキテクチャは、チームを（フィーチャーチーム、コンポーネントチーム、レイヤーチームなどの編成を問わず）サポートするだろう。

独立デプロイ可能性

　レイヤーやユースケースが切り離されていれば、デプロイの柔軟性も高まる。実際、うまく切り離されていれば、稼働するシステムでレイヤーやユースケースをホットスワップすることも可能である。新しいユースケースを追加するときには、そのほかの部分はそのままにして、新しいjarファイルやサービスをシステムに追加するだけになるだろう。

重複

　アーキテクトは罠にハマることがよくある。その罠は、重複に対する恐怖から生まれる。

　ソフトウェアの世界では、重複は悪いものだとされている。重複したコードは好きではない。コードが重複していたら、専門家としての威信をかけて、重複を削減・排除するだろう。

切り離し方式（再び）

だが、重複の種類はそれだけではない。たとえば、あるインスタンスに変更があれば、そのインスタンスのすべての複製にも同じ変更を反映しなければいけない。これは本物の重複である。明らかに重複していたコードが（変更頻度や理由が違うために）異なる進化を遂げ、数年後には両者がまるで違ったものになっていることもある。これは**本物の重複ではない**。偽物の重複、あるいは偶然の重複である。

今度は画面構成が同じ2つのユースケースを見ていこう。おそらくアーキテクトはコードを共有したい衝動にかられるはずだ。だが、本当にそうすべきだろうか？　これは本物の重複なのか？　偶然の重複なのか？

おそらく偶然だろう。時間が経てば、画面は少しずつ違ったものになり、最終的には別物になっている可能性が高い。したがって、統一的に扱わないように注意する必要がある。あとから分離するのは大変だ。

ユースケースを垂直に分離していると、こうした問題に遭遇する。そして、ユースケースを統合したくなる。なぜなら、画面構成が似ていたり、アルゴリズムが似ていたり、データベースのクエリやスキーマが似ていたりするからだ。気をつけてほしい。反射的に重複を排除する罪を犯してはいけない。その重複が本物かどうかを見極めるべきだ。

同様に、レイヤーを水平に分離していると、あるデータベースのレコードのデータ構造が、ある画面のデータ構造とよく似ていることに気づくことがある。ビューモデルを作成して要素をコピーするのではなく、データベースのレコードをそのままUIに渡したくなるが、注意してほしい。これは（ほぼ）確実に偶然の重複である。ビューモデルを作成するのは大した労力ではないし、レイヤーを適切に切り離すのに役立つだろう。

切り離し方式（再び）

再び、切り離し方式だ。レイヤーやユースケースを切り離す方法はいくつもある。ソースコード（ソース）レベル、バイナリコード（デプロイ）レベル、実行単位（サービス）レベルで切り離すことができる。

- ソースレベル：あるモジュールに対する変更が、他のモジュールの変更や再コンパイルにつながらないように、ソースコードモジュール間の依存性を管理する（Ruby Gemsなど）。この切り離し方式では、コンポーネントはすべて同じアドレス空間で実行される。コンポーネント間の通信には、単純な関数呼び出しを使用する。コンピュータのメモリに読み込まれた単一の実行ファイルが存在する。これを「モノリシック構造」と呼ぶ。
- デプロイレベル：あるモジュールのソースコードに対する変更が、ほかのモジュールの再

第 16 章 独立性

ビルドや再デプロイにつながらないように、デプロイ可能な単位の依存性を管理する（jar
ファイル、DLL、共有ライブラリなど）。

多くのコンポーネントは同じアドレス空間に存在し、通信には関数呼び出しを使用する。
なかには、同じプロセッサの別のプロセスに存在し、通信にはプロセス間通信、ソケット、
共有メモリなどを使用しているコンポーネントもある。ここで重要なのは、コンポーネン
トが単独でデプロイ可能な単位（jar ファイル、Gem ファイル、DLL など）に分割されて
いることである。

● **サービスレベル**：依存性をデータ構造のレベルまで下げ、ネットワークパケットだけで通
信する。そうすれば、すべての実行単位は完全に独立しており、ソースやバイナリを変更
してもお互いに影響を与えることはない（サービスやマイクロサービスなど）。

使用するのに最適な方式はどれだろうか？

その答えは「プロジェクトの初期段階では判断が難しい」である。プロジェクトが進んでい
くと、最適な方式も変わっていく可能性がある。

たとえば、単一のサーバーだけで快適に稼働していたシステムが、別のサーバーでいくつか
のコンポーネントを実行させる必要があるまで成長する、といったことは容易に想像できる。
システムが単一のサーバーで動いているうちは、ソースレベルの切り離しで十分だが、いずれ
デプロイ可能な単位やサービスとして切り離すことになるだろう。

ひとつの（現時点で最も人気が高いと思われる）ソリューションとして、最初からサービス
レベルで切り離すというものがある。このアプローチの問題は、粒度の粗い切り離しにつなが
るということだ。マイクロサービスがどれだけ「マイクロ」になったとしても、切り離しの粒
度が十分に細かくなることはない。

もうひとつの問題は、開発時間とシステムリソースが高価であるということだ。必要とされ
ないサービス境界を扱うために、労力・メモリ・処理サイクルが浪費されていく。まあ、後ろ
の 2 つは安価かもしれないが、少なくとも最初のものは安価ではないだろう。

私の好みは、いざというときのために、サービスを**作れ**そうなところまで切り離すというも
のである。ただし、コンポーネントはできるだけ長い期間、同じアドレス空間に存在させてお
く。これは、サービスの選択肢を残しているのだ。

このアプローチでは、コンポーネントは最初にソースコードレベルで分離されている。プロ
ジェクトの最後までそれで十分なこともある。デプロイや開発に問題が発生しても、デプロイ
レベルに移行すれば（少なくともしばらくは）十分である。

開発・デプロイ・運用の問題が多くなれば、デプロイ可能な単位をサービスに変えて、少し
ずつシステムをその方向に移動させていく。

そのうち運用ニーズが低下していくだろう。そうすれば、サービスレベルの切り離しは、デ

164

プロイレベルやソースレベルでも十分になる。

　優れたアーキテクチャがあれば、システムはモノリシックとして生まれ、単一ファイルでデプロイされ、独立してデプロイ可能な単位になるまで成長し、最後はサービスやマイクロサービスまでたどり着くことが可能になるだろう。その後、物事が変わったときには、これまでの流れを逆転させ、モノリシックまで戻せるようになっておくべきである。

　優れたアーキテクチャは、ソースコードを変更から保護してくれる。切り離し方式を選択肢として残すことで、大規模なデプロイと小規模なデプロイで使用する方式を変えることができる。

まとめ

　そう、これは一筋縄ではいかないのだ。切り離し方式の変更は設定オプションにすべきだと言いたいわけではない（そのほうが適切なこともあるが）。私が言っているのは、システムの切り離し方式は時間とともに変化する可能性があるということだ。そして、優秀なアーキテクトであれば、そうした変化を予見して、**適切**に進めていくのである。

165

バウンダリー：境界線を引く　第17章

　ソフトウェアアーキテクチャとは、境界線を引く技芸である。これを私は「バウンダリー」と呼んでいる。ソフトウェアの要素を分離し、お互いのことがわからないように制限するというものである。プロジェクトの初期に境界線を引くこともある。まだコードを書いていない段階だ。逆に、なかなか境界線を引かないこともある。初期に境界線を引くのは、決定をできるだけ遅らせるためである。決定によってビジネスロジックが汚染されないようにしているのだ。

　アーキテクトの目的は、求められるシステムを構築・維持するために必要な人材を最小限に抑えることである。こうした人々のパワーを奪うものは何か？　それは、**結合**である。それも早すぎる決定との結合である。

　早すぎる決定とはどのようなものなのか？　それは、システムのビジネス要件（ユースケース）と関係のない決定である。たとえば、フレームワーク、データベース、ウェブサーバー、ユーティリティライブラリ、DIなどに関する決定が含まれる。優れたシステムアーキテクチャは、このような決定を従属的かつ遅延可能なものにする。優れたシステムアーキテクチャは、このような決定に依存しない。優れたシステムアーキテクチャは、重大な影響を与えることなく、このような決定を最終時点まで引き延ばせる。

第 17 章　バウンダリー：境界線を引く

結合の悲しい物語

　P 社の悲しい物語を聞いてほしい。早すぎる決定に対する警告となるだろう。1980 年代に P 社の創業者たちは、シンプルなモノリシックのデスクトップアプリケーションを開発した。彼らは大きな成功を収め、そのプロダクトは 1990 年代に人気の高いアプリケーションへと成長した。

　だが、1990 年代後半にウェブが台頭してきた。あらゆる企業がウェブソリューションを持たなければならず、それは P 社も例外ではなかった。P 社の顧客はプロダクトのウェブバージョンを求めた。この要求に応えるために、P 社はイケてる 20 人の Java プログラマを雇い、プロダクトをウェブ化するプロジェクトに着手した。

　Java の連中は、頭のなかでサーバーが踊ることを夢見ていたので、リッチな 3 層構造「アーキテクチャ」[1]を採用した。それぞれのサーバーは、GUI のサーバー、ミドルウェアのサーバー、データベースのサーバーとなった。当たり前だ。

　非常に早い段階で、すべてのドメインオブジェクトを 3 つのインスタンスに分けることを決定したのだ。その 3 つとは、GUI 層、ミドルウェア層、データベース層である。インスタンスは異なるマシンに存在していたので、プロセッサ間通信と層間通信のあるリッチなシステムが構築された。層間のメソッド呼び出しは、オブジェクトに変換して、シリアライズして、マーシャルして送信した。

　ここで、既存のレコードに新しいフィールドを追加する簡単な機能を実装することになったとしよう。まずは、3 つの層にあるクラスと層間メッセージにフィールドを追加することになる。データは双方向に送信するので、合計 4 つのプロトコルを設計する必要がある。プロトコルには送信側と受信側があるため、8 つのプロトコルハンドラが必要だ。まとめると、3 つの実行ファイルをビルドする必要があり、それぞれに 3 つのビジネスオブジェクトの更新、4 つのメッセージの新規作成、8 つのハンドラの新規作成が必要になる。

　この簡単な機能を実装するために、実行ファイルが何をしなければいけないかと考えてみよう。オブジェクトのインスタンス化、シリアライズ、マーシャルとアンマーシャル、メッセージの構築とパース、ソケット通信、タイムアウトの管理、再試行のシナリオなどなど、簡単な機能ひとつだけでも、さまざまなことに配慮しなければいけない。

　このプログラマたちは、開発中は複数台のサーバーを持っていなかった。1 台のマシンに 3 つの実行ファイルを入れて、異なるプロセスで実行していた。こうして数年かけて開発していった。彼らは自分たちのアーキテクチャが正しいと確信していた。そして、たとえ 1 台のマシン

1　3 層構造はアーキテクチャではないため、「アーキテクチャ」と括弧書きにした。これはトポロジーである。優れたアーキテクチャを留保するための決定だ。

168

で実行していたとしても、オブジェクトのインスタンス化、シリアライズ、マーシャルとアンマーシャル、メッセージの構築とパース、ソケット通信などなど、あらゆることを実行する必要があった。

皮肉なことに、P社は複数台のサーバーを必要とするシステムを販売していなかった。これまでにデプロイしたシステムは、いずれも1台のサーバーだけだった。本来なら複数台のサーバーで行うはずだったオブジェクトのインスタンス化、シリアライズ、マーシャルとアンマーシャル、メッセージの構築とパース、ソケット通信などを、3つの実行ファイルで、1台のサーバーで続けることになった。

この悲劇は、アーキテクトが早すぎる決定を下したことで、開発の労力を劇的に増やしてしまったところに原因がある。

P社の物語は特殊なものではない。私は同じ光景をさまざまな場所で何度も目撃してきた。実際、P社の物語は複数の事例を重ねたものだ。

だが、P社よりも悪い運命が待ち構えている。

会社の車を管理する地元企業W社について考えてみよう。W社は最近「アーキテクト」を雇い、つぎはぎだらけのソフトウェア開発をコントロールしようとしていた。「コントロール」はこの男を表す二つ名だった。彼はすぐに、この小さな業務で必要なものに気づいた。それは、**本格的なエンタープライズ規模のサービス指向「アーキテクチャ」**だった。彼は、業務の「オブジェクト」をすべて表した巨大なドメインモデルを作り、これらのドメインオブジェクトを管理するサービスを設計し、開発者全員を**地獄へ導いた**。参考までに、担当者の情報（氏名、住所、電話番号）を販売レコードに登録する簡単な例を見ていこう。まずは、ServiceRegistryからContactService（担当者サービス）のサービスIDを取得する。次に、CreateContact（担当者作成）メッセージをContactServiceに送信しなければいけない。もちろんこのメッセージには、有効なデータとなるいくつものフィールドが含まれている。プログラマは「氏名、住所、電話番号」のデータしか持っていないので、アクセスできないデータも含まれていることになる。したがって、プログラマは偽のデータを作り、新しく作成した担当者のIDを販売レコードに埋め込み、UpdateContact（担当者更新）メッセージをSaleRecordServiceに送信する必要がある。

何かテストを実施しようとすると、必要なサービスを1つずつ起動して、メッセージバスを起動して、BPELサーバーを起動して……と、すべての起動が終わってから、サービス間で何度もメッセージのやり取りをすることになるので、伝播の遅延が発生し、いくつものキューを待つことになった。

また、新しい機能を追加したい場合は、おそらく想像できるだろうが、すべてのサービスを結合し、大量のWSDLを書き換え、その変更によってすべてを再デプロイする必要があった。

地獄のほうがマシな場所のように思えてくる。

169

サービスを中心に構成されたソフトウェアシステムは、本質的に間違っているわけではない。W 社の過ちは、SOA を視野に入れたツールを早く導入しすぎたところにある。つまり、大量のドメインオブジェクトのサービスの導入を急ぎすぎたのだ。この過ちによって、多くの人間の時間が SOA の渦に飲み込まれてしまった。

そのほかにもアーキテクチャの失敗話を語ることはできる。だが、それよりもアーキテクチャの成功話をしていこう。

FitNesse

私と息子の Micah は、2001 年から FitNesse に取り組んでいる。Ward Cunningham が作った FIT ツールをシンプルな wiki でラップして、受け入れテストを書けるようにするというアイデアだ。

Maven が jar ファイルの問題を「解決」する前の話だ。当時、我々が開発するものについては、複数の jar ファイルをダウンロードさせるものであってはならないと強く主張していた。このルールを「ダウンロード・アンド・ゴー」と呼んでいた。このルールによって、多くの決定がなされていた。

最初の決定は、FitNesse のニーズに固有のものとして、独自のウェブサーバーを作ることだった。独自のものを作るなんて、ばかばかしいと思うかもしれない。2001 年当時ですら、我々が使用できるオープンソースのウェブサーバーは大量に存在していた。だが、自分たちで作ってみると、それが本当によい決定だったことに気づいた。素のウェブサーバーはシンプルに書けたし、ウェブフレームワークの決定をずっと先まで遅らせることができたからだ[2]。

もうひとつの初期の決定は、データベースについて考えるのを避けたことである。MySQL を使おうとは考えていたが、その決定を遅らせる設計を採用することにした。その設計とは、すべてのデータアクセスとデータリポジトリの間にインターフェイスを置くというものだった。

データアクセスのメソッドは WikiPage という名前のインターフェイスに配置した。ページの検索・取得・保存など、必要な機能をすべて提供するようにした。もちろん最初からこれらのメソッドを実装したわけではない。最初のうちはデータの取得や保存を伴わない機能を実装しながら、データアクセスについてはしばらく考えないようにしていた。

実際、3 か月間は wiki のテキストを HTML に変換するだけだった。データストレージは必要なかったので、MockWikiPage というクラスを作った。単にデータアクセスメソッドをスタブ化したものだ。

最終的にこれらのスタブは、我々が作りたい機能を実現するのに不十分なものとなった。スタブ

---

2 長い年月を経てからでも、Velocity フレームワークを FitNesse に導入することができた。

ではなく、本物のデータアクセスが必要になった。そこで、WikiPage から派生した InMemoryPage という新しいクラスを作った。このクラスには、wiki ページのハッシュテーブルを管理するデータアクセスメソッドを実装した。データは RAM に保存した。

これにより、1年間は次々と機能を実装することができた。実際、FitNesse の最初のバージョンはこのように動いていた。ページの作成、ほかのページへのリンク、ステキな wiki 記法、FIT によるテストの実行までできていた。できなかったのは、それまでの作業を保存することだった。

永続化の実装を考える時期になったとき、再び MySQL のことが頭に思い浮かんだ。だが、すぐには必要ないと判断した。ハッシュテーブルをファイルに書き出すのは非常に簡単だからだ。したがって、ファイルに書き出すための FileSystemWikiPage を実装し、引き続き機能を開発していった。

3か月後、ファイルを使うソリューションで十分だという結論に達した。MySQL を使うアイデアは完全に放棄することにした。我々は存在価値がなくなるまで決定を遅らせ、決して振り返ることはなかった。

これで物語は終わりのはずだった。だが、自分のために wiki を MySQL に入れると決めた顧客がいた。我々は、決定を遅らせることを可能にした WikiPages のアーキテクチャを彼に見せた。すると**翌日**、彼は MySQL で動くシステムを持って戻ってきた。MySqlWikiPage を書くだけで、動かすことができたのである。

当初はオプションとして FitNesse にもバンドルしていたが、誰も使わなかったので、最終的には外すことにした。それを書いた顧客も、結局は外していたくらいだ。

FitNesse の開発初期に、我々はビジネスルールとデータベースの間に**境界線**を引いた。その境界線があることで、ビジネスルールはデータベースについて（シンプルなデータアクセスメソッド以外）何も知ることはなかった。その決定によって、データベースの選択を1年以上も遅らせることができた。ファイルシステムの選択肢を試すことができ、よりよいソリューションが見つかったときに方向性を変えることができた。それでいて、当初の方向性（MySQL）を必要とする人がいたときは、それを妨げたり、邪魔をしたりすることもなかった。

データベースを使わずに18か月間も開発していたということは、スキーマの問題、クエリの問題、データベースサーバーの問題、パスワードの問題、接続時間の問題など、データベースを起動したときに醜い頭部を持ち上げてくるあらゆる厄介な問題に、18か月間も遭遇しなかったということだ。また、テストを遅くするデータベースがないので、すべてのテストを高速に実行することができた。

要するに、境界線を引けば、決定を延期・留保できる。最終的には、膨大な時間と頭痛を軽減することにもつながる。そして、それが優れたアーキテクトのやるべきことである。

あなたの境界線は何か？　いつ境界線を引くのか？

境界線は「重要なもの」と「重要ではないもの」の間に引く。GUI はビジネスルールにとって重要ではないので、その間に境界線を引く。データベースは GUI にとって重要ではないので、その間に境界線を引く。データベースはビジネスルールにとって重要ではないので、その間に境界線を引く。

このことに異議を唱える人もいるだろう。特に「データベースはビジネスルールにとって重要ではない」の部分だ。多くの人たちが「データベースはビジネスルールと密接に結び付いている」と教え込まれてきた。なかには「データベースはビジネスルールを具体化したものである」と信じている人もいるくらいだ。

ほかの章でも触れているが、この考えは間違っている。データベースはビジネスルールが**間接的**に使用できるツールである。ビジネスルールは、スキーマ、クエリ言語、データベースに関するそのほかの詳細について、何も知る必要はない。ビジネスルールが知る必要があるのは、データを取得・保存する機能が存在するということだけだ。したがって、データベースはインターフェイスの裏側に置くことができる。

図 17-1 を見れば、そのことがよくわかる。`BusinessRules` は、`DatabaseInterface` を使用してデータを取得・保存する。`DatabaseAccess` は、このインターフェイスを実装し、実際の `Database` を操作する。

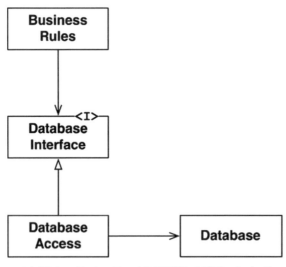

図 17-1　インターフェイスの裏側にあるデータベース

この図で示したクラスとインターフェイスは象徴的なものである。実際のアプリケーションには、ビジネスルールのクラス、データベースのインターフェイス、データベースアクセスの実装が数多く存在する。だが、そのすべてが、ほぼ同じパターンに従っている。

境界線はどこにあるだろうか？　継承関係のところだ。DatabaseInterface の下にある（**図 17-2**）。

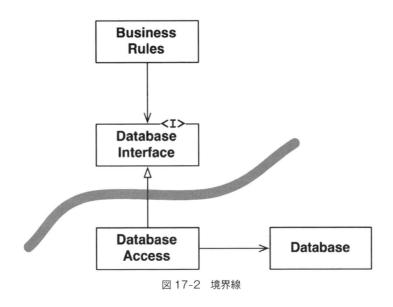

図 17-2　境界線

DatabaseAccess クラスから出ている 2 つの矢印に注目してほしい。DatabaseAccess クラスから出ているということは、DatabaseAccess クラスの存在は誰にも知られていないということだ。

一歩引いて考えてみよう。多くのビジネスルールを含んだコンポーネントと、データベースとアクセスクラスを含んだコンポーネントがあるとする（**図 17-3**）。

矢印の方向に注目してほしい。Database は BusinessRules のことを知っている。BusinessRules は Database のことを知らない。つまり、DatabaseInterface は BusinessRules コンポーネントに存在し、DatabaseAccess は Database コンポーネントに存在することを意味する。

線の方向が重要である。これは、Database は BusinessRules にとって重要ではないが、Database は BusinessRules なしでは存在できないことを示している。

不可解に思えたなら、以下のことを思い出してほしい。Database コンポーネントには、BusinessRules からの呼び出しをデータベースのクエリ言語に変換するコードが含まれている。BusinessRules のことを知っているのは、その変換コードである。

この 2 つのコンポーネントの間に境界線を引き、矢印を BusinessRules に向けたことで、

173

第 17 章　バウンダリー：境界線を引く

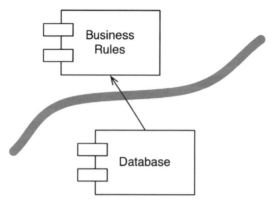

図 17-3　ビジネスルールのコンポーネントとデータベースのコンポーネント

BusinessRules から**あらゆる**種類のデータベースを使えることがわかる。Database コンポーネントは、さまざまな実装に置き換えることが可能である。そして、BusinessRules がそのことを気にすることはない。

データベースは、Oracle、MySQL、CouchDB、Datomic、ファイルでも実装できる。ビジネスルールが気にすることはない。つまり、データベースの決定を遅らせることができるのだ。データベースを決める前に、ビジネスルールの作成とテストに集中できる。

入力と出力はどうする？

　開発者と顧客は、システムについて見誤ることが多い。GUI を見て、GUI がシステムだと思っている。GUI の観点からシステムを定義しているので、GUI はすぐに動作しなければいけないものだと思っている。重要な原則を認識していないのだ。その原則とは「IO は無関係」である。
　最初は理解しにくいかもしれない。我々はシステムの振る舞いを IO の振る舞いから考えてしまう。たとえば、ビデオゲームを考えてみよう。あなたの体験は、インターフェイス（画面、マウス、ボタン、サウンドなど）に支配されている。そして、インターフェイスの背後には、それを動かすモデル（洗練されたデータ構造と機能）があることを忘れてしまう。さらに重要なのは、そうしたモデルにはインターフェイスは必要ないということだ。画面にゲームを表示しなくても、ゲームのイベントをモデリングして、その責務を実行できる。インターフェイスはモデルにとって重要ではない。そして、モデルはビジネスルールである。
　前回と同じように、GUI コンポーネントと BusinessRules コンポーネントを境界線で分けてみよう（**図 17-4**）。同様に、関連性の低いコンポーネントが、関連性の高いコンポーネントに依存していることがわかる。矢印はどちらのコンポーネントがもう一方を知っているかを示し

ている。つまり、どちらのコンポーネントがもう一方を気にかけているかを示している。ここでは、GUI が BusinessRules を気にかけていることになる。

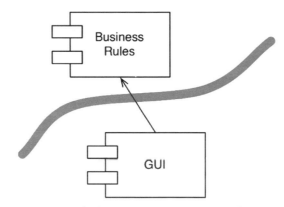

図 17-4　GUI コンポーネントと BusinessRules コンポーネントの境界

境界と矢印を描くと、GUI は他の種類のインターフェイスに置き換え可能であることがわかる。BusinessRules が気にすることはない。

プラグインアーキテクチャ

データベースと GUI の 2 つの決定をまとめると、他のコンポーネントを追加するパターンが生まれる。そのパターンとは、サードパーティのプラグインを許可するシステムで使用されているパターンである。

実際、ソフトウェア開発技術の歴史は、いかに都合よくプラグインを作成するかの物語だ。プラグインによって、スケーラブルで保守可能なシステムアーキテクチャを確立するのである。コアとなるビジネスルールは、選択式またはそのほかの形式で実装されたコンポーネントから分離・独立している（**図 17-5**）。

この設計にすれば、ユーザーインターフェイスはプラグインとなるため、さまざまな種類のユーザーインターフェイスをプラグインできる。ウェブ、クライアント/サーバー、SOA、コンソールなど、そのほかの種類のユーザーインターフェイス技術も使うことができるようになる。

データベースも同様だ。プラグインとして扱えば、SQL データベース、NoSQL データベース、ファイルシステムベースのデータベースなど、さまざまな種類のデータベース技術に置き換えることが可能だ。

こうした置き換えは普通ではないかもしれない。ウェブベースとして開発したシステムに対

175

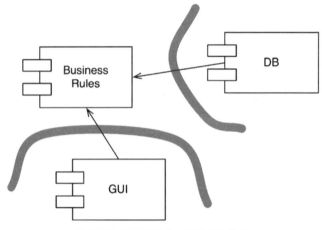

図17-5　ビジネスルールにプラグイン

して、クライアント/サーバー型のUIのプラグインを書くのは難しいだろう。ビジネスルールと新しいUIのやり取りにも修正が必要になる可能性が高い。それでも、プラグイン構造を前提にして着手しておけば、そのような変更でもなんとか実現できるのである。

プラグインの戦い

　ReSharperとVisual Studioの関係を考えてみよう。これら2つのコンポーネントは、完全に異なる企業の完全に異なる開発チームによって開発されている。ReSharperを開発しているJetBrains社はロシアを拠点にしている。Microsoft社は（もちろん）ワシントン州のレドモンドだ。これよりも離れた開発チームを想定するのは難しいくらいである。

　どちらのチームが相手を傷つけることができるだろうか？　どちらのチームが相手に影響されないだろうか？　依存関係の構造を見ればそれがわかる（**図17-6**）。ReSharperのソースコードは、Visual Studioのソースコードに依存している。したがって、ReSharperチームがVisual Studioチームを妨害することはできない。一方、Visual Studioチームが望むならば、ReSharperチームを完全に無力化できる。

　とても非対称的な関係だが、我々がシステムに求めるものでもある。ほかのモジュールから影響されないモジュールが必要だ。たとえば、誰かがウェブページのフォーマットやデータベースのスキーマを変更したときに、ビジネスルールが壊れるようなことはあってほしくない。システムのある部分を変更したことで、ほかの関係ない部分が壊れるようなことはあってほしくない。システムにそのような脆弱性を露呈してほしくはない。

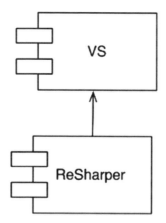

図17-6 ReSharperはVisual Studioに依存している

　システムをプラグインアーキテクチャにしておくと、変更の影響を伝播させないファイアウォールを構築できる。GUIをビジネスルールにプラグインしている場合、GUIの変更はビジネスルールに影響を与えない。

　境界線は**変更の軸**があるところに引く。境界線を挟んだコンポーネントは、それぞれ変更の頻度や理由が違っているのである。

　GUIはビジネスルールと異なる時間や頻度で変更される。したがって、その間に境界線を引く。ビジネスルールはDIフレームワークと異なる時間や理由で変更される。したがって、その間に境界線を引く。

　これも単一責任の原則（SRP）である。単一責任の原則（SRP）はどこに境界線を引けばいいかを教えてくれる。

まとめ

　ソフトウェアアーキテクチャに境界線を引くためには、まずはシステムをコンポーネントに分割する。そのなかのいくつかのコンポーネントがコアのビジネスルールになる。必要な機能が含まれているそのほかのコンポーネントは、コアのビジネスには直接関係しないので、プラグインにしておく。次に、コンポーネントにコードを配置して、そこから一方向にコアのビジネスに向かって矢印を描く。

　これは、依存関係逆転の原則（DIP）と安定度・抽象度等価の原則（SAP）を適用したものであると認識すべきだ。依存性の矢印が詳細レベルから抽象レベルを指すようになっている。

境界の解剖学　第18章

　システムのアーキテクチャは、ソフトウェアコンポーネントとそれらを分離する境界によって定義される。こうした境界にはいくつもの形がある。本章では、一般的なものをいくつか見ていこう。

境界を越える

　実行時に境界を越えるものがあるとすれば、境界の向こう側にある関数の呼び出しとデータの受け渡しになるだろう。適切に境界を越えるには、ソースコードの依存関係を管理する必要がある。

　なぜソースコードなのか？　それは、あるソースコードのモジュールを変更すると、ほかのソースコードのモジュールも変更や再コンパイルをするなどして、デプロイし直す必要があるかもしれないからだ。こうした変更に対してファイアウォールを管理・構築することが、境界の意味するところである。

第 18 章　境界の解剖学

恐怖のモノリス

最も単純で最も一般的なアーキテクチャの境界は、物理的に表現されているわけではない。単一のプロセッサとアドレス空間のなかで、機能とデータをうまく区分しているだけだ。第 16 章では、これを「ソースレベルの切り離し方式」と呼んだ。

デプロイの観点からすると、これは単一の実行ファイルにすぎない。いわゆる「モノリス」である。たとえば、静的にリンクされた C/C++ のプロジェクト、実行可能な jar ファイルにまとめられた Java クラスファイル、.EXE ファイルにまとめられた.NET バイナリなどがそうだ。

モノリスをデプロイするときに境界が見えないからといって、境界が存在していないとか、意味がないというわけではない。静的にリンクしてひとつの実行ファイルにする場合でも、コンポーネントを個別に開発してから組み立てることには、非常に大きな価値がある。

ほとんどの場合、このようなアーキテクチャは内部の依存性を管理するために、何らかの動的ポリモーフィズムに依存している[1]。このことは、過去数十年でオブジェクト指向開発が重要なパラダイムになった理由のひとつでもある。オブジェクト指向やポリモーフィズムに相当するものがなければ、アーキテクトは切り離しを実現するために、関数へのポインタを使用するといった危険なプラクティスに頼ることになる。だが、アーキテクトは関数へのポインタはリスクが高すぎると思っているため、コンポーネントの分割を放棄せざるを得ない。

可能な限りシンプルに境界を越えるには、下位レベルのクライアントから上位レベルのサービスに対して、関数呼び出しをすることである。実行時の依存性とコンパイル時の依存性の両方で、同じ方向（上位レベルのコンポーネントの方向）に向かうのである。

図 **18-1** では、制御の流れが境界を左から右に横切っている。ここでは、Client が Service の関数 f() を呼び出している。そして、このときに Data のインスタンスを渡している。DS はデータ構造（Data Structure）のことだ。Data は関数の引数として渡すこともあれば、もっと巧妙な方法で渡すこともある。なお、Data の定義は境界の**呼び出される**側にあることに注意してほしい。

上位レベルのクライアントが下位レベルのサービスを呼び出す必要がある場合、動的ポリモーフィズムを使用して、制御の流れの依存性を逆転させる。実行時の依存性をコンパイル時の依存性の反対にするのである。

1　C++ などの言語で記述されたモノリシックシステムの依存性管理には、静的ポリモーフィズム（ジェネリックやテンプレートなど）も使える。だが、動的ポリモーフィズムのように、再コンパイルや再デプロイが不要になることはない。

180

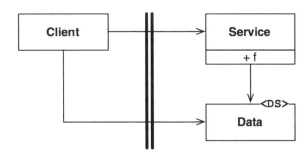

図 18-1　制御の流れは下位レベルから上位レベルに向かって境界を越える

図 **18-2** でも、制御の流れが境界を左から右に横切っている。ここでは、上位レベルの Client が、下位レベルの ServiceImpl の関数 f() を Service インターフェイス経由で呼び出している。だが、依存性が境界の右から左へ、**上位レベルのコンポーネントに向かっている**。データ構造の定義が境界の呼び出し側にあることにも注意してほしい。

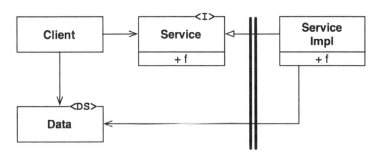

図 18-2　制御の流れに反して境界を越えている

　モノリシックで静的にリンクされた実行ファイルであっても、このようにうまく分割しておけば、プロジェクトの開発・テスト・デプロイの作業で役に立つ。チームはお互いに足を引っ張ることなく、個別に自分たちのコンポーネントに取り組むことができる。上位レベルのコンポーネントは、引き続き下位レベルの詳細から独立しているのである。

　モノリスに含まれるコンポーネント間の通信は、非常に高速で安価である。通常は単なる関数呼び出しだからだ。その結果、ソースレベルの境界を越える通信はにぎやかなものとなる。

　モノリスのデプロイにはコンパイルと静的リンクが必要になるため、システムのコンポーネントは、通常はソースコードとしてデリバリーされる。

デプロイコンポーネント

アーキテクチャの境界の最も単純な物理的表現は、動的リンクライブラリである。たとえ
ば、.NET の DLL、Java の jar ファイル、Ruby の Gem、UNIX の共有ライブラリなどがそう
だ。デプロイにコンパイルは不要なので、これらのコンポーネントはバイナリやデプロイ可能
な形式でデリバリーされる。これは「デプロイレベルの切り離し方式」である。デプロイでは、
こうしたデプロイ可能な単位を WAR ファイルのような便利な形式や、単なるディレクトリに
まとめることになる。

上記の点を除けば、デプロイレベルのコンポーネントはモノリスと同じである。ほとんどの
場合、すべての機能は同一のプロセッサとアドレス空間に存在している。コンポーネントの分
割と依存性の管理の戦略も同じである[2]。

モノリスと同様に、デプロイコンポーネント間の通信も単なる関数呼び出しなので、非常に
安価である。最初に動的リンクや実行時読み込みが必要になるが、それでも境界を越える通信
はにぎやかだ。

スレッド

モノリスとデプロイコンポーネントの両方でスレッドを使用できる。スレッドはアーキテク
チャの境界やデプロイ単位というよりも、実行のスケジュールや順序を整理する方法である。
スレッドはひとつのコンポーネントに含めることもできるし、複数のコンポーネントに分散さ
せることもできる。

ローカルプロセス

もっと強力な物理的なアーキテクチャの境界として、ローカルプロセスがある。ローカルプ
ロセスは、通常はコマンドラインや同等のシステムコールで作成される。そして、同じプロセッ
サまたはマルチコアの同じプロセッサセットで実行される。なお、アドレス空間は別々である。
共有メモリ分割も使用されているが、メモリ保護によってプロセスがメモリを共有しないよう
になっている。

ローカルプロセス間の通信は、ソケットか、メールボックスやメッセージキューなどの OS

2　この場合、静的ポリモーフィズムは選択肢に入らない。

が提供している通信機能を使って行われる。

ローカルプロセスは、静的にリンクされたモノリスであっても、動的にリンクされたデプロイコンポーネントであっても構わない。前者の場合、複数のモノリシックプロセスがコンパイルや静的にリンクされた同じコンポーネントを持っていることがある。後者の場合、動的にリンクされた同じデプロイコンポーネントを共有していることがある。

ローカルプロセスは「上位コンポーネント」の一種だと考えるといいだろう。こうしたプロセスは、動的ポリモーフィズムで依存性を管理する下位レベルのコンポーネントで構成されている。

ローカルプロセスの分離戦略は、モノリスやバイナリコンポーネントと同じである。ソースコードの依存性は、境界を越えて同じ方向を目指し、常に上位のコンポーネントへ向かう。

ローカルプロセスの場合、上位レベルのプロセスのソースコードのなかに、下位レベルのプロセスの名前・物理アドレス・レジストリ参照キーなどが含まれていないことを意味する。忘れないでほしいのだが、アーキテクチャの目標は、下位レベルのプロセスを上位レベルのプロセスのプラグインにすることである。

ローカルプロセスの境界を越える通信には、OS のシステムコール、データのマーシャルとアンマーシャル、プロセス間のコンテキストスイッチがあるが、いずれもそれなりに高価なものである。あまりにぎやかにならないように注意したほうがいいだろう。

サービス

最も強い境界はサービスである。サービスとは、一般的にコマンドラインや同等のシステムコールで開始されるプロセスのことである。サービスは、物理的な場所に依存していない。通信している 2 つのサービスは、同じプロセッサやマルチコアに存在することもあれば、存在しないこともある。あらゆる通信はネットワーク経由で行われることが前提だ。

サービスの境界を超える通信は、関数呼び出しと比べると非常に遅い。ターンアラウンドタイムは、数十ミリ秒から数秒になる。通信がにぎやかにならないように注意する必要がある。このような通信においては、レイテンシーに対処することになるだろう。

上記の点を除けば、サービスにはローカルプロセスと同じルールが適用できる。下位レベルのサービスは上位レベルのサービスに「プラグイン」されるべきである。上位レベルのサービスのソースコードには、下位レベルのサービスの物理的な情報（たとえば、URI など）を含めてはいけない。

183

まとめ

　モノリス以外のほとんどのシステムでは、複数の境界戦略を使用する。サービスの境界を利用するシステムが、ローカルプロセスの境界を同時に利用することもある。実際、サービスは相互作用する複数のローカルプロセスのファサードにすぎない。また、サービスやローカルプロセスはほぼ確実に、ソースコードのコンポーネントで構成されたモノリスか、動的にリンクされたデプロイコンポーネントのいずれかである。

　つまり、システムの境界は、ローカルでにぎやかな境界とレイテンシーに影響される境界が混在しているのである。

方針とレベル 第19章

　ソフトウェアシステムは方針を示したものである。システムの中心にあるコンピュータプログラムがまさにそれだ。コンピュータプログラムは、入力を出力に変換する方針を詳細に記述したものである。

　ほとんどのシステムでは、方針はさらに小さな方針に分割される。方針のなかには、ビジネスルールの算出方法について記述しているものもあれば、レポートのフォーマット方法について記述しているものもあれば、入力データの検証方法について記述しているものもある。

　ソフトウェアアーキテクチャの開発の技芸は、こうした方針を慎重に分離し、変更方法にもとづいて再編成するところにも見られる。同じ理由や時期に変更する方針は、同じレベルの同じコンポーネントにまとめておき、異なる理由や時期に変更する方針は、異なるレベルの異なるコンポーネントに分けておくのである。

　アーキテクチャの技芸では、まとめたコンポーネントを有向非循環グラフにすることがよくある。グラフのノードは、同じレベルの方針を持つコンポーネントである。有向エッジは、コンポーネントの依存性を示している。そうすることで、異なるレベルのコンポーネントを接続しているのである。

こうした依存性は、ソースコードのコンパイル時の依存性である。Java では、import になる。C# では、using になる。Ruby では、require になる。いずれもコンパイラに必要な依存性だ。

優れたアーキテクチャでは、こうした依存性の方向は接続するコンポーネントのレベルで決まる。どのような場合でも、下位レベルのコンポーネントが上位レベルのコンポーネントに依存するように設計する。

レベル

「レベル」の厳密な定義は「入力と出力からの距離」である。方針がシステムの入力と出力から離れていれば、それだけレベルは高くなる。入力と出力を管理する方針は、システムのなかで最下位レベルの方針になる。

図 **19-1** のデータフロー図は、単純な暗号化プログラムを表している。入力デバイスから文字を読み取り、テーブルを使って変換したあと、出力デバイスに文字を書き出すというものだ。データフローは、実線で描かれた曲線の矢印で示している。適切に設計されたソースコードの依存性は、破線で描かれた直線の矢印で示している。

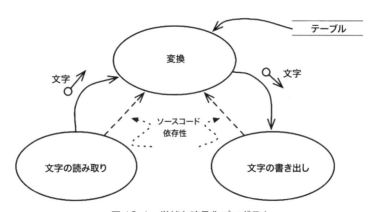

図 19-1　単純な暗号化プログラム

入力と出力から最も離れたコンポーネントは Translate（変換）なので、これがシステムの最上位のコンポーネントということになる[1]。

データフローとソースコードの依存性は、必ずしも同じ方向を指しているとは限らない。こ

1　Meilir Page-Jones は、このコンポーネントを著書『構造化システム設計への実践的ガイド』（近代科学社）で「中央変換」と呼んでいた。

れもまたソフトウェアアーキテクチャの技芸のひとつである。ソースコードの依存性はデータフローから切り離し、**レベルと結び付ける**べきである。

以下のように暗号化プログラムを書けば、間違ったアーキテクチャを簡単に作成できるだろう。

```
function encrypt() {
  while(true)
    writeChar(translate(readChar()));
}
```

この間違ったアーキテクチャでは、上位レベルの encrypt（暗号化）が下位レベルの readChar（文字の読み取り）と writeChar（文字の書き出し）に依存している。

優れたアーキテクチャであれば、図 19-2 のクラス図のようになる。点線で囲んだ Encrypt クラスと CharWriter と CharReader のインターフェイスに注目してほしい。この線を横切る依存性は、すべて内側へ向かっている。つまり、これがシステムの上位レベルの要素である。

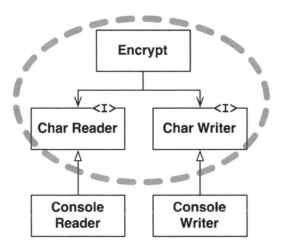

図 19-2　システムの優れたアーキテクチャを示すクラス図

ConsoleReader と ConsoleWriter はクラスになっている。入力と出力に近いので、いずれも下位レベルである。

この構造が、どのように上位レベルの暗号化の方針と下位レベルの入出力の方針を切り離しているかに注目してほしい。これにより、広範囲のコンテキストで暗号化方針を使用できるようになる。入出力の方針が変更されたとしても、暗号化の方針に影響を与える可能性は低い。

方針は変更方法にもとづいてコンポーネントにグループ化されている。そのことを思い出し

てほしい。同じ理由や時間で変更される方針は、単一責任の原則（SRP）と閉鎖性共通の原則（CCP）でグループ化される。上位レベルの方針（入出力から遠い方針）は、下位レベルの方針よりも変更の頻度が低く、変更の理由が重要である。下位レベルの方針（入出力に近い方針）は、変更の頻度が高く、緊急性は高いものの、変更の理由はさほど重要ではない。

　たとえば、上記の暗号化プログラムの簡単な例であっても、暗号化アルゴリズムの変更よりも IO デバイスの変更のほうが、可能性としては高いはずだ。また、暗号化アルゴリズムを変更する理由は、IO デバイスを変更する理由よりも重要になるだろう。

　これらの方針を別々にして、ソースコードの依存性を上位レベルの方針に向けておけば、変更が及ぼす影響は軽減できる。システムの下位レベルに重要ではないが緊急の変更があったとしても、重要な上位レベルにほとんど、あるいはまったく影響を与えることがない。

　この問題のもうひとつの見方として、下位レベルのコンポーネントを上位レベルのコンポーネントのプラグインにするというものがある。図 19-3 のコンポーネント図は、このような配置を示している。ここでは、Encryption は IODevices について何も知らず、IODevices は Encryption に依存している。

図 19-3　下位レベルのコンポーネントを上位レベルのコンポーネントにプラグインする

まとめ

　方針の議論には、単一責任の原則（SRP）、オープン・クローズドの原則（OCP）、閉鎖性共通の原則（CCP）、依存関係逆転の原則（DIP）、安定依存の原則（SDP）、安定度・抽象度等価の原則（SAP）が混在している。本章を読み返し、それぞれの原則がどこで使われているのか、どうして使われているのかを確認してもらいたい。

ビジネスルール　第20章

　アプリケーションをビジネスルールとプラグインに分割する場合、実際のビジネスルールがどのようなものかを把握しておいたほうがいいだろう。ビジネスルールにはいくつかの種類があることがわかる。

　ビジネスルールとは、ビジネスマネーを生み出したり節約したりするルールや手続きのことだ。厳密に言えば、コンピュータで実装されているかどうかにかかわらず、ビジネスマネーを生み出したり節約したりするルールのことだ。手動で実行されたとしても、お金を生み出したり節約したりすることはできる。

　たとえば、銀行がローンにN%の利子を付けているとすると、それは銀行のお金を生むためのビジネスルールになる。利子をコンピュータで計算しようと、そろばんで計算しようと、まったく関係はない。

　こうしたルールのことを**最重要ビジネスルール**と呼ぶ。ビジネスにとって欠かせないものであり、システムが自動化されていなくても存在するからだ。

　最重要ビジネスルールには、いくつかのデータが必要になる。たとえば、ローンであれば、貸付金残高、金利、支払いスケジュールなどが必要になる。

第 20 章　ビジネスルール

こうしたデータのことを**最重要ビジネスデータ**と呼ぶ。システムが自動化されていなくても存在するデータだからだ。

最重要ビジネスルールと最重要ビジネスデータは密接に結び付いているため、オブジェクトの有力な候補になる。こうしたオブジェクトのことを**エンティティ**と呼びたい[1]。

エンティティ

エンティティとは、コンピュータシステムの内部にあるオブジェクトであり、最重要ビジネスデータを操作する最重要ビジネスルールをいくつか含んだものである。エンティティオブジェクトには、最重要ビジネスデータかそれらのデータへの簡単なアクセス手段が含まれる。エンティティのインターフェイスは、そうしたデータを操作する最重要ビジネスルールを実装した関数で構成されている。

たとえば、**図 20-1** はローンのエンティティを UML のクラス図で表したものだ。最重要ビジネスデータが 3 つと、それに関連するインターフェイスである最重要ビジネスルールが 3 つ見える。

```
┌─────────────────────────┐
│          Loan           │
├─────────────────────────┤
│ - principle             │
│ - rate                  │
│ - period                │
├─────────────────────────┤
│ + makePayment()         │
│ + applyInterest()       │
│ + chargeLateFee()       │
└─────────────────────────┘
```

図 20-1　ローンエンティティを UML のクラス図で表したもの

こうしたクラスを作成するときは、ビジネスにとって不可欠な概念を実装するソフトウェアをまとめ、これから構築するシステムから切り離すようにする。つまり、ビジネスを表すものとして、エンティティのクラスを独立させるのである。エンティティは、データベース、ユーザーインターフェイス、サードパーティ製のフレームワークについて、何も気にする必要はない。システムがどのようなものであっても、データがどのように保存されていても、コンピュー

1　これは Ivar Jacobson が名付けた概念である。参考：『オブジェクト指向ソフトウェア工学 OOSE』（アジソン ウェスレイ・トッパン情報科学シリーズ）。

タがどのように配置されていても、エンティティはあらゆるシステムのビジネスに役立つ。エンティティはビジネスであり、**それ以外の何者でもない**。

私が「クラス」と呼んだことを心配している人がいるかもしれないが、心配は無用だ。エンティティを作成するのにオブジェクト指向言語は不要である。最重要ビジネスデータと最重要ビジネスルールを同じソフトウェアモジュールにまとめるだけでいい。

ユースケース

ビジネスルールはエンティティほど純粋なものばかりではない。**自動化された**システムを定義・制限することによって、ビジネスのお金を生み出したり節約したりするビジネスルールもある。こうしたルールは手動の環境では使用されない。自動化されたシステムの一部としてのみ意味があるからだ。

たとえば、銀行員が新規ローンを作成するために使用するアプリケーションを想像してほしい。銀行は、ローン担当者が連絡先を収集・検証してから、候補者の与信スコアが500以上あることを確認するまで、ローンの支払い見積りを提示しないと決めているとしよう。その場合、連絡先情報画面がすべて入力され、値がきちんと検証され、与信スコアが基準値を超えていることが確認できるまでは、支払い見積りの画面に進まないようにシステムを設定するだろう。

これは、**ユースケース**と呼ばれるものだ[2]。ユースケースとは、自動化されたシステムを使用する方法を記述したものである。ユーザーから提供された入力、ユーザーに戻す出力、出力を生成する処理ステップなどを規定している。エンティティに含まれる最重要ビジネスルールとは違い、ユースケースは**アプリケーション固有**のビジネスルールを記述している。

図20-2にユースケースの例を示した。最後の行で「顧客」に言及していることに注目してほしい。これは「顧客」エンティティへの参照である。そこには、銀行と顧客の関係を支配する最重要ビジネスルールが含まれている。

ユースケースには、エンティティの最重要ビジネスルールをいつ・どのように呼び出すかを規定したルールが含まれている。ユースケースはエンティティのダンスを制御しているのである。

ユースケースは、ユーザーインターフェイスについては記述していない。インターフェイスからやってくるデータとそこから出ていくデータを略式で規定しているだけである。ユースケースを見ただけでは、そのアプリケーションがウェブなのか、シッククライアントなのか、コンソールなのか、純粋なサービスなのかを判断することは不可能である。

このことは非常に重要である。ユースケースはシステムのユーザーに対する見た目を記述す

---

2 これも Ivar Jacobson が名付けた概念である。

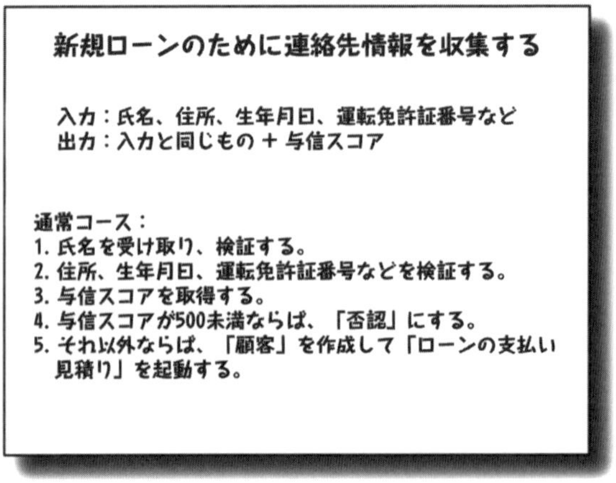

第 20 章　ビジネスルール

新規ローンのために連絡先情報を収集する

入力：氏名、住所、生年月日、運転免許証番号など
出力：入力と同じもの ＋ 与信スコア

通常コース：
1. 氏名を受け取り、検証する。
2. 住所、生年月日、運転免許証番号などを検証する。
3. 与信スコアを取得する。
4. 与信スコアが500未満ならば、「否認」にする。
5. それ以外ならば、「顧客」を作成して「ローンの支払い見積り」を起動する。

図 20-2　ユースケースの例

るものではない。ユーザーとエンティティのインタラクションを支配するアプリケーション固有のルールを記述したものである。データがどのようにシステムに入出力されるかは、ユースケースとは無関係だ。

　ユースケースはオブジェクトである。アプリケーション固有のビジネスルールを実装した関数を１つ以上持っている。また、入力データ、出力データ、それらがやり取りする適切なエンティティへの参照といった、データ要素を持っている。

　エンティティは自身を制御するユースケースのことを知らない。これは、依存関係逆転の原則（DIP）に従ったもうひとつの例だ。上位レベルのコンセプト（エンティティなど）は、下位レベルのコンセプト（ユースケースなど）のことを知らない。その代わり、下位レベルのユースケースは、上位レベルのエンティティのことを知っている。

　では、なぜエンティティが上位レベルで、ユースケースが下位レベルなのだろうか？　ユースケースはアプリケーション固有なので、システムの入力と出力に近い。エンティティは複数のアプリケーションで使用できるように一般化されているので、システムの入力と出力から遠く離れている。したがって、ユースケースはエンティティに依存し、エンティティはユースケースに依存していないのである。

リクエストとレスポンスのモデル

　ユースケースは、入力データを期待し、出力データを生成する。ユースケースオブジェクトをうまく作りたければ、ユーザーや他のコンポーネントとのデータの通信方法について触れるべきではない。ユースケースクラスのコードが HTML や SQL のことを知る必要はない！

ユースケースクラスは、入力としてシンプルなリクエストデータ構造を受け取り、出力として来してシンプルなレスポンスデータ構造を戻す。これらのデータ構造は何にも依存していない。`HttpRequest` や `HttpResponse` といった、標準的なフレームワークのインターフェイスから派生したものでもない。ウェブのことは何も知らないし、他のユーザーインターフェイスに関することも把握していない。

依存性がないことは非常に重要である。リクエストとレスポンスのモデルが独立していなければ、それらに依存するユースケースもリクエストとレスポンスのモデルの依存性に間接的に結び付けられてしまう。

これらのデータ構造にエンティティオブジェクトへの参照を含めたいと思うかもしれない。エンティティとリクエストとレスポンスのモデルは多くのデータを共有しているので、合理的な判断だと考えられるのだろう。だが、この誘惑に負けてはいけない！　この2つのオブジェクトの目的はまったく違う。まったく違う理由で変化していくのだから、それらをまとめることは、閉鎖性共通の原則（CCP）と単一責任の原則（SRP）に違反している。その結果、コードに多くのトランプデータ[3]や条件分岐が発生してしまうだろう。

まとめ

ビジネスルールは、ソフトウェアシステムが存在する理由である。中心的な機能である。お金を生み出したり節約したりするコードを保持したものである。いわば、家宝である。

ビジネスルールはそのままでいなければいけない。使用するユーザーインターフェイスやデータベースなど、下位の懸念事項に関わるべきではない。ビジネスルールを表すコードがシステムの心臓部となり、そこにプラグインされるものについては、何も配慮しないことが理想である。ビジネスルールはシステムのなかで、最も独立していて、最も再利用可能なコードでなければいけないのだ。

3　訳注：ほかの関数に渡すだけのデータのこと。トランプは「放浪する」という意味。

叫ぶアーキテクチャ 第21章

　建物の設計図を想像してほしい。建築家が作成したものであり、建築の計画となるものだ。この計画から何がわかるだろうか？

　家族用の一戸建ての計画ならば、まずは玄関があり、玄関ホールがあり、そこからリビングルームやダイニングルームに続いているだろう。ダイニングルームの近くには、少し離れてキッチンがあるだろう。キッチンの隣にはダイネットエリア（食事スペース）があり、その隣にはファミリールームもあるだろう。計画を見れば、家族用の一戸建てであることがわかるはずだ。アーキテクチャが「戸建て」と叫んでいるのである。

　図書館の設計図を見てみよう。そこには、正面玄関、受付、読書エリア、小さな会議室、図書館の本をすべて収納できる本棚を置くスペースがあるだろう。アーキテクチャが「図書館」と叫んでいるのである。

　では、あなたのアプリケーションのアーキテクチャは何と叫んでいるだろうか？　最上位レベルのディレクトリ構造と最上位レベルのパッケージのソースファイルは、「ヘルスケアシステム」「会計システム」「在庫管理システム」と叫んでいるだろうか？　それとも「Rails」「Spring/Hibernate」「ASP」と叫んでいるだろうか？

195

アーキテクチャのテーマ

Ivar Jacobson のソフトウェアアーキテクチャに関する独創的な著書『オブジェクト指向ソフトウェア工学 OOSE』に立ち戻ってみよう。サブタイトルの「use-case によるアプローチ」に注目してほしい。Jacobson は、ソフトウェアアーキテクチャはシステムのユースケースを支える構造であると指摘している。戸建てや図書館の計画が建物のユースケースを叫んでいるように、ソフトウェアアプリケーションのアーキテクチャもアプリケーションのユースケースについて叫ぶべきである。

アーキテクチャはフレームワークに関するものではない（そうあるべきではない）。アーキテクチャはフレームワークから提供されるものではない。フレームワークは使用するツールであり、アーキテクチャが従うものではない。あなたのアーキテクチャがフレームワークにもとづいているのなら、そのアーキテクチャはユースケースにもとづくことはできない。

アーキテクチャの目的

優れたアーキテクチャはユースケースを中心にしているため、フレームワーク、ツール、環境に依存することなく、ユースケースをサポートする構造を問題なく説明できる。改めて戸建ての計画を考えてみよう。建築家の最大の関心事は、家がレンガで作られていることではなく、家が使用可能であることだ。実際、建築家は計画がユースケースを満たしていることを確認したあとで、施主が外装材（レンガ、石材、木材）を選択できるように苦心している。

優れたソフトウェアアーキテクチャがあれば、フレームワーク、データベース、ウェブサーバー、その他の環境の問題やツールの意思決定を延期・留保できる。**フレームワークの選択肢は残されたままだ**。Rails、Spring、Hibernate、Tomcat、MySQL などについては、プロジェクトの後半まで決定する必要がない。また、優れたアーキテクチャであれば、そうした決定の変更も容易になる。優れたアーキテクチャは、ユースケースを強調し、周辺の関心事からユースケースを切り離すのだ。

だが、ウェブはどうか？

ウェブはアーキテクチャだろうか？　システムがウェブ経由で提供されているとしたら、それはシステムのアーキテクチャを決定づけているのだろうか？　もちろんそんなことはない！

ウェブは提供の仕組み（IO デバイス）であり、アプリケーションアーキテクチャもウェブのことをそのように扱うべきである。アプリケーションがウェブで提供されている事実は詳細であり、システム構造を支配するものではない。実際、アプリケーションをウェブで提供するという決定は、遅延させるべきものである。システムアーキテクチャは、提供方法を知るべきではない。必要以上に複雑にしたり、基本的なアーキテクチャを変更したりすることなく、コンソールアプリケーション、ウェブアプリケーション、シッククライアントアプリケーション、さらにはウェブサービスアプリケーションとして、問題なく提供できるようにすべきである。

フレームワークはツールであり、生き方ではない

フレームワークは非常に強力で、非常に便利なものである。フレームワークの作者は、フレームワークのことを深く信じている。彼らの書いたフレームワークの使い方は、熱狂的な信者の観点から物事を伝えている。フレームワークに関する書籍の著者たちも、熱狂的な信者であることが多い。彼らは、フレームワークの使い方を教えてくれるが、フレームワークがすべてを包括し、すべてに行き渡り、すべてのことをフレームワークに任せるという立場を前提としているようだ。

そんな立場になりたいわけではないだろう。

冷静にフレームワークを見てほしい。疑いの眼差しで見てみよう。確かに便利そうだ。だが、コストは？　どのように使うべきか、どのように自分自身を守るべきかを自問してほしい。ユースケースを重視したアーキテクチャをどのように維持するかを考えてほしい。フレームワークにアーキテクチャを乗っ取られないように、戦略をうまく策定しよう。

テスト可能なアーキテクチャ

システムアーキテクチャがユースケースをサポートするものであり、フレームワークから少し距離を置いたものになっていれば、フレームワークを使うことなく、すべてのユースケースのユニットテストを実行できるはずだ。テストを実行するためにウェブサーバーを起動する必要はない。テストを実行するためにデータベースに接続する必要はない。エンティティオブジェクトは、フレームワーク、データベース、その他の複雑さに依存しない、プレインオールドオブジェクトでなければいけない。ユースケースオブジェクトからエンティティオブジェクトを調

整しなければいけない。最後に、それらをまとめたものは、フレームワークの複雑さがなくても、そのままの状態でテスト可能でなければいけない。

まとめ

アーキテクチャは、システムで使用しているフレームワークではなく、システムそのものについての情報を伝える必要がある。たとえば、ヘルスケアシステムを構築しているならば、新しく参加したプログラマがソースリポジトリを見たときに、「ああ、これはヘルスケアシステムだ」と思えるようにしておくべきである。システムの提供方法はまだわからなくても、システムのユースケースをすべて把握できるようにしておくべきだ。そして、あなたのところへやって来て、こう言うだろう。

「モデルのようなものは見えますが、ビューとコントローラーはどこにありますか？」

あなたはこう答えるだろう。

「それは詳細だから、まだ気にする必要はないよ。あとから決めよう」

クリーンアーキテクチャ 第22章

過去数十年にわたり、我々はシステムのアーキテクチャに関するさまざまなアイデアを見てきた。

- **ヘクサゴナルアーキテクチャ**：Alistair Cockburn が開発し、Steve Freeman と Nat Pryce がすばらしい著書『実践テスト駆動開発』で採用したもの。「ポートとアダプター」とも呼ばれる。
- **DCI アーキテクチャ**：Jim Coplien と Trygve Reenskaug が開発したもの。
- **BCE**：Ivar Jacobson が著書『オブジェクト指向ソフトウェア工学 OOSE』で紹介したもの。

これらのアーキテクチャは、細部に多少の違いはあるものの、非常によく似ている。いずれも「関心事の分離」という同じ目的を持っている。そして、ソフトウェアをレイヤーに分割することで、この分離を実現している。また、それぞれ少なくとも、ビジネスルールのレイヤーと、ユーザーやシステムとのインターフェイスとなるレイヤーを持っている。

これらのアーキテクチャは、以下の特性を持つシステムを生み出す。

- **フレームワーク非依存**：アーキテクチャは、機能満載のソフトウェアのライブラリに依存していない。これにより、システムをフレームワークの制約で縛るのではなく、フレームワークをツールとして使用できる。
- **テスト可能**：ビジネスルールは、UI、データベース、ウェブサーバー、その他の外部要素がなくてもテストできる。
- **UI 非依存**：UI は、システムのほかの部分を変更することなく、簡単に変更できる。たとえば、ビジネスルールを変更することなく、ウェブ UI をコンソール UI に置き換えることができる。
- **データベース非依存**：Oracle や SQL Server を Mongo、BigTable、CouchDB などに置き換えることができる。ビジネスルールはデータベースに束縛されていない。
- **外部エージェント非依存**：ビジネスルールは、外界のインターフェイスについて何も知らない。

図 22-1 は、これらのすべてのアーキテクチャを単一の実行可能なアイデアに統合したものである。

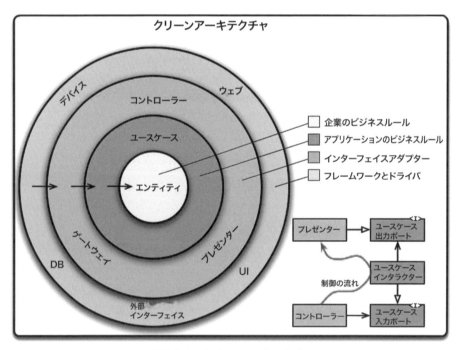

図 22-1　クリーンアーキテクチャ

依存性のルール

図 22-1 の同心円は、ソフトウェアのさまざまな領域を表している。一般的には、円の中央に近づくほどソフトウェアのレベルが上がっていく。円の外側は仕組み。内側は方針である。

このアーキテクチャを動作させる最も重要なルールは、**依存性のルール**である。

ソースコードの依存性は、内側（上位レベルの方針）だけに向かっていなければいけない。

円の内側は外側について何も知らない。特に、外側で宣言された名前は、内側にあるコードで触れてはいけない。これには、関数、クラス、変数、そのほかの名前付きソフトウェアエンティティが含まれる。

同様に、外側で宣言されたデータフォーマットは、内側から使ってはいけない。外側のフレームワークで生成されたフォーマットは特にそうだ。円の外側にあるものから内側にあるものに影響を及ぼしたくはない。

エンティティ

エンティティは、企業全体の最重要ビジネスルールをカプセル化したものだ。エンティティは、メソッドを持ったオブジェクトでも、データ構造と関数でも構わない。企業にあるさまざまなアプリケーションから使用できるなら、エンティティは何であっても問題はない。

企業が存在せず、単一のアプリケーションを作成しているだけなら、エンティティはアプリケーションのビジネスオブジェクトになるだろう。それは、最も一般的で、最上位レベルのルールをカプセル化したものである。外部で何か変化が起きても、それが変化する可能性は低い。たとえば、ページのナビゲーションやセキュリティを変更したとしても、これらのオブジェクトが影響を受けることはないだろう。特定のアプリケーションの操作に変更が発生しても、エンティティのレイヤーに影響を与えることはない。

ユースケース

ユースケースのレイヤーのソフトウェアには、**アプリケーション固有**のビジネスルールが含まれている。ここには、システムのすべてのユースケースがカプセル化・実装されている。ユースケースは、エンティティに入出力するデータの流れを調整し、ユースケースの目標を達成できるように、エンティティに最重要ビジネスルールを使用するように指示を出す。

このレイヤーの変更がエンティティに影響を与えることはない。また、このレイヤーが、デー

タベース、UI、共通のフレームワークなどの外部の変更の影響を受けることもない。ユースケースのレイヤーは、そのような関心事からは分離されている。

ただし、アプリケーションの操作の変更がユースケースに影響を与え、それがユースケースのレイヤーのソフトウェアにまで影響することもある。ユースケースの詳細が変更された場合、このレイヤーのコードの一部も確実に影響を受ける。

インターフェイスアダプター

インターフェイスアダプターのレイヤーのソフトウェアは、ユースケースやエンティティに便利なフォーマットから、データベースやウェブなどの外部エージェントに便利なフォーマットにデータを変換するアダプターである。たとえば、GUI の MVC アーキテクチャを保持するのはこのレイヤーになる。プレゼンター、ビュー、コントローラーは、すべてこのインターフェイスアダプターのレイヤーに属している。モデルは、コントローラーからユースケースに渡され、ユースケースからプレゼンターとビューに戻されるデータ構造にすぎない。

同様に、このレイヤーでは、エンティティやユースケースに便利な形式から、永続フレームワーク（つまりデータベース）に便利な形式にデータを変換する。円の内側のコードは、データベースについて何も知らない。データベースが SQL データベースであれば、すべての SQL はこのレイヤー（特にデータベースに関係する部分）に限定する必要がある。

また、このレイヤーには、外部サービスなどの外部の形式から、ユースケースやエンティティが使用する内部の形式にデータを変換するアダプターも含まれる。

フレームワークとドライバ

図 22-1 の最も外側の円は、フレームワークやツールで構成されている。たとえば、データベースやウェブフレームワークなどである。通常、このレイヤーにはコードをあまり書かない。書くとしても、円の次の内側とやり取りするグルーコードくらいである。

フレームワークとドライバのレイヤーには、詳細が詰まっている。ウェブも詳細。データベースも詳細。被害が抑えられるように、これらは外側に置いておく。

4つの円だけ？

図 22-1 の円は、概要を示したものである。したがって、この 4 つ以外にも必要なものはあるだろう。この 4 つ以外は認めないというルールはない。ただし、依存性のルールは常に適用される。ソースコードの依存性は常に内側に向けるべきだ。内側に近づけば、抽象度と方針の

レベルは高まる。円の最も外側は、最下位レベルの具体的な詳細で構成される。内側に近づくと、ソフトウェアは抽象化され、上位レベルの方針をカプセル化するようになる。円の最も内側は、最も一般的で、最上位レベルのものになる。

境界線を越える

図22-1の右下に、円の境界線をどのように越えるべきかの例を用意した。コントローラーとプレゼンターは、次のレイヤーのユースケースと通信している。制御の流れに注目してほしい。コントローラーから始まり、ユースケースを経由して、最後にプレゼンターで実行されている。ソースコードの依存関係にも注目してほしい。それぞれが内側のユースケースに向かっていることがわかる。

こうした明らかな対立は、通常は依存関係逆転の原則（DIP）を使って解消する。Javaのような言語では、インターフェイスや継承を整理して、境界線を越えたところでソースコードの依存関係が制御の流れと逆転するようにする。

たとえば、ユースケースからプレゼンターを呼び出す必要があるとしよう。依存性のルールに違反するため、直接呼び出すことはできない。円の外側にある名前は、円の内側から触れることはできないからだ。したがって、ユースケースから円の内側にあるインターフェイス（図22-1の「ユースケース出力ポート」）を呼び出すようにして、円の外側にあるプレゼンターがインターフェイスを実装することになる。

同じテクニックを使用して、アーキテクチャに含まれるすべての境界線を越えることができる。制御の流れがどのような方向であっても、依存性のルールに違反しないように動的なポリモーフィズムを活用して、制御の流れとは反対のソースコードの依存関係を生み出す。

境界線を越えるデータ

境界線を越えるデータは、単純なデータ構造で構成されている。好みに応じて、構造体やデータ転送オブジェクトを使うこともできる。単なる関数呼び出しの引数にすることもできる。ハッシュマップに詰め込んだり、オブジェクトにしたりすることもできる。境界線を越えて渡すのは、独立した単純なデータ構造であることが重要だ。エンティティオブジェクトやデータベースの行をそのまま渡すようなズルはしたくない。また、依存性のルールに違反するような依存性をデータ構造に持たせたくはない。

たとえば、多くのデータベースフレームワークは、クエリに対して便利なデータ形式を戻す。これを「行構造」と呼ぶこともある。行構造を円の内側の境界線を越えて渡したくはない。渡してしまうと、円の内側が外側について知ることになるため、依存性のルールに違反すること

203

になる。

したがって、境界線を越えてデータを渡すときは、常に内側の円にとって便利な形式にする。

典型的なシナリオ

図 22-2 は、データベースを使ったウェブベースの Java システムの典型的なシナリオを示している。ウェブサーバーは、ユーザーからの入力データを受け取り、左上の Controller に渡す。Controller は、プレインオールドな Java オブジェクトにデータを詰め込み、InputBoundary を経由して、UseCaseInteractor に渡す。UseCaseInteractor は、そのデータを解釈し、Entities のダンスを制御する。また、DataAccessInterface を使用して、Entities が使うデータを Database からメモリに持ってくる。それが終わると、UseCaseInteractor は Entities からデータを収集し、OutputData をプレインオールドな Java オブジェクトとして生成する。OutputData は、OutputBoundary インターフェイスを経由して、Presenter に渡される。

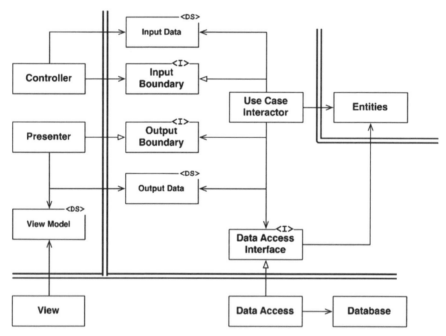

図 22-2　データベースを使ったウェブベースの Java システムの典型的なシナリオ

Presenter の仕事は、OutputData を ViewModel（プレインオールドな Java オブジェクト）に詰め込み直し、表示可能な形式にすることである。ViewModel に含まれるのは、View がデータの表示に使用する文字列とフラグである。OutputData に Date オブジェクトが含まれることもあるが、Presenter はユーザーのために適切にフォーマットされた文字列を含んだ ViewModel を読み込む。Currency オブジェクトなどのビジネスに関連するデータも同様である。Button と MenuItem の名前も ViewModel に含めておく。これらは、Button や MenuItem をグレー表示にするかどうかを View に伝えるフラグである。

View がやるべきことは、ViewModel から HTML ページにデータを移動すること以外に残されていない。

依存性の向きに注目してほしい。すべてが依存性のルールに従い、内側に向かって境界線を越えている。

まとめ

こうした単純なルールに従うのは、それほど難しいことではない。ルールを守っていれば、いずれ多くの苦痛から解放してくれるだろう。ソフトウェアをレイヤーに分割して、依存性のルールを守れば、本質的にテスト可能なシステムを作り、それがもたらすメリットを受け取ることができる。システムの外部のパーツ（データベースやウェブフレームワーク）が廃れたとしても、そうした要素を最小限の労力で置き換えることができる。

プレゼンターとHumble Object 第23章

　第22章では、プレゼンターという概念を導入した。プレゼンターは、**Humble Object** パターンの一種であり、アーキテクチャの境界の特定と保護に役立つものである。実際、第22章「クリーンアーキテクチャ」は、Humble Object の実装が満載である。

Humble Objectパターン

　Humble Object パターン[1]は、ユニットテストを実行する人が、テストしにくい振る舞いとテストしやすい振る舞いを分離するために生み出されたデザインパターンである。アイデアは非常にシンプルだ。振る舞いを2つのモジュールまたはクラスに分割するだけである。ひとつのモジュールは「Humble（控えめ）」で、ここにはテストが難しい振る舞いのみが含まれる。もうひとつのモジュールには、Humble Object から取り除かれたテストしやすい振る舞いが含まれる。

1　*xUnit Test Patterns*, Meszaros, Addison-Wesley, 2007, p. 695.

第23章　プレゼンターと Humble Object

　たとえば、GUI のユニットテストは難しい。なぜなら、画面に適切な要素が表示されている
かを確認するテストを書くのが非常に難しいからだ。しかし、GUI の振る舞いの大部分は、簡
単にテストできる。**Humble Object** パターンを使えば、2種類の振る舞いを Presenter と View
の2つのクラスに分けられる。

プレゼンターとビュー

　View は、Humble Object である。こちらはテストが難しい。したがって、このオブジェクト
のコードはできるだけシンプルに保っておく。GUI にデータを移動するが、そのデータを処理
することはない。

　Presenter は、テスト可能なオブジェクトである。アプリケーションからデータを受け取り、
プレゼンテーション用にフォーマットして、View が画面に移動できるようにする。たとえば、
アプリケーションがフィールドに日付を表示したいと思ったら、Presenter に Date オブジェク
トを渡す。Presenter はそのデータを適切な文字列にフォーマットして、View から発見できる
ViewModel というシンプルなデータ構造に配置する。

　アプリケーションが画面にお金を表示したいと思ったら、Presenter に Currency オブジェ
クトを渡す。Presenter はそのオブジェクトに適切な桁数と通貨記号を付けてフォーマット
して、文字列として ViewModel に配置する。値がマイナスのときに赤色にする必要があれば、
ViewModel に適切な真偽値のフラグを付けておく。

　画面にあるボタンにはすべて名前が付いている。名前は Presenter が配置した ViewModel に
含まれる文字列である。ボタンをグレーアウトする必要があれば、Presenter が ViewModel に
適切な真偽値のフラグを設定する。メニュー項目の名前は、Presenter が読み込んだ ViewModel
に含まれる文字列である。ラジオボタン、チェックボックス、テキストフィールドの名前は、
Presenter が読み込み、適切な文字列と真偽値として ViewModel に配置する。画面に表示する
数値のテーブルは、Presenter が読み込み、適切にフォーマットした文字列として ViewModel
に配置する。

　画面に表示するもの、アプリケーションが制御するものはすべて、ViewModel に含まれる文
字列・真偽値・列挙型として表現する。View がやるべきことは、ViewModel からデータを読み
込み、画面に移動すること以外に残されていない。だからこそ、View は Humble なのである。

208

データマッパー

テストとアーキテクチャ

テスト容易性が優れたアーキテクチャの特性であることは、これまでずっと知られてきたこ とだ。**Humble Object** パターンはその好例である。振る舞いをテストしやすい部分とテストし にくい部分に分割することが、アーキテクチャの境界の定義につながるからだ。Presenter と View もそうした境界のひとつだ。だが、他にも境界は存在する。

データベースゲートウェイ

ユースケースインタラクターとデータベースの間にあるのが「データベースゲートウェイ」で ある[2]。このゲートウェイは、アプリケーションがデータベースに対して実行する作成・読み取 り・更新・削除のメソッドを含んだポリモーフィックインターフェイスである。たとえば、アプ リケーションが昨日ログインしたすべてのユーザーの名字を知りたいと思えば、UserGateway インターフェイスに getLastNamesOfUsersWhoLoggedInAfter という名前のメソッドを含めて おく。これは、引数に Date を受け取り、名字のリストを戻すメソッドである。

ユースケースのレイヤーで SQL の使用を許可しなかったことを思い出してほしい。その代 わり、ゲートウェイにメソッドを用意して使うようにした。ゲートウェイはデータベースのレ イヤーにあるクラスで実装する。この実装は、Humble Object である。メソッドから要求さ れたデータにアクセスするために SQL（やそのほかのデータベースインターフェイス）を使う だけだからだ。一方、インタラクターは Humble ではない。アプリケーション固有のビジネス ルールをカプセル化しているからだ。Humble ではないが、インタラクターは**テスト可能**であ る。ゲートウェイを適切なスタブやテストダブルに置き換えることができるからだ。

データマッパー

データベースの話題に戻ろう。Hibernate のような ORM は、どのレイヤーに属しているの だろうか？

まずは、前提を明らかにしよう。ORM（オブジェクトリレーショナルマッパー）というも のは存在しない。理由は簡単だ。オブジェクトはデータ構造ではないからだ。少なくともユー

---

2 *Patterns of Enterprise Application Architecture*, Martin Fowler, et. al., Addison-Wesley, 2003, p. 466.（邦訳『エンタープライズ アプリケーションアーキテクチャパターン』翔泳社）

209

ザーの観点からはデータ構造ではない。オブジェクトのユーザーは内部のデータを見ることができない。すべてがプライベートになっているからだ。ユーザーはオブジェクトのパブリックなメソッドしか見えない。したがって、ユーザーの観点からすると、オブジェクトは操作の集合である。

一方、データ構造は、振る舞いを持たないデータの変数の集合である。したがって、ORM は「データマッパー」と呼ぶほうが適切だ。リレーショナルデータベーステーブルから読み取ったデータをデータ構造に詰め込むからだ。

では、ORM システムはどこに属するのだろうか？　もちろんデータベースのレイヤーだ。実際、ORM はゲートウェイインターフェイスとデータベースの間に Humble Object の境界を作るものである。

サービスリスナー

では、サービスはどうだろう？　アプリケーションがほかのサービスと通信する必要がある場合、あるいはアプリケーションがサービスを提供する場合、**Humble Object** パターンがサービスの境界を作成するのだろうか？

もちろんだ！　アプリケーションはシンプルなデータ構造にデータを読み込み、データを適切にフォーマットし、境界を越えてモジュールに渡し、そのモジュールが外部のサービスに送信する。データの受け取り側では、サービスリスナーがサービスインターフェイスからデータを受け取り、アプリケーションから使えるシンプルなデータ構造にフォーマットする。そして、サービス境界を越えて、そのデータ構造がアプリケーションに戻される。

まとめ

アーキテクチャの境界の近くには、**Humble Object** パターンが潜んでいる。境界を越える通信には、シンプルなデータ構造が含まれている。また、境界はテストしにくい部分とテストしやすい部分に分割する。アーキテクチャの境界でこのパターンを使用すると、システム全体のテスト容易性が大幅に向上する。

部分的な境界 第24章

　本格的なアーキテクチャの境界はコストが高い。相互にポリモーフィックな Boundary インターフェイス、Input と Output のデータ構造、両サイドのコンパイルやデプロイを独立させるための依存性管理が必要になる。それには多くの作業が必要だ。また、保守の作業も必要になる。

　優れたアーキテクトならば、このような境界はコストが高すぎると判断するだろう。だが、それと同時に、あとで必要になるかもしれないことを考えて、できるだけ境界を残したいとも思うだろう。

　予測型の設計は、アジャイルコミュニティから YAGNI（You Aren't Going to Need It：あとで必要になることはない）に違反していると指摘される。だが、問題に直面しているアーキテクトは「確かに違反している。だが、あとで必要になることもある」と考える。そして、部分的な境界を実装することになるだろう。

最後のステップを省略する

部分的な境界を構築するひとつの方法は、独立してコンパイルやデプロイが可能なコンポーネントを準備したあとで、それらを同じコンポーネントにまとめるというものである。相互インターフェイスも、入出力のデータ構造も、すべて設定しておくが、コンパイルやデプロイはひとつのコンポーネントで済むようにしておくのである。

部分的な境界とはいえ、完全な境界と同じだけのコードや予備的な設計が必要になる。だが、複数のコンポーネントを管理する必要はない。バージョン番号の追跡やリリース管理の負担もない。こうした違いを軽く考えてはいけない。

FitNesse の初期の戦略もこのようにしていた。FitNesse のウェブサーバーのコンポーネントを、FitNesse の wiki やテストの部分から分離できるように設計したのである。ウェブコンポーネントを利用した別のウェブアプリケーションを作るかもしれない、というアイデアがあったからだ。それと同時に、2 つのコンポーネントをユーザーにダウンロードさせたくはなかった。我々の設計のゴールは「ダウンロード・アンド・ゴー」だった。ユーザーがほかの jar ファイルを探したり、バージョンの互換性を気にかけたりすることなく、1 つの jar ファイルをダウンロードするだけで実行できるようにすることが狙いだったのだ。

FitNesse の話は、このアプローチの危険性も示している。時間が経つと、分離したウェブコンポーネントが必要なくなってきたからだ。ウェブコンポーネントと wiki のコンポーネントの分離が弱くなり始めたのである。依存性が境界線を間違った方向に越えるようになってきた。今では、両者を再度分離するのが面倒になっている。

片方だけの境界

アーキテクチャの完全な境界は、双方向の分離を維持するために、両側にインターフェイスを使用している。だが、双方向の分離を維持するというのは、初期のセットアップも継続的な保守もコストが高い。

あとから完全な境界にする余地を残した、片方だけの構造を**図 24-1** に示す。昔ながらの**Strategy** パターンの実例だ。クライアントからは ServiceBoundary インターフェイスを使用し、それは ServiceImpl クラスによって実装されている。

これが将来のアーキテクチャの境界の準備であることは明らかだ。Client を ServiceImpl から分離するために、依存関係の逆転が行われている。だが、厄介な点線の矢印で示しているように、この分離が急速に劣化していくことも明らかである。相互のインターフェイスがなけ

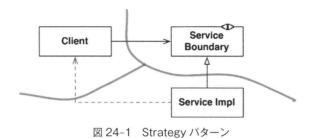

図 24-1　Strategy パターン

れば、こうした裏ルートを防ぐことはできない。開発者やアーキテクトが規律に従って勤勉になるしかないだろう。

Facade

さらにシンプルな境界は **Facade** パターンである（図 **24-2**）。この場合、依存関係の逆転さえも断念する。境界は Facade クラスで定義しておく。すべてのサービスはこのクラスのメソッドになり、クライアントからアクセスできないクラスにサービス呼び出しを行う。

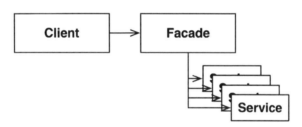

図 24-2　Facade パターン

ただし、Client はすべてのサービスクラスに推移的に依存していることに注意してほしい。静的言語では、Service クラスのいずれかのソースコードを変更すると、Client も再コンパイルが必要になる。また、この構造でも簡単に裏ルートを作れることが想像できる。

まとめ

アーキテクチャの境界を部分的に実装する 3 つのシンプルな方法を見てきた。もちろんほかにも方法はあるだろう。この 3 つの戦略はあくまでも例として提供したものだ。

第 24 章　部分的な境界

　これらのアプローチには、それぞれ独自のコストとメリットがある。最終的に完全な境界に至るまでの代理として、特定の状況においては適切なものである。境界がうまく設定できなければ、劣化していく可能性もある。

　アーキテクチャの境界をいつどこに作るのか、それは完全な境界なのか部分的な境界なのかを決めるのは、アーキテクトの役割である。

レイヤーと境界 第25章

システムは「UI」「ビジネスルール」「データベース」という3つのコンポーネントで構成されていると考えるとわかりやすいだろう。単純なシステムであれば、これで十分である。だが、ほとんどのシステムは、これよりもコンポーネントの数が多い。

ここでは、簡単なコンピュータゲームを取り上げよう。3つのコンポーネントを想像しやすいゲームである。UIは、プレーヤーからゲームルールに対するすべてのメッセージを処理する。ゲームルールは、何らかの永続的なデータ構造にゲームの状態を保存する。だが、これですべてだろうか？

Hunt the Wumpus

それでは、骨格に肉付けしてみよう。往年の名作である1972年のアドベンチャーゲーム「Hunt the Wumpus」を想定してほしい。このテキストベースのゲームでは、GO EAST（東へ行く）やSHOOT WEST（西を撃つ）のような単純なコマンドを使用する。プレーヤーがコマンドを入力すると、プレーヤーの見る・匂う・聞く・経験することを、コンピュータが応答する。プレーヤー

215

第 25 章　レイヤーと境界

は、罠、落とし穴、その他の危険を回避しながら、洞窟で Wumpus（ウンパス）の狩りをする。このゲームに興味があるなら、ウェブで検索すれば詳しいルールが見つかるはずだ。

　まずは、テキストベースの UI を維持しながら、ゲームルールを切り離してみよう。異なる言語のバージョンを出して、他国でも売れるようにするためだ。UI コンポーネントとゲームルールは言語に依存しない API で通信し、UI が API の結果を適切な人間の言語に翻訳するものとしよう。

　図 25-1 に示すように、ソースコードの依存関係が適切に管理されていれば、任意の数の UI コンポーネントで共通のゲームルールを再利用できる。ゲームルールは、使用されている人間の言語を把握することはなく、気にする必要もない。

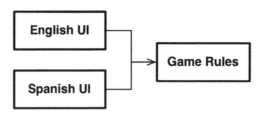

図 25-1　任意の数の UI コンポーネントが共通のゲームルールを再利用できる

　次に、ゲームの状態が何らかの永続的な場所に保存されているとしよう。たとえば、フラッシュメモリだ。クラウドに保存されることもあるだろう。単に RAM に保存されていることもあるかもしれない。いずれの場合も、ゲームルールが詳細を知ることは望ましくない。したがって、ここでも API を作成しよう。ゲームルールがデータストレージのコンポーネントと通信するための API だ。

　ゲームルールにデータストレージのことを知らせたくないので、依存性のルールに従い、適切に向きを設定した（図 25-2）。

図 25-2　依存性のルールに従った

クリーンアーキテクチャ？

ここに「ユースケース」「境界」「エンティティ」「データ構造」といった、クリーンアーキテクチャを適用できることは明らかだ[1]。だが、重要なアーキテクチャの境界を本当にすべて発見できたのだろうか？

言語だけが UI の変更の軸ではない。たとえば、テキストの通信方法を変えたくなるかもしれない。シェルウィンドウ、テキストメッセージ、チャットアプリケーションなどを使いたくなることもあるだろう。さまざまな可能性が存在する。

つまり、変更の軸によって定義される、潜在的なアーキテクチャの境界が存在するということだ。したがって、そうした境界を越えて、言語と通信方法を分離できる API を作る必要があるだろう。図 25-3 にそのアイデアを示した。

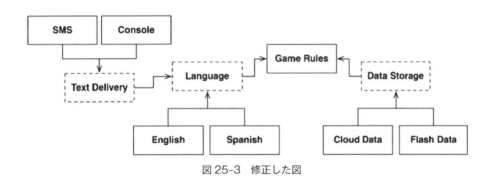

図 25-3　修正した図

図 25-3 の図は少し複雑だが、驚くことは含まれていない。破線の枠は抽象コンポーネントを示しており、上下に置かれたコンポーネントが実装する API を定義したものである。たとえば、Language の API は、English や Spanish が実装している。

GameRules は、GameRules が定義して Language が実装した API を使って、Language と通信する。Language は、Language が定義して TextDelivery が実装した API を使って、TextDelivery と通信する。API は、実装者ではなく、ユーザー側が定義・所有しているのである。

GameRules の内部を見ると、GameRules に含まれるコードが使用して、Language のコードが実装しているポリモーフィックな Boundary インターフェイスが見つかる。同様に、Language に含まれるコードが使用して、GameRules のコードが実装しているポリモーフィックな Boundary インターフェイスも見つかる。

---

[1] 実際には、このゲームのような小規模なものにクリーンアーキテクチャを適用することはないだろう。これくらいなら 200 行以下のコードで書けるはずだ。アーキテクチャの境界を必要とする大規模なシステムの代わりに、例として小さなプログラムを使っているだけである。

第 25 章　レイヤーと境界

　Languageの内部も同じだ。そこには、TextDeliveryが実装しているポリモーフィックなBoundaryインターフェイスが見つかる。TextDeliveryに含まれるコードが使用して、Languageのコードが実装しているポリモーフィックなBoundaryインターフェイスも見つかる。

　いずれの場合も、Boundaryインターフェイスで定義されたAPIは、アップストリームのコンポーネントが所有しているのである。

　English、SMS、CloudDataなどのバリエーションでは、抽象コンポーネントで定義されたポリモーフィックなインターフェイスを具象コンポーネントが実装している。たとえば、Languageで定義されたポリモーフィックなインターフェイスは、EnglishやSpanishが実装する。

　こうしたバリエーションを排除し、APIコンポーネントだけに注目すると、先ほどの図を図25-4のように単純化できる。

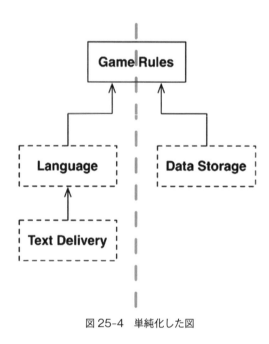

図 25-4　単純化した図

　すべての矢印が上を向いていることに注目してほしい (図25-4)。ここでは、一番上にGameRulesを配置している。GameRulesは最上位レベルの方針を含んでいるコンポーネントなので、この方向は合理的である。

　情報の流れを考えてみよう。ユーザーからのすべての入力は、左下にあるTextDeliveryコンポーネントからやってくる。その情報はLanguageコンポーネントで翻訳され、GameRulesにコマンドとして伝えられる。GameRulesはユーザーの入力を処理して、適切なデータを右下のDataStorageに送信する。

その後、GameRulesが出力結果をLanguageに送り返す。LanguageはAPIを適切な言語に翻訳する。そこからTextDeliveryを経由して、翻訳された言語がユーザーに配信される。

この構成は、情報の流れを2つに分割している[2]。左側の流れはユーザーとの通信、右側の流れはデータの永続化である。そして、両方の流れが上部のGameRulesで出会う[3]。ここで両方の情報が処理されるのだ。

流れを横切る

先ほどの例のように、常に2つの情報の流れが存在するのだろうか？ そういうわけではない。たとえば、「Hunt the Wumpus」を複数人のプレーヤーがオンラインでプレイするとしよう。この場合、図25-5に示したようなネットワークコンポーネントが必要になる。この構成は、情報の流れを3つに分割している。そして、それらすべてをGameRulesが制御している。

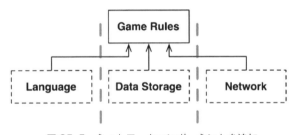

図25-5　ネットワークコンポーネントを追加

したがって、システムが複雑になるにつれて、コンポーネントは多くの情報の流れに分割されることになるだろう。

流れを分割する

このように説明すると、すべての流れが最終的に最上部のコンポーネントで出会うと思うかもしれない。そうであれば簡単でいいのだが、現実はもっと複雑だ。

「Hunt the Wumpus」のGameRulesコンポーネントを考えてみよう。ゲームルールの一部は

---

[2] 矢印の方向がよくわからなくなったら、これはデータの流れではなく、ソースコードの依存性の方向であることを思い出してほしい。

[3] 昔はこの上位のコンポーネントのことを「中央変換」と呼んでいた。Meilir Page-Jonesの著書『構造化システム設計への実践的ガイド』（近代科学社）を参照してほしい。

第 25 章　レイヤーと境界

マップの構造を扱っている。たとえば、洞窟がどのように接続されているか、どのオブジェクトがどの洞窟にあるかを把握している。また、プレーヤーが洞窟を移動する方法や、プレーヤーが対処すべきイベントを決定する方法についても把握している。

だが、さらに上位レベルに別の方針が存在する。プレーヤーの状態や、イベントのコストとメリットを把握する方針だ。こうした方針により、プレーヤーは健康を害したり、食べ物を発見して健康を回復したりする。下位レベルの方針では、FoundFood や FellInPit のようなイベントとして、上位レベルの方針を宣言することになるだろう。上位レベルの方針はプレーヤーの状態を管理している（図 25-6）。最終的には、方針がプレーヤーの勝敗を決定する。

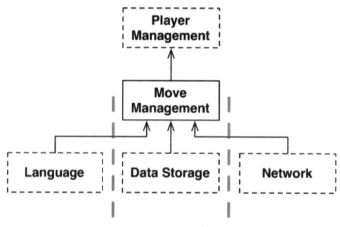

図 25-6　上位レベルの方針がプレーヤーを管理する

これはアーキテクチャの境界だろうか？　MoveManagement と PlayerManagement を分離する API が必要だろうか？　少しだけ物事がおもしろくなるように、マイクロサービスを追加してみよう。

「Hunt the Wumpus」の大規模マルチプレーヤーバージョンがあるとしよう。MoveManagement はプレーヤーのコンピュータで処理されるが、PlayerManagement はサーバーで処理される。PlayerManagement は、接続されたすべての MoveManagement コンポーネントに対して、マイクロサービスの API を提供する。

図 25-7 は、このシナリオを簡略化して示したものである。Network は実際にはこれよりも少し複雑だが、考え方は伝わるだろう。この場合、アーキテクチャの完全な境界は、MoveManagement と PlayerManagement の間にある。

220

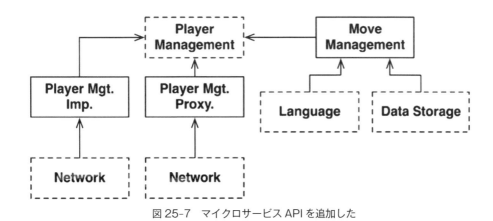

図 25-7　マイクロサービス API を追加した

まとめ

　ここまでにやってきたことは何を意味するのだろうか？　200 行の Kornshell で実装できるシンプルなプログラムに、どうしてわざわざアーキテクチャの境界を作ったのだろうか？

　この例は、アーキテクチャの境界があらゆるところに存在することを示している。我々アーキテクトは、それがいつ必要になるかに気を配らなければいけない。また、境界を完全に構築しようとすると、コストが高くつくことを認識する必要がある。それと同時に、境界を無視すると、たとえ完全なテストスイートやリファクタリングの規律があったとしても、レイヤーを追加するコストが非常に高くなることも認識する必要がある。

　では、我々アーキテクトは何をすべきだろうか？　その答えは満足できるものではない。非常に頭のいい人たちが、抽象化が必要になることを予測してはいけないと提唱してきた。これが YAGNI の哲学である。このメッセージには、オーバーエンジニアリングのほうがアンダーエンジニアリングよりも悪質であるという知見が含まれている。だが、アーキテクチャの境界が必要なところになかったとしたら、境界を追加するコストやリスクは非常に高いものとなるだろう。

　おわかりいただけただろうか。ソフトウェアアーキテクトは未来に目を向けなければいけない。頭を使って推測するべきだ。コストを評価し、アーキテクチャの境界がどこにあるのか、完全に実装する必要があるのか、部分的に実装すべきなのか、無視したほうがいいのかを判断する必要がある。

　しかもこれは、1 回限りの決定ではない。プロジェクトの開始時に、実装する境界と無視する境界を決めればいいわけではない。常に**見張る**必要がある。システムの進化に注意を払うべきだ。境界が必要になりそうなところに注目して、境界がないために発生している摩擦の兆候

221

を感じ取ってほしい。

　そこから、境界を実装するコストと無視するコストを比較検討し、その決定を何度も評価する。無視するコストよりも実装するコストが低くなる変曲点で、境界を実装することがゴールである。

　そのためには、注意深く見守らなければいけない。

メインコンポーネント 第26章

　すべてのシステムには、そのほかのコンポーネントを作成・調整・監督するコンポーネントが少なくとも1つ存在する。私はこのコンポーネントをMainと呼んでいる。

究極的な詳細

　Mainコンポーネントは、究極的な詳細（最下位レベルの方針）である。システムの最初のエントリーポイントとなる。オペレーティングシステム以外に、このコンポーネントに依存しているものはない。FactoryやStrategyなどのグローバルな要素を作成し、システムの上位の抽象部分に制御を渡すことが、このコンポーネントの仕事になる。

　依存関係については、このMainコンポーネントにDIフレームワークを使って注入する必要がある。Mainに注入できたら、あとはフレームワークを使用せずに、Mainが通常のやり方で依存関係をちりばめる。

　Mainは、汚れ仕事が最も似合うコンポーネントだ。

第 26 章　メインコンポーネント

「Hunt the Wumpus」の最新バージョンの Main コンポーネントを考えてみよう。コードの本体で把握したくない文字列を読み込むところに注目してほしい。

```java
public class Main implements HtwMessageReceiver {
  private static HuntTheWumpus game;
  private static int hitPoints = 10;
  private static final List<String> caverns = new
  ArrayList<>();
  private static final String[] environments = new String[]{
    "bright",
    "humid",
    "dry",
    "creepy",
    "ugly",
    "foggy",
    "hot",
    "cold",
    "drafty",
    "dreadful"
  };

  private static final String[] shapes = new String[] {
    "round",
    "square",
    "oval",
    "irregular",
    "long",
    "craggy",
    "rough",
    "tall",
    "narrow"
  };

  private static final String[] cavernTypes = new String[] {
    "cavern",
    "room",
    "chamber",
    "catacomb",
    "crevasse",
    "cell",
    "tunnel",
    "passageway",
```

224

究極的な詳細

```java
    "hall",
    "expanse"
  };

  private static final String[] adornments = new String[] {
    "smelling of sulfur",
    "with engravings on the walls",
    "with a bumpy floor",
    "",
    "littered with garbage",
    "spattered with guano",
    "with piles of Wumpus droppings",
    "with bones scattered around",
    "with a corpse on the floor",
    "that seems to vibrate",
    "that feels stuffy",
    "that fills you with dread"
  };
```

　ここから先が main 関数だ。まずは、HtwFactory を使ってゲームを作成している。ここで htw.game.HuntTheWumpusFacade というクラス名を渡している。このクラスは Main よりも汚い仕事をしている。こうすることで、このクラスに変更があっても、Main を再コンパイルや再デプロイすることを回避できる。

```java
public static void main(String[] args) throws IOException {
  game = HtwFactory.makeGame("htw.game.HuntTheWumpusFacade",
                             new Main());
  createMap();
  BufferedReader br =
    new BufferedReader(new InputStreamReader(System.in));
  game.makeRestCommand().execute();
  while (true) {
    System.out.println(game.getPlayerCavern());
    System.out.println("Health: " + hitPoints + " arrows: " +
    game.getQuiver());
    HuntTheWumpus.Command c = game.makeRestCommand();
    System.out.println(">");
    String command = br.readLine();
    if (command.equalsIgnoreCase("e"))
      c = game.makeMoveCommand(EAST);
    else if (command.equalsIgnoreCase("w"))
```

225

第 26 章　メインコンポーネント

```
        c = game.makeMoveCommand(WEST);
      else if (command.equalsIgnoreCase("n"))
        c = game.makeMoveCommand(NORTH);
      else if (command.equalsIgnoreCase("s"))
        c = game.makeMoveCommand(SOUTH);
      else if (command.equalsIgnoreCase("r"))
        c = game.makeRestCommand();
      else if (command.equalsIgnoreCase("sw"))
        c = game.makeShootCommand(WEST);
      else if (command.equalsIgnoreCase("se"))
        c = game.makeShootCommand(EAST);
      else if (command.equalsIgnoreCase("sn"))
        c = game.makeShootCommand(NORTH);
      else if (command.equalsIgnoreCase("ss"))
        c = game.makeShootCommand(SOUTH);
      else if (command.equalsIgnoreCase("q"))
        return;

      c.execute();
    }
  }
```

　また、main では、入力ストリームを作成し、ゲームのメインループを回し、単純な入力コマ
ンドを解釈しているが、すべての処理を上位レベルのコンポーネントに委ねているところにも
注目してほしい。
　最後に、main がマップを作成していることを見ていこう。

```
  private static void createMap() {
    int nCaverns = (int) (Math.random() * 30.0 + 10.0);
    while (nCaverns-- > 0)
      caverns.add(makeName());

    for (String cavern : caverns) {
      maybeConnectCavern(cavern, NORTH);
      maybeConnectCavern(cavern, SOUTH);
      maybeConnectCavern(cavern, EAST);
      maybeConnectCavern(cavern, WEST);
    }

    String playerCavern = anyCavern();
    game.setPlayerCavern(playerCavern);
```

226

```
    game.setWumpusCavern(anyOther(playerCavern));
    game.addBatCavern(anyOther(playerCavern));
    game.addBatCavern(anyOther(playerCavern));
    game.addBatCavern(anyOther(playerCavern));
    game.addPitCavern(anyOther(playerCavern));
    game.addPitCavern(anyOther(playerCavern));
    game.addPitCavern(anyOther(playerCavern));
    game.setQuiver(5);
  }

  // 以降のコードは省略
}
```

ここでのポイントは、Main はクリーンアーキテクチャの円の最も外側にある下位レベルのモジュールであることだ。それは、上位レベルのシステムのためにすべてを読み込み、制御を渡すものである。

まとめ

Main をアプリケーションのプラグインと考えよう。初期状態や構成を設定して、外部リソースを集め、アプリケーションの上位レベルの方針に制御を渡すプラグインである。プラグインなので、アプリケーションの設定ごとに複数の Main コンポーネントを持つこともできる。

たとえば、**開発用**、**テスト用**、**本番用**の Main を用意することもできる。あるいは、デプロイする国別、権限別、顧客別に用意することもできるだろう。

Main をアーキテクチャの境界の背後にあるプラグインとして考えると、設定の問題はもっと解決しやすくなるはずだ。

第27章 サービス：あらゆる存在

　サービス指向「アーキテクチャ」とマイクロサービス「アーキテクチャ」は、最近になって普及してきたものだ。現在の人気の理由は、以下のようなものである。

- サービスが互いに分離されているように見えるから。あとで説明するが、これは部分的にしか正しくない。
- サービスが開発とデプロイを独立させているように見えるから。これもあとで説明するが、部分的にしか正しくない。

サービスアーキテクチャ？

　まず、サービスを使用することは、その性質上、アーキテクチャであるという意見について考えてみたい。これは明らかに正しくない。システムのアーキテクチャは、上位レベルの方針と下位レベルの詳細を分離し、依存性のルールに従う境界によって定義される。アプリケーションの振る舞いを分離するだけのサービスは、単なる高価な関数呼び出しにすぎず、アーキテク

チャにおいて必ずしも重要なものではない。

アーキテクチャにおいて、サービスは重要に**ならなければいけない**と言っているのではない。プロセスやプラットフォームで機能を分割するサービスを作成することは、依存性のルールに従っているかにかかわらず、大きな利点がある。サービスはサービスであり、アーキテクチャを定義するものではないということだ。

関数の構成を考えてみるとわかりやすいだろう。モノリシックやコンポーネントベースのシステムのアーキテクチャは、特定の関数呼び出しによって定義されている。これは、アーキテクチャの境界を越えて、依存性のルールに従うものである。だが、システムに存在するそのほかの多くの関数は、振る舞いを分離しているだけであり、アーキテクチャにおいて重要なものではない。

サービスでも同じだ。サービスもプロセスやプラットフォームの境界を越える関数呼び出しにすぎない。アーキテクチャにおいて重要なサービスもあれば、重要ではないサービスもある。本章での我々の関心は、前者のサービスである。

サービスのメリット？

このセクションでは、現在人気のあるサービスアーキテクチャに疑問を投げかけていこう。1つずつメリットを取り上げていきたい。

誤った分離

システムをサービスに分ける大きなメリットは、サービス同士が強く分離されていることだと言われる。それぞれのサービスは、異なるプロセス（場合によっては異なるプロセッサ）で実行されているため、サービスはお互いの変数にアクセスすることができない。また、それによってサービスのインターフェイスが明確に定義されることになる。

確かに正しいところもある。だが、それほど多くはない。変数のレベルでは分離されているかもしれないが、プロセッサ内やネットワーク上にある共有リソースについては分離されていない。それに、サービスは共有しているデータと強く結び付いてしまっている。

たとえば、サービス間で渡されるデータレコードに新しいフィールドが追加されると、その新しいフィールドを扱うすべてのサービスを変更することになるだろう。また、データの解釈についても強く合意しておかなければいけない。したがって、サービスはデータレコードと強く結び付いているということであり、結果として、間接的ではあるが相互に結び付いているのである。

明確に定義されたインターフェイスに関しては、確かに真実ではあるが、それは関数も同様である。サービスのインターフェイスは、関数と比べると、形式的なものではなく、厳密なものではなく、明確に定義されているものでもない。こうしたメリットは、明らかに幻想である。

誤った開発とデプロイの独立

サービスのもうひとつのメリットは、専属のチームがサービスを所有・運用することだと言われる。専属のチームは、DevOps の戦略の一環として、サービスの記述・保守・運用に責任を持つ。こうした開発とデプロイの独立性は、**スケーラブル**であるとみなされる。独立して開発およびデプロイが可能なサービスが、数十、数百、数千あれば、大規模なエンタープライズシステムが構築できると信じられている。システムの開発・保守・運用についても、同程度の数の独立したチームに分割することができると信じられている。

ここには正しいことも含まれている。だが、ごく一部である。歴史的に見ると、大規模なエンタープライズシステムは、モノリシックなシステムやコンポーネントベースのシステムでも構築できる。サービスだけがスケーラブルなシステムを構築する唯一の選択肢ではない。

それから、誤った分離により、サービスは必ずしも独立して開発・デプロイ・運用できるとは限らないことがわかる。データや振る舞いが結び付いている限り、開発・デプロイ・運用には調整が必要なのである。

子猫の問題

この 2 つの誤りの例として、タクシー配車システムをもう一度見てみよう。このシステムは、ある都市のタクシー会社をいくつも把握しており、顧客が配車を注文できるというものだった。顧客は、乗車時間、料金、豪華さ、運転手の経験など、いくつかの条件でタクシーを選択できるものとしよう。

システムをスケーラブルにしたかったので、小さなマイクロサービスをたくさん用意して構築することにした。そして、開発スタッフを多くの小規模チームに分割し、対応するサービスを開発・保守・運用を担当してもらうようにした[1]。

図 27-1 は、架空のアーキテクトがこのアプリケーションを実装するために、サービスをどのように構成したかを示している。TaxiUI サービスは、モバイルデバイスを使用してタクシーを発注する顧客を扱う。TaxiFinder サービスは、さまざまな TaxiSupplier（タクシー業者）を

1 　したがって、マイクロサービスの数とプログラマの人数はほぼ同じである。

第 27 章 サービス：あらゆる存在

調べ、ユーザーの条件に合ったタクシーの候補を決定する。そして、ユーザーにひも付けられた短期間のデータレコードに保管する。TaxiSelector サービスは、ユーザーの指定した料金、時間、豪華さなどの条件を受け取り、候補のなかから適切なタクシーを選択する。選択したそのタクシーを TaxiDispatcher サービスに渡し、そこでタクシーを発注する。

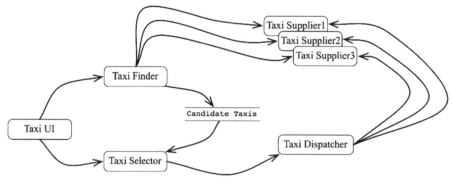

図 27-1　タクシー配車システムを実装するサービスの構成

　このシステムがすでに 1 年以上稼働しているとしよう。開発スタッフたちは、すべてのサービスを保守・運用しながら、新しい機能を喜んで開発している。

　ある晴れた日のこと、マーケティング部門は開発チームとミーティングを開いた。このミーティングでは、子猫宅配サービスを開始する計画があることが発表された。ユーザーは自宅や事業所に子猫の宅配を注文することができるのだ。

　市内にいくつかの子猫収集地点を設置して、宅配の注文が入ったら、近くにいるタクシーが収集地点から子猫を選び、注文された住所に子猫を届けるのである。

　ひとつのタクシー業者がこのプログラムに賛同してくれた。残りもいずれ賛同してくれるだろう。だが、賛同しない業者もいるだろう。

　運転手のなかには猫アレルギーの人もいるはずだ。その運転手はこのサービスを担当すべきではない。また、タクシーの乗客のなかにも猫アレルギーの人はいるだろうから、子猫の宅配に使ったタクシーは、その後 3 日間は猫アレルギーの顧客を乗せないようにしたい。

　ここでサービスの図を見てほしい。この機能を実装するために、どれだけのサービスを変更しなければいけないだろうか？　**すべてだ**。子猫機能の開発とデプロイは、明らかに慎重に調整する必要がある。

　言い換えると、サービスはすべて結合されており、独立して開発・デプロイ・保守することはできないのである。

これは「横断的関心事」の問題である。あらゆるソフトウェアシステムは、サービス指向であろうとなかろうと、この問題に直面することになる。図 27-1 のサービス図のような機能分割は、すべての動作に影響を与える新機能の追加に対して非常に弱い。

救世主のオブジェクト

コンポーネントベースのアーキテクチャでは、この問題をどのように解決できたのだろうか？

SOLID の設計原則を慎重に検討していれば、新機能をポリモーフィックに扱う一連のクラスを作成することができたはずだ。

図 27-2 は、この戦略を示している。この図にあるクラスは、図 27-1 のサービスにも対応している。ただし、境界に注意してほしい。また、依存性のルールに従った依存関係にも注意してほしい。

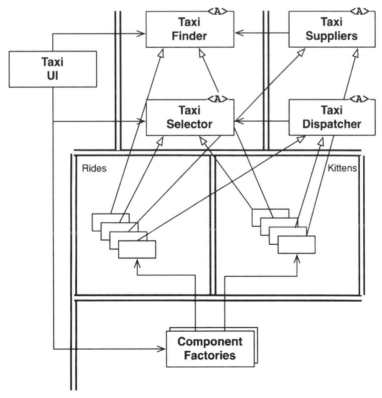

図 27-2　横断的関心事に対応するオブジェクト指向のアプローチ

元のサービスのロジックの大部分は、オブジェクトモデルのベースクラスに保持されている。だが、乗車に固有のロジックは、Rides コンポーネントに抽出されている。子猫の新機能は、Kittens コンポーネントに置かれている。これらの2つのコンポーネントは、**Template Method** や **Strategy** などのパターンを使用して、元のコンポーネントの抽象ベースクラスをオーバーライドしている。

新しいコンポーネントである Rides と Kittens の2つは、依存性のルールに従っていることに注目してほしい。これらの機能を実装するクラスは、UI の制御下にある **Factory** によって作成されることにも注目してもらいたい。

このスキームでは、子猫機能を実装するときに TaxiUI を変更する必要がある。だが、ほかに変更するものはない。新しい jar ファイル、Gem、DLL などをシステムに追加することになるが、それらは実行時に動的に読み込まれる。

したがって、子猫の機能は分離され、独立して開発・デプロイが可能である。

コンポーネントベースのサービス

「これをサービスで実現できるのか？」と疑問に思うだろう。答えは「もちろん！」だ。サービスはモノリシックである必要はない。SOLID の原則を使用してサービスを設計し、コンポーネントの構造を与えておけば、サービスに含まれる既存のコンポーネントを変更することなく、新しいコンポーネントを追加できる。

Java で作られたサービスは、1つ以上の jar ファイルに含まれた抽象クラスの集まりであると考えられる。新機能や機能拡張が必要なときは、jar ファイルを追加すればいい。そこには、最初の jar ファイルの抽象クラスを拡張するクラスが含まれる。新機能のデプロイは、サービスを再デプロイするのではなく、新しい jar ファイルをロードパスに**追加する**だけになる。言い換えれば、新機能の追加は、オープン・クローズドの原則（OCP）に準拠している。

図 27-3 のサービス図は、こうした構造を示している。以前と同じようにサービスが存在しているが、それぞれに内部コンポーネントの設計があり、新機能を新しい派生クラスとして追加することができる。これらの派生クラスは、それぞれのコンポーネントの内部に存在する。

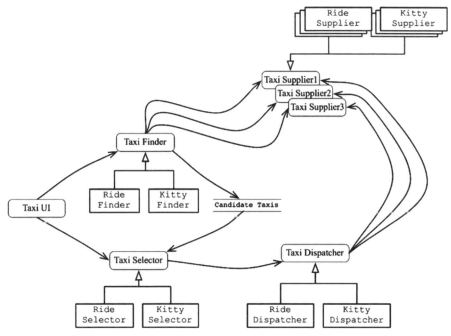

図 27-3　各サービスには内部コンポーネントの設計があり、新機能を新しい派生クラスとして追加することができる

横断的関心事

　我々が学んだのは、アーキテクチャの境界はサービスとサービスの**中間**に位置するわけではないということだ。アーキテクチャの境界は、サービスを**横断**することで、コンポーネントに分割しているのである。

　横断的関心事に対応するために、サービスは依存性のルールに従った内部コンポーネントのアーキテクチャと一緒に設計する必要がある（**図 27-4**）。サービスがシステムのアーキテクチャの境界を定義しているのではなく、サービス内部のコンポーネントがそれを定義しているのである。

235

第27章　サービス：あらゆる存在

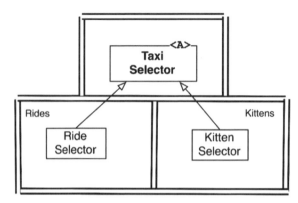

図 27-4　サービスは依存性のルールに従った内部コンポーネントのアーキテクチャと一緒に設計する必要がある

まとめ

　サービスは、システムのスケーラビリティや開発の利便性に対しては有用だが、アーキテクチャにおいては重要な要素ではない。システムのアーキテクチャは、システム内の境界と、境界を越える依存性によって定義される。アーキテクチャは、要素の通信や実行の物理的な仕組みで定義されるわけではない。

　サービスは、アーキテクチャの境界に囲まれたひとつのコンポーネントの場合もある。あるいは、アーキテクチャの境界で分割された、複数のコンポーネントで構成されている可能性もある。めったにないが[2]、アーキテクチャ的に意味をなさないほどクライアントとサービスが密接に結びついていることもある。

---

[2]　めったにないと思いたいが、場合によってはよく経験することかもしれない。

テスト境界 第28章

　そうだ、**テストはシステムの一部**だ。システムのほかの部分と同様に、テストもアーキテクチャに関与している。いくつかの点において、その関与はごく当たり前のものだが、いくつかの点において、その関与は非常に独特なものである。

システムコンポーネントとしてのテスト

　テストにはかなり混乱が見られる。システムの一部なのか？　システムから切り離されているのか？　テストにはどのような種類があるのか？　ユニットテストとインテグレーションは違うのか？　受け入れテストは？　機能テストは？　Cucumber のテストは？　TDD のテストは？　BDD のテストは？　コンポーネントテストは？
　そうした議論に巻き込まれるのが本書の役割ではない。幸いなことに、そうした議論は不要だ。アーキテクチャの観点からすると、すべてのテストは同じだ。TDD で作る小さなテストでも、FitNesse の大きなテストでも、Cucumber や SpecFlow や JBehave のテストでも、アーキ

テクチャにおいてはすべて同じである。

テストは、その性質上、依存性のルールに従う。テストは、非常に詳細で具体的であり、テストするコードに対して常に依存している。実際、テストはアーキテクチャの円の最も外側にあると考えることができる。システムに含まれるものはテストに依存しておらず、常にテストのほうがシステムのコンポーネントに依存している。

テストも独立してデプロイ可能である。ほとんどの場合、プロダクションシステムではなく、テストシステムにデプロイされる。したがって、独立したデプロイが不要なシステムであっても、テストは依然として独立してデプロイできる。

テストは、最も独立したシステムコンポーネントである。システムの運用には不要だ。ユーザーが使うものでもない。テストの役割は運用ではなく、開発をサポートすることだ。それでも、ほかと同じシステムコンポーネントである。実際、多くの点において、そのほかのすべてのシステムコンポーネントが従うべきモデルを表している。

テスト容易性のための設計

テストを極端に分離しすぎてしまうと、普段からあまりデプロイしないことが重なって、開発者はテストをシステムの設計の外側にあるものと考えてしまう。これは破滅的な見方だ。テストをシステムの設計にうまく統合しないと、不安定なものになる。システムは硬直化し、変更は困難になるだろう。

もちろん問題は結合である。システムと強く結合したテストは、システムに合わせて変化する必要がある。システムコンポーネントに対する小さな変更であっても、結合した多くのシステムが壊れたり、変更が必要になったりする。

こうした状況は深刻化する可能性がある。共通のシステムコンポーネントを変更すると、何百や何千というテストが壊れる可能性がある。これは、**脆弱なテストの問題**（Fragile Tests Problem）と呼ばれている。

これがどのように起きるかを経験するのは難しいことではない。たとえば、GUIを使用してビジネスルールを検証するテストスイートを想像してみてほしい。このようなテストは、ログイン画面から始まり、特定のビジネスルールをチェックできるまでページを移動していくことになるだろう。途中でログインページやナビゲーションの構造を変更すると、膨大な数のテストが壊れる可能性がある。

脆弱なテストは、システムを硬直化させるという悪影響を及ぼす。システムを少し変更しただけで大量のテストが失敗するとなると、開発者は変更するのをためらうだろう。たとえば、マーケティングチームが簡単なナビゲーション構造の変更を依頼してきたとしよう。その変更

によって、1,000個のテストが破壊されるとする。このときのマーケティングチームと開発チームとの会話を想像してみよう。

解決策は、テスト容易性の設計にある。ソフトウェア設計の第一のルールは、その理由がテスト容易性だろうと何だろうと、常に同じである。それは、**変化しやすいものに依存しない**だ。GUIは変化しやすい。GUIを使用してシステムを操作するテストスイートは**脆弱**である。したがって、GUIを使用しなくてもビジネスルールのテストができるように、システムとテストを設計しなければいけない。

テストAPI

この目的を達成するには、テストから使用できるAPIを作成して、すべてのビジネスルールを検証できるようにすればいい。このAPIには、テストからセキュリティ制約を取り除き、コストの高いリソース（データベースなど）をバイパスし、システムをテスト可能な状態にする「スーパーパワー」が必要である。このAPIは、ユーザーインターフェイスが使用する**インタラクター**および**インターフェイスアダプター**のスーパーセットになる。

テストAPIの目的は、テストをアプリケーションから分離することである。この分離は、UIからテストを切り離すことだけではない。アプリケーションの**構造**からテストの**構造**を切り離すことが目的である。

構造的結合

構造的結合は、最も強く、最も油断できない、テストの結合の形態である。すべてのクラスのテストクラスと、すべてのメソッドのテストメソッドを含んだテストスイートを想像してほしい。このようなテストスイートは、アプリケーションの構造と深く結び付いている。

プロダクションのクラスやメソッドが変更されると、大量のテストを変更することになる。その結果として、テストは脆弱になり、プロダクションコードは硬直化していく。

テストAPIの役割は、アプリケーションの構造をテストから隠すことである。これにより、テストに影響を与えることなく、プロダクションコードをリファクタリングして進化させることができる。また、プロダクションコードに影響を与えることなく、テストをリファクタリングして進化させることができる。

このような進化の分離が必要なのは、時間が経つにつれて、テストは具体的かつ個別化する傾向があるからだ。それとは対照的に、プロダクションコードは抽象的かつ一般化する傾向がある。構造的結合が強いと、こうした進化の分離が妨げられる。そして、本来ならば一般化さ

239

れ、柔軟であったプロダクションコードが、そうではなくなってしまう。

セキュリティ

　テスト API のスーパーパワーは、プロダクションシステムにデプロイされると危険である。したがって、テスト API とその危険な実装部分は、独立してデプロイ可能な個別のコンポーネントに入れておく必要がある。

まとめ

　テストはシステムの外側ではない。安定度やリグレッションのメリットを提供するのであれば、テストもうまく設計すべきシステムの一部である。システムの一部として設計されていないテストは、脆弱で保守が難しくなる傾向がある。保守が難しいので、メンテナンスルームに廃棄されることもよくある。

第29章 クリーン組込みアーキテクチャ

執筆：James Grenning

しばらく前に、Doug Schmidt のブログで「The Growing Importance of Sustaining Software for the DoD（国防総省のソフトウェアを維持する重要性の高まり）」[1] という記事を読んだ。その記事のなかで、Doug は以下のような主張をしている。

ソフトウェアは消耗しないが、ファームウェアやハードウェアは時代遅れになる。その結果、ソフトウェアの変更が必要になる。

目の前が開けた瞬間だった。Doug は明確な 2 つの用語を使っていた（のだが、それまでの私にとっては、明確ではなかったのだ）。**ソフトウェア**は長寿の代物だが、ハードウェアの進化に伴い、**ファームウェア**は時代遅れになる。これまでに組込みシステムの開発の経験があれば、ハードウェアが絶え間なく進化・改善していくことはご存じだろう。それと同時に、新し

---

[1] https://insights.sei.cmu.edu/sei_blog/2011/08/the-growing-importance-of-sustaining-software-for-the-dod.html

い「ソフトウェア」に機能が追加され、絶え間なく複雑性が増加していくのである。

Dougの言葉に以下の文を追加したい。

ソフトウェアは消耗しないが、管理できていないファームウェアやハードウェアの依存関係により、ソフトウェアが内部から破壊される可能性がある。

ハードウェアの依存関係に影響されてしまうため、組込みソフトウェアが長寿にならないこともめずらしくはない。

私は、Dougのファームウェアの定義が好きだ。だが、ほかの定義も見てみよう。以下のようなものが見つかった。

- ファームウェアは、ROM、EPROM、フラッシュメモリなどの不揮発性メモリデバイスに保存されたものである。(https://en.wikipedia.org/wiki/Firmware)
- ファームウェアは、ハードウェアデバイスにプログラムされたソフトウェアプログラムまたは命令セットである。(https://techterms.com/definition/firmware)
- ファームウェアは、ハードウェアに組み込まれたソフトウェアである。(https://www.lifewire.com/what-is-firmware-2625881)
- (ファームウェアは) 読み取り専用メモリ (ROM) に書き込まれたソフトウェア (あるいはプログラムやデータ) である。(http://www.webopedia.com/TERM/F/firmware.html)

Dougの文章を読むと、上記のような広く受け入れられているファームウェアの定義が間違っている (少なくとも時代遅れになっている) ことがわかる。ファームウェアとは、ROMに存在するコードを意味するものではない。ファームウェアは、格納されている場所ではなく、それが何に依存しているのか、ハードウェアの進化に合わせてどれだけ変化しにくいかで決まる。ハードウェアは進化しているのだ (手元の携帯電話を見ればわかるだろう)。したがって、そのことを考慮しながら、組込みコードを構造化する必要がある。

私は、ファームウェアやファームウェアのエンジニアに対して敵対心を持っているわけではない (自分でファームウェアを書いていたこともあるくらいだ)。だが、本当に必要とされるのは、ファームウェアを少なくして、ソフトウェアを多くすることだ。事実、私はファームウェアのエンジニアが書くべきファームウェアが多すぎることに絶望している！

組込みエンジニアではないエンジニアもファームウェアを書いているのだ！　コードにSQLを埋め込んだり、プラットフォームの依存性を広げたりするたびに、実質的にファームウェアを書いているのである。Androidアプリの開発者は、Android APIとビジネスロジックを分離できていなければ、ファームウェアを書いていることになる。

プロダクトコード（ソフトウェア）とハードウェアとやり取りするコード（ファームウェア）の境界線は、存在しないのではないかと思えるほどあいまいである。私はこのことに多くの労力を費やしてきた。たとえば、1990年代後半には、TDM（Time-Division Multiplexing）からVoIP（Voice over IP）に移行する通信サブシステムの再設計を手伝っていた。VoIPは現在でも活躍しているが、TDMは1950年代から1960年代の先端技術であり、1980年代から1990年代に広く導入されたものだ。

ある状況における呼び出しの応答についてシステムエンジニアに質問すると、しばらく姿を消してから、詳細な答えを持って帰ってきた。「どこで答えを手に入れたのか？」と聞くと「現行のプロダクトのコードから」という答えが返ってきた。絡み合ったレガシーコードが、新しいプロダクトの仕様だったのだ！　既存の実装では、TDMと呼び出しのビジネスロジックが分離されていなかった。プロダクト全体がハードウェアや技術に完全に依存しており、絡み合ったものを解きほぐすことができなかった。そして、そのプロダクト全体が、実質的にファームウェアとなった。

別の例を考えてみよう。コマンドメッセージはシリアルポート経由でこのシステムに届く。当然のことながら、そこにはメッセージのプロセッサとディスパッチャがある。プロセッサは、メッセージのフォーマットを認識し、それを読み取り、要求を処理できるコードにディスパッチする。驚くところは特にないが、プロセッサとディスパッチャは、UART[2]とやり取りするコードに同居している。つまり、プロセッサはUARTの詳細に汚染されているのだ。プロセッサは寿命の長いソフトウェアになれた可能性もあるが、ここではファームウェアとなっている。ソフトウェアになる機会を拒否されたのだ。こんなの絶対おかしいよ！

私はソフトウェアとハードウェアを分離する必要性を長年認識してきたが、Dougの言葉によって、**ソフトウェア**と**ファームウェア**という用語を両者の関係性のなかで使うことがわかった。

エンジニアやプログラマに対して伝えるべきことは明らかである。ファームウェアをあまり書かないようにして、寿命を長くする機会をコードに与えよう。もちろん望むだけではうまくいかない。それでは、組込みソフトウェアのアーキテクチャをクリーンにして、ソフトウェアに寿命の長い人生を送る機会を授ける方法を見ていこう。

適性テスト

なぜ組込みソフトウェアはファームウェアになるのだろうか？　ほとんどの場合、組込みコードを動作させることが重視され、長寿のための構造はあまり重視されていない。Kent Beckが、

2　シリアルポートを制御するハードウェアデバイス。

第 29 章　クリーン組込みアーキテクチャ

ソフトウェアを構築する 3 つの活動について、以下のように説明している（強調は著者による）。

1. まずは、動作させる。**動作しなければ、仕事にならない**。
2. それから、正しくする。**あなたやほかの人たちが理解できるようにコードをリファクタリ**
   ングして、ニーズの変化や理解の向上のためにコードを進化させていく。
3. それから、高速化する。**「必要とされる」パフォーマンスのためにコードをリファクタリ**
   ングする。

　私が見かける組込みシステムソフトウェアの多くは「動作させる」ことを念頭に置いて書か
れている。おそらく「高速化する」という目標のことも考えられているだろう。高速化は、あら
ゆる機会で細かな部分最適化を続けることによって実現するものだからだ。Fred Brooks は、
著書『人月の神話』のなかで「1 つは捨石にするつもりで」と述べている。Kent と Fred は、ほ
とんど同じアドバイスをしている。動作するものを学んでから、よりよいソリューションを生
み出すべきである。

　こうした問題は、組込みソフトウェアだけのことではない。ほとんどのアプリケーションは、
ただ動作するためだけに作られており、長寿となるように正しくコードを作ることはほとんど
考慮されていない。

　アプリを動作させることを、私はプログラマの**適性テスト**（**App-titude test**）と呼んでいる。
だが、アプリを動作させることだけに関心を持つプログラマ（組込みプログラマかどうかを問
わない）は、プロダクトや雇用主に不利益を与えている。プログラミングとは、アプリをただ
動作させる以上のものなのだ。

　適性テストを通過したコードの例として、小さな組込みシステムの 1 つのファイルに含まれ
る関数を見ていこう。

```
ISR(TIMER1_vect) { ... }
ISR(INT2_vect) { ... }
void btn_Handler(void) { ... }
float calc_RPM(void) { ... }
static char Read_RawData(void) { ... }
void Do_Average(void) { ... }
void Get_Next_Measurement(void) { ... }
void Zero_Sensor_1(void) { ... }
void Zero_Sensor_2(void) { ... }
void Dev_Control(char Activation) { ... }
char Load_FLASH_Setup(void) { ... }
void Save_FLASH_Setup(void) { ... }
```

244

```
void Store_DataSet(void) { ... }
float bytes2float(char bytes[4]) { ... }
void Recall_DataSet(void) { ... }
void Sensor_init(void) { ... }
void uC_Sleep(void) { ... }
```

この関数のリストは、ソースファイルで見つかった順番になっている。これを関心事でグループ化してみよう。

- ドメインロジックを含んだ関数

```
float calc_RPM(void) { ... }
void Do_Average(void) { ... }
void Get_Next_Measurement(void) { ... }
void Zero_Sensor_1(void) { ... }
void Zero_Sensor_2(void) { ... }
```

- ハードウェアプラットフォームを設定する関数

```
ISR(TIMER1_vect) { ... }
ISR(INT2_vect) { ... }
void uC_Sleep(void) { ... }
```

- ボタンのオン／オフに反応する関数

```
void btn_Handler(void) { ... }
void Dev_Control(char Activation) { ... }
```

- ハードウェアから読み取った A/D 入力を取得する関数

```
static char Read_RawData(void) { ... }
```

- 永続化ストレージに値を保存する関数

```
char Load_FLASH_Setup(void) { ... }
void Save_FLASH_Setup(void) { ... }
void Store_DataSet(void) { ... }
```

245

第 29 章　クリーン組込みアーキテクチャ

```
float bytes2float(char bytes[4]) { ... }
void Recall_DataSet(void) { ... }
```

● 名前を示していることをやっていない関数

```
void Sensor_init(void) { ... }
```

　このアプリケーションのほかのファイルを見ると、コードの理解を妨げるものがいくつも見つかった。また、このコードのいずれかをテストする唯一の方法が、組込みターゲットにあることを示すファイル構造も見つかった。つまり、このコードのほぼすべてのビットが、特別なマイクロプロセッサのアーキテクチャのことを把握しており、特定のツールチェーンやマイクロプロセッサと結び付いた「拡張された」Cの構造体[3]を使っていたのである。このプロダクトを別のハードウェア環境に移植する可能性がある限り、コードが長寿になる方法は残されていない。

　このアプリケーションは確かに動作している。エンジニアは適性テストを通過している。だが、このアプリケーションは「クリーン組込みアーキテクチャ」になっているとは言えない。

ターゲットハードウェアのボトルネック

　組込み開発者は、その他の開発者が扱わない多くの懸念事項に対応する必要がある。たとえば、制限されたメモリ空間、リアルタイムの制約と期限、制限された IO、一般的ではないユーザーインターフェイス、センサーや現実世界との接続などだ。ほとんどの場合、ハードウェアはソフトウェアやファームウェアと同時に開発されている。こうしたシステムを開発するエンジニアは、コードを実行できないことがある。ハードウェアが手に入り、コードを実行できたとしても、ハードウェアに欠陥があることが多い。ソフトウェア開発の進捗は通常よりも遅くなるだろう。

　そう、組込みは特別なのだ。組込みエンジニアも特別だ。だが、組込み開発は**それほど特別**ではない。本書の原則は組込みシステムにも適用できる。

　組込みの特別な問題に**ターゲットハードウェアのボトルネック**がある。クリーンアーキテクチャの原則やプラクティスを適用せずに組込みコードを構成すると、そのターゲットでしかコー

3　シリコンプロバイダーは、C 言語からレジスタや IO ポートに簡単にアクセスできるように、C 言語にキーワードを追加している。残念ながら、そうしたコードはもはや C 言語ではない。

246

ドをテストできない状況になる。その結果、開発速度が低下してしまうだろう。

クリーン組込みアーキテクチャはテスト可能な組込みアーキテクチャ

ターゲットハードウェアのボトルネックを解消するために、組込みソフトウェアやファームウェアにアーキテクチャの原則を適用する方法を見ていこう。

レイヤー

レイヤーにはさまざまな種類がある。まずは、図 29-1 にある 3 つのレイヤーから見ていこう。一番下にはハードウェアがある。Doug が警告しているとおり、技術の進歩とムーアの法則によって、ハードウェアは変化する。パーツは古くなっていく。新しいパーツのほうが、消費電力は少なく、パフォーマンスは高く、安価である。理由は何であれ、ハードウェアの必然的な変化が起きたときに、私は組込みエンジニアとして、必要以上に仕事が増えることを望んでいない。

図 29-1　3 つのレイヤー

ハードウェアとそれ以外との分離は、少なくともハードウェアが定義されているならば、明らかになっていることだ（図 29-2）。だが、適性テストを通過するときに、このあたりで問題がよく発生する。すべてのコードからハードウェアの知識の汚染を取り除くものが存在しないからだ。どこに何を置くのか、ほかのモジュールについてどこまで知るべきかを注意深く決めなければ、コードの変更は非常に難しいものとなる。それは、ハードウェアが変化したときだけではない。ユーザーからの変更や修正すべきバグがあったときなども含まれる。

ソフトウェアとファームウェアを混ぜるのはアンチパターンである。このアンチパターンのあるコードは変更しにくい。また、変更は危険であり、意図しない結果につながることが多い。ちょっとした変更についても、システム全体の完全な回帰テストが必要になる。手動テストが

第 29 章　クリーン組込みアーキテクチャ

図 29-2　ハードウェアとシステムのそれ以外の部分は分離すべき

飽きることを予想して、インストルメント化されたテストを外部から作れるようにしておかなければ、新しいバグレポートが作成されるだろう。

ハードウェアは詳細

　ソフトウェアとファームウェアの境界線は、コードとハードウェアの境界線と違い、うまく定義できるものではない（図 29-3）。

図 29-3　ソフトウェアとファームウェアの境界線は、コードとハードウェアの境界線と違い、あいまいである

　組込みソフトウェアの開発者の仕事には、この境界線を明確にすることも含まれる。ソフトウェアとファームウェアの境界は、ハードウェア抽象化レイヤー（HAL: Hardware Abstraction Layer）と呼ぶ（図 29-4）。これは新しい考え方ではない。Windows 以前の時代から PC の世界に存在するものだ。

　HAL はその上に置かれたソフトウェアのために存在する。HAL の API はソフトウェアの必要性に合わせて調整すべきである。たとえば、ファームウェアはバイトやバイトの配列をフラッシュメモリに格納することができる。一方、アプリケーションは名前と値のペアを何らかの永

248

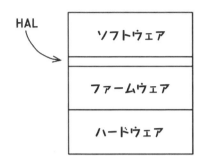

図 29-4　ハードウェア抽象化レイヤー（HAL）

続化メカニズムに格納して読み取る必要がある。この場合、ソフトウェアは、その名前と値のペアがどこに保存されるのか（フラッシュメモリなのか、回転ディスクなのか、クラウドなのか、コアメモリなのか）を知る必要はない。HAL はサービスを提供するものであり、それがどのように機能するかをソフトウェアに明らかにすることはない。フラッシュメモリの実装は、ソフトウェアから隠すべき詳細なのである。

別の例として、GPIO ビットに接続されている LED を考えてみよう。ファームウェアは、GPIO ビットへのアクセスを提供している。HAL は、たとえば Led_TurnOn(5) を提供することになるだろう。これはかなり低レベルなハードウェア抽象化レイヤーである。それでは、抽象レベルをハードウェアの観点から、ソフトウェアやプロダクトの観点まで引き上げてみよう。LED は何を示しているのだろうか？　たとえば、バッテリーの低下を示しているとしよう。ファームウェア（またはボードサポートパッケージ）でも Led_TurnOn(5) は提供できるだろう。その場合、HAL は Indicate_LowBattery() を提供することになるだろう。HAL はアプリケーションが必要とするサービスであると考えられる。また、レイヤーにレイヤーが含まれていることがわかるだろう。事前に定義されたレイヤーというよりも、フラクタルなパターンが繰り返されているのである。GPIO の割り当ては、ソフトウェアから隠しておくべき詳細だ。

ハードウェアの詳細はHALのユーザーに明らかにしない

クリーン組込みアーキテクチャのソフトウェアは、ターゲットハードウェアを**オフ**にしたテストが可能である。HAL をうまく作れば、オフターゲットのテストを簡単にする継ぎ目や置換点ができる。

プロセッサは詳細

組込みアプリケーションが特殊なツールチェーンを使用している場合、「<i> 便利な </i>」

第 29 章　クリーン組込みアーキテクチャ

ヘッダーファイルが提供されていることがある[4]。こうしたコンパイラは、C 言語を勝手に変更して、プロセッサの機能にアクセスするキーワードを追加している。C 言語のように見えるかもしれないが、そのコードはもはや C 言語ではない。

　ベンダー提供の C コンパイラは、プロセッサのレジスタ、IO ポート、クロックタイマ、IO ビット、割り込みコントローラー、そのほかのプロセッサ機能に直接アクセスするために、グローバル変数のようなものを提供することがある。これらの機能に簡単にアクセスできるのは便利だが、便利な機能を使っているコードは「もはや C 言語ではない」。別のプロセッサ用にコンパイルできないだろうし、同じプロセッサであっても別のコンパイラでは動かない可能性がある。

　シリコンとツールのプロバイダーが、あなたのプロダクトをコンパイラから切り離せないようにしている、などと私は考えたくない。疑わしきは罰せず。彼らは本当に役に立ちたいと思っていると考えよう。それを将来的に困らないようにいかに使うかは、あなた次第である。拡張された C 言語のことを知るファイルを制限したほうがいいだろう。

　では、ACME 社製の DSP のヘッダーファイルを見てみよう（ワイリー・コヨーテが使っていたアレだ）。

```
#ifndef _ACME_STD_TYPES
#define _ACME_STD_TYPES

#if defined(_ACME_X42)
    typedef unsigned int Uint_32;
    typedef unsigned short Uint_16;
    typedef unsigned char Uint_8;
    typedef int Int_32;
    typedef short Int_16;
    typedef char Int_8;

#elif defined(_ACME_A42)
    typedef unsigned long Uint_32;
    typedef unsigned int Uint_16;
    typedef unsigned char Uint_8;
    typedef long Int_32;
    typedef int Int_16;
    typedef char Int_8;
#else
    #error <acmetypes.h> is not supported for this environment
#endif
```

4　意図的に HTML を使用している。

```
#endif
```

acmetypes.h ヘッダーファイルを直接使用するべきではない。直接使用すると、あなたのコードが ACME DSP に結び付けられてしまう。ACME DSP を使っているのだから、別に問題ないのではないか？　と思うかもしれない。だが、このヘッダーを含めない限り、コードをコンパイルできなくなることが問題だ。ヘッダーを使用して_ACME_X42 や_ACME_A42 を定義した場合、オフターゲットでコードをテストしようとすると、整数が間違ったサイズになってしまう。それくらいなら問題ないと思っていると、ある日、アプリケーションを別のプロセッサに移植することになるだろう。ポータビリティを選ばなかったために、ACME について知るファイルを制限しなかったために、その移植作業は困難を極めるのである。

acmetypes.h を使用する代わりに、stdint.h を使用して、もっと一般的な道筋を歩むべきである。だが、ターゲットコンパイラが stdint.h を提供していない場合はどうだろうか？　このヘッダーファイルを自分で書けばいい。ターゲットビルド用に書いた stdint.h は、ターゲットコンパイルのための acmetypes.h を使用する。

```
#ifndef _STDINT_H_
#define _STDINT_H_

#include <acmetypes.h>

typedef Uint_32 uint32_t;
typedef Uint_16 uint16_t;
typedef Uint_8 uint8_t;

typedef Int_32 int32_t;
typedef Int_16 int16_t;
typedef Int_8 int8_t;

#endif
```

組込みソフトウェアやファームウェアから stdint.h を使用すると、コードがクリーンになり、ポータビリティを確保できる。すべての**ソフトウェア**はプロセッサに依存しないようにすべきだが、すべての**ファームウェア**にはそれができない。以下のスニペットは、マイクロコントローラーの周辺機器にアクセスできる C 言語の拡張を利用している。内蔵周辺機器を使用できるように、プロダクトからマイクロコントローラーを使用しているのだろう。この関数は、"hi"という行をシリアル出力ポートに出力するものだ（実際に存在するコードを参考にした）。

第29章 クリーン組込みアーキテクチャ

```c
void say_hi()
{
  IE = 0b11000000;
  SBUF0 = (0x68);
  while(TI_0 == 0);
  TI_0 = 0;
  SBUF0 = (0x69);
  while(TI_0 == 0);
  TI_0 = 0;
  SBUF0 = (0x0a);
  while(TI_0 == 0);
  TI_0 = 0;
  SBUF0 = (0x0d);
  while(TI_0 == 0);
  TI_0 = 0;
  IE = 0b11010000;
}
```

　この小さな関数には多くの問題がある。すぐに目にとまるのは 0b11000000 の存在だろう。このバイナリの表記はカッコよさげだが、C 言語で書けるのだろうか？　残念ながら、C 言語では書けない。そのほかのいくつかの問題も、C 言語の拡張を利用したコードに関連している。

- IE：割り込み可能なビット。
- SBUF0：シリアル出力バッファ。
- TI_0：シリアル送信バッファエンプティ割り込み。1 を読み出すと、バッファが空であることを示す。

　大文字の変数は、マイクロコントローラーの内蔵周辺機器に実際にアクセスする。割り込みの制御や文字を出力したい場合は、これらの周辺機器を使用する必要がある。確かに便利だが、これは C 言語ではない。

　クリーン組込みアーキテクチャでは、これらのデバイスアクセスレジスタを限られた場所から使用して、完全に**ファームウェア**に閉じ込めておく。レジスタを知っているのは**ファームウェア**になる。その結果、シリコンに結び付けられる。コードがプロセッサに結び付くと、安定したハードウェアを手に入れる前にコードを動かすときに困る。また、組込みアプリケーションを新しいプロセッサに移植するときにも困ったことになる。

　マイクロコントローラーを使用するときは、こうした低レベル機能を**プロセッサ抽象化レイヤー**（PAL: Processor Abstraction Layer）でファームウェアから分離しておく。PAL の上に

252

あるファームウェアは、少しだけ安定性に欠けるが、オフターゲットでテストできる。

OSは詳細

HAL は必要だが、それで十分だろうか？　純粋な組込みシステムでは、HAL だけでコードを動作環境から切り離すことができる。だが、リアルタイム OS（RTOS）や組込み版の Linux や Windows を使うシステムはどうだろうか？

組込みコードの寿命を延ばすには、OS を詳細として扱い、OS の依存関係から身を守る必要がある。

ソフトウェアは、OS を経由して動作環境のサービスにアクセスする。OS はソフトウェアをファームウェアから分離するレイヤーである（図 29-5）。OS を直接使用すると、問題が発生する可能性がある。たとえば、RTOS の会社が買収され、ロイヤルティが上がったり、品質が下がったりするかもしれない。必要な機能が RTOS にない場合はどうするだろうか？　新しい OS の API の変更に合わせて、単に構文を書き換えるだけではなく、さまざまな機能やプリミティブに合わせて意味的に適応させながら、多くのコードを修正することになるだろう。

図 29-5　OS を追加する

クリーン組込みアーキテクチャでは、**OS 抽象化レイヤー**（OSAL: Operating System Abstraction Layer）でソフトウェアを OS から分離する（図 **29-6**）。このレイヤーの実装は、関数の名前を変更するだけの簡単な場合もあれば、いくつかの関数をまとめてラップすることもある。

ほかの RTOS にソフトウェアを移植したことがあれば、それがどれだけ大変なことかをわかっているだろう。ソフトウェアが OS ではなく OSAL に依存していれば、互換性のある新しい OSAL を作成するだけでいい。既存の複雑なコードを修正するほうがいいだろうか？　そ

第 29 章 クリーン組込みアーキテクチャ

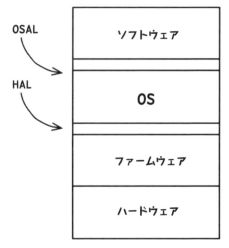

図 29-6　OS 抽象化レイヤー（OSAL）

れとも、決められたインターフェイスや動作に合わせて新規にコードを書くほうがいいだろうか？　これは引っ掛けの質問ではない。私なら後者を選ぶ。

　コードが膨れ上がることを心配しているかもしれない。だが実際には、このレイヤーは OS を使用する重複部分だ。これが大きな負担になることはない。OSAL を定義すると、アプリケーションに共通の構造を持たせることもできる。すべてのスレッドで並列モデルを用意するのではなく、メッセージパッシングの仕組みを提供することも可能になる。

　ソフトウェアレイヤーの価値のあるアプリケーションコードをオフターゲットおよび OS なしでテストできるように、OSAL でテストポイントを用意することもできる。クリーン組込みアーキテクチャのソフトウェアでは、ターゲットの OS なしにテスト可能である。OSAL をうまく作れば、オフターゲットのテストを簡単にする継ぎ目や置換点ができる。

インターフェイスに対するプログラミングと代替可能性

　主なレイヤー（ソフトウェア、OS、ファームウェア、ハードウェア）に HAL や OSAL を追加するだけでなく、本書で説明している原則も適用できる（適用すべきである）。これらの原則は、関心事の分離、インターフェイスに対するプログラミング、代用可能性を促進する。

　レイヤードアーキテクチャの考えは、インターフェイスに対するプログラミングの考え方にもとづいている。あるモジュールがインターフェイス経由で別のモジュールとやり取りしているなら、サービスプロバイダーを別のものに置き換えることができる。たとえば、開発用に独自の小さな printf を作った経験のある読者も多いだろう。独自の printf が標準の printf と同じインターフェイスを持っていれば、サービスをオーバーライドして置き換えることができ

るのだ。

　基本的なルールとして、インターフェイスの定義にはヘッダーファイルを使うというものがある。ただし、その場合には何をヘッダーファイルに入れるかに注意すべきだ。ヘッダーファイルの内容は、関数宣言と関数が必要とする定数や構造体の名前だけに制限すべきだ。

　インターフェイスヘッダーファイルに実装に必要なデータ構造、定数、typedef を含めてごちゃごちゃさせてはいけない。ごちゃごちゃすることだけが問題ではない。それによって、不要な依存関係ができてしまうのだ。実装の詳細の可視性を制限しよう。実装の詳細は変更されると考えよう。コードが細部を知る場所を少なくしておけば、それだけコードを追跡・修正する場所も少なくなる。

　クリーン組込みアーキテクチャでは、モジュールはテスト可能である。インターフェイス経由でやり取りしているからだ。インターフェイスは、オフターゲットのテストを簡単にする継ぎ目や置換点を提供する。

DRYな条件付きコンパイル命令

　見過ごされがちな代用可能性として、組込みの C/C++ のプログラムが複数のターゲットや OS を扱う方法がある。コードのセグメントをオン／オフするために、条件付きコンパイルを使用するというものだ。テレコムアプリケーションで何千回も `#ifdef BOARD_V2` を書いていたことを思い出してしまった。

　こうしたコードの繰り返しは、DRY 原則に違反している[5]。`#ifdef BOARD_V2` を一度だけ見かけたとしても、それは問題ではない。**6,000 回**も見かけたら、深刻な問題である。ターゲットハードウェアの種別を識別する条件付きコンパイルは、組込みシステムでは何度も繰り返される。他に対策はあるだろうか？

　HAL を使うのはどうだろうか？　そうすれば、ハードウェアの種別は HAL に隠された詳細になる。条件付きコンパイルではなく、HAL のインターフェイスを使えば、リンカや何らかのランタイムバインディングを使用して、ソフトウェアをハードウェアに接続することができるだろう。

5　Andrew Hunt、David Thomas『達人プログラマー』（オーム社）を参照。

第 29 章　クリーン組込みアーキテクチャ

まとめ

　組込みソフトウェアを開発している人は、組込みソフトウェア以外の経験から多くを学ぶことができる。本書を手にしたあなたが組込み開発者であれば、ソフトウェア開発に関する豊富な知見を発見できるだろう。

　すべてのコードをファームウェアにすると、プロダクトの長期的な健康のためにならない。ターゲットハードウェアでしかテストできないと、プロダクトの長期的な健康のためにならない。クリーン組込みアーキテクチャは、プロダクトの長期的な健康のためである。

詳細 第VI部

（訳注：「詳細」を意味する「detail」には、「些細」という意味もある。本書では「詳細」で統一しているが、両方の意味が含まれることに注意してほしい。）

第30章 データベースは詳細

　アーキテクチャの観点では、データベースはエンティティではない。データベースは詳細であり、アーキテクチャの構成要素として現れることはない。ソフトウェアシステムのアーキテクチャにおけるデータベースの立ち位置は、あなたが住む家におけるドアノブのようなものだ。

　ケンカを売っているように聞こえるかもしれない。実際、論争になったこともある。念のために言っておくが、今話題にしているのはデータモデルのことではない。アプリケーションのデータをどのような構造で扱うかは、システムのアーキテクチャにおいて重要な問題だ。しかし、データベースはデータモデルではない。データベースはひとつのソフトウェアであり、データへのアクセス機能を提供する道具にすぎない。アーキテクチャの観点では、道具のことなど気にしない。それはもっと下位レベルの仕組みの話だ。優れたアーキテクトは、システムのアーキテクチャが下位レベルの仕組みに汚染されることを許さない。

リレーショナルデータベース

1970 年、Edgar Codd がリレーショナルデータベースの原則を定めた。それから 80 年代半ばまでに、リレーショナルモデルは急成長し、データストレージの世界を支配するようになった。普及したのには理由がある。リレーショナルモデルはエレガントで規律があり、堅牢なものだからだ。データストレージとそこへのアクセスの仕組みとして、リレーショナルモデルはすばらしいものだった。

しかし、どんなにすばらしくて、有用で、数学的に妥当だったとしても、リレーショナルデータベースは単なるテクノロジーのひとつにすぎない。それはつまり、リレーショナルデータベースがあくまでも詳細であることを意味する。

リレーショナルテーブルはデータアクセスの手法として便利なものだが、データをテーブルの行として扱うことは、アーキテクチャ的にはどうでもいいことだ。アプリケーションのユースケースはそんなことを気にしないし、気にすべきでもない。データが表形式であるという知識は、下位レベルのユーティリティ関数の世界に閉じ込めておくべきで、それはアーキテクチャの円の外側にある。

データアクセスフレームワークの多くは、データベースの行やテーブルをオブジェクトとして受け渡しできるようになっている。これは、アーキテクチャ的には間違っている。ユースケース、ビジネスルール、そして場合によっては UI までも、リレーショナルデータ構造に縛られてしまうからだ。

なぜデータベースシステムが普及しているのか？

なぜソフトウェアシステムやソフトウェア開発会社が、データベースシステムに支配されているのだろうか？　Oracle や MySQL や SQL Server の何がそんなにすばらしいのだろう？ひとことで言うなら、その答えは「ディスク」だ。

半世紀にわたり、回転する磁気ディスクがデータストレージの主役だった。それ以外のデータストレージを知らない世代のプログラマも多いだろう。最初期のディスクは、直径 48 インチの巨大プラッタを大量に積み上げたもので、重さは数千ポンドで、容量は 20MB だった。それが今では、直径 3 インチで、重さ数グラムの薄い円盤に、TB 級のデータを保持できる。**それはもう劇的な変化**だ。そしてプログラマは、半世紀にわたり、ディスクの技術のある致命的な問題に悩まされてきた。何しろディスクは**遅い**。

ディスクでは、データは円形のトラックに格納される。ひとつのトラックは複数のセクタに

分割できて、それぞれが所定のサイズ（4KBであることが多い）のデータを保持する。ひとつのプラッタには数百トラックを保持できて、十数枚のプラッタを持つことができる。ディスク上の特定のバイトの内容を読みたい場合は、まずヘッドを適切なトラックに移動して、読みたいデータが書かれたセクタが回ってくるまで待ち、そのセクタ全体をRAMに読み込んでから、必要なバイトを取得する必要がある。ここまでの所要時間は数ミリ秒だ。

ミリ秒と聞くと大したことないと感じるかもしれない。だが、一般的なプロセッサのサイクルタイムと比べると百万倍の長さになってしまう。データがディスク以外のところにあれば、ミリ秒どころかナノ秒単位でアクセスできるのだ。

ディスクが原因の遅延を軽減するために、インデックス、キャッシュ、クエリの最適化が必要になる。また、これらがデータを把握するために、データを表現する何らかの手段も必要だ。つまり、データアクセスとデータ管理システムが必要ということになる。その後、このシステムは2種類の方式に分かれていった。ファイルシステムと、リレーショナルデータベース管理システム（RDBMS）だ。

ファイルシステムはドキュメントベースのシステムだ。非常に自然かつ便利な方法で、ドキュメントを保存できる。ただし、ドキュメントの名前を指定して、ドキュメントを保存したり取得したりするだけならうまく機能するが、ドキュメントの中身を検索しようとするとあまり役に立たない。たとえば、login.c というファイルを探すのはたやすいことだが、すべての.c ファイルのなかから変数 x が含まれているものを見つけるというのは難しいし、時間もかかってしまう。

データベースシステムはコンテンツベースである。非常に自然かつ便利な方法で、コンテンツの内容にもとづいてレコードを探せる。コンテンツの一部に同じ内容を含むレコードをすべて探したりすることが得意だ。残念ながら、形式が定まっていないドキュメントを扱う仕組みは貧弱である。

どちらのシステムもデータをディスクで扱っている。求められるアクセス方法に合わせて、効率的にデータの格納や取得ができるようになっている。どちらも独自のインデックス方式やデータ配置方式を使っている。さらに、どちらも最終的にはデータをRAMに載せて扱う。そのほうが高速に操作できるからだ。

もしもディスクがなかったら？

かつては広く普及していたディスクだが、今では絶滅寸前だ。近いうちに、テープドライブ、フロッピー、CDと同じ道を歩むだろう。ディスクは、RAMに取って代わられつつある。

さて、ここで考えてみよう。ディスクが絶滅し、すべてのデータがRAMに格納されるよう

第 30 章　データベースは詳細

になったとき、どのようにデータを扱うだろうか？　表形式にして SQL でアクセスする？　それともファイルとして保存してディレクトリで管理する？

　もちろんそんなことはしないだろう。リンクリスト、ツリー、ハッシュテーブル、スタック、キューなどでデータ構造を表現し、ポインタや参照でデータにアクセスするだろう。だって、**それがプログラマのやり方なのだから**。

　よくよく考えてみれば、すでにこの方法を使っていることに気づくだろう。ファイルシステムのファイルだろうが、データベースのデータだろうが、まずは RAM に読み込んでから、リスト、セット、スタック、キュー、ツリーなどの使いやすいデータ構造に変換しているはずだ。ファイルやテーブルの形式のままでデータを使うことなどあり得ない。

詳細

　この事実こそが、データベースは詳細であると私が言っている理由だ。データベースは、ディスクと RAM との間でデータを移動する仕組みにすぎない。大きなバケツに大量のビットを長期保存しているのとそんなに変わらない。しかし、データベースのデータをそのままの形式で使うことはめったにない。

　アーキテクチャ的な観点からすると、回転する磁気ディスクに存在するデータがどのような形式であるかを気にすることはない。もっと言えば、ディスクが存在するかどうかも知るべきではない。

だけど、パフォーマンスはどうなの？

　アーキテクチャ的にパフォーマンスは気になるところではないかって？　もちろん気になる。だが、データストレージのパフォーマンスについては、ビジネスルールと切り離して考えられる。データストアからのデータの出し入れを高速に実行する必要があるだろうが、それは下位レベルの関心事である。そのことに対応するには、下位レベルのデータアクセスの仕組みを使うことになる。そしてそれは、システムの全体的なアーキテクチャとは関係のないものだ。

262

小話

　80 年代後半のこと。私はとあるスタートアップ企業でソフトウェアエンジニアのチームを率いて、T1 通信回線の完全性を計測するネットワーク管理システムの開発と販売に取り組んでいた。そのシステムは、回線の終端装置のデータを取得してから、予測アルゴリズムを使って問題を検出・報告するものだった。

　UNIX プラットフォームを使い、データはシンプルなランダムアクセスファイルとして保存した。扱うデータにはコンテンツの関連がほとんどなかったので、わざわざリレーショナルデータベースを使うまでもなかったからだ。ツリーやリンクリストのままでランダムアクセスファイルに格納するほうが使いやすかった。つまり、RAM に読み込んだときに最も扱いやすい形式でデータを保持していたことになる。

　新たにマーケティングマネージャーを雇うことになった。頭の切れるいい奴だった。だが、彼はすぐに「このシステムではリレーショナルデータベースを使うべきだ」と言いだした。もともとそんな考えはなかったし、技術的な問題もなかった。彼によると、それは「マーケティングの課題」なのだそうだ。

　何を言っているのか意味がわからなかった。せっかくリンクリストやツリーがあるのに、なぜわざわざ表形式に変換して SQL で処理しなければいけないのだろう？　シンプルなランダムアクセスファイルで十分なのに、わざわざお金をかけて巨大な RDBMS を導入しなければいけないのだろう？　私は彼と徹底的に戦った。

　社内にいたハードウェアエンジニアが、この RDBMS 騒ぎを引き受けた。彼は、技術的な意味でも RDBMS が必要だと思うと主張した。私の席の後ろで役員たちと話しながら、電柱の上でバランスをとっている家の絵を描いて「電柱の上に家を建てたいと思いますか？」と言った。ファイルの内容を RDBMS の表に格納したほうが、そのまま使うよりもいくらか信頼性が高くなると言いたかったのだろう。

　私は彼とも戦った。マーケティングの連中とも戦った。無知な奴らに向かってエンジニアリングの原則を語り続けた。とことん戦いまくった。

　最終的に、そのハードウェアエンジニアが私を追い越して、ソフトウェアマネージャーに昇進した。かわいそうに、そのシステムには RDBMS が組み込まれてしまった。彼らが勝った。私は負けた。

　念のために言っておくが、技術的な意味で負けたのではない。技術的には私のほうが正しかった。RDBMS をアーキテクチャの中核に組み込むことに反対したのは間違っていなかった。私が負けたのは、顧客がリレーショナルデータベースを望んでいたからだ。顧客はリレーショナルデータベースが何かなんて知るはずもない。システムにおける使い方もわかっていない。だ

第30章　データベースは詳細

が、そんなことはどうでもよかった。顧客は RDBMS を使うことだけを期待していたのだ。顧客がソフトウェアを選定するときに使う機能比較チェックリストに「RDBMS」という項目が追加されるようになった。技術的な根拠などない。考える意味もない。不合理かつ根拠のないニーズだが、それが現実だった。

そのようなニーズが生まれたそもそもの原因は、当時のデータベースベンダーが仕掛けた大々的なマーケティングキャンペーンにあった。企業の「データ資産」を保護するためには、自社のデータベースシステムこそが理想的な手段であることを企業の経営者に訴えたのだ。

よく似たことは今でも行われている。「エンタープライズ」だとか「サービス指向アーキテクチャ」だとかいった言葉が、地に足のつかないマーケティング用語として幅を利かせている。

私はこのときどうすべきだったのだろう？　おそらく、システムに無理やり RDBMS をネジ止めして、RDBMS にアクセスする安全な仕組みを用意してから、システムの中心にあるランダムアクセスファイルをそのまま使い続けるべきだったのだろう。で、当時の私が実際にどうしたかというと……。その会社から逃げ出して、コンサルに転身しましたとさ。

まとめ

データの構造であるデータモデルは、アーキテクチャ的には重要である。だが、回転する磁気面上でデータを移動させる技術やシステムは、アーキテクチャ的には重要ではない。リレーショナルデータベースシステムは、データを表形式で管理して、SQL からアクセスするための仕組みであり、これは前者（データモデル）よりも後者（技術やシステム）に近い。データこそが重要なのであり、データベースは詳細なのである。

第31章 ウェブは詳細

　90年代に開発者だった人たちに聞いてみたい。ウェブが何もかもを変えていった経緯を覚えているかい？　キラキラしたウェブ技術を目の当たりにして、旧来のクライアントサーバーアーキテクチャがどんなふうに見えたかを覚えているかい？

　実際のところ、ウェブは何ひとつ変えなかった。というか、変えるべきではなかった。ウェブはこの業界で60年代からずっと続く「振り子」の延長線上にあるものだ。この振り子は、すべての計算パワーを中央サーバーにまとめるか、逆にすべての計算パワーを端末に分散させるかの間を行ったり来たりしている。

　ウェブの世界になってからの十数年間も、この振り子は何度か行ったり来たりしている。はじめのうちは、すべてのパワーをサーバー側にまとめていて、ブラウザ側では特に何もしていなかった。そのうち、ブラウザ上でアプレットを動かすようになった。我々はそれに満足できず、動的コンテンツは再びサーバー側へと戻された。我々はそれに満足できず、今度はWeb 2.0なるものを発明した。AjaxとJavaScriptによって、さまざまな処理がブラウザ側に戻ってきた。ブラウザで実行する巨大なアプリケーションを書くまでになった。そして現在、Node.jsを使ってJavaScriptをサーバー側に戻すのが流行っている。

　（やれやれ）

止まらない振り子

　ウェブが登場してから振り子の運動が始まったと考えるのは間違いだ。ウェブの前には、クライアントサーバーアーキテクチャがあった。その前は、中央にミニコンがあって、そこに大量のダム端末がつながっていた。その前は、緑色の画面を持つ端末がメインフレームにつながっていた（この端末は、ちょうど今でいうところのブラウザみたいなものだ）。さらにその前は、計算機室とパンチカードの時代だった。さらにその前は……。

　歴史は繰り返す。計算能力がどこに必要になるかを見つけ出せず、集中と分散の間を行ったり来たりしている。この振り子は今後も動き続けるのだろう。

　IT 業界の歴史を俯瞰すると、ウェブは何ひとつ変えていない。ウェブは、我々の多くが生まれる前から始まり、我々の多くが引退した後も続くであろう、振り子の運動のひとつにすぎない。

　アーキテクトとしては、長期的な観点で考える必要がある。振り子の運動は短期的な問題であり、ビジネスルールの中心からは切り離しておきたい。

　ここで、Q 社の事例を聞いてほしい。Q 社は有名な個人向けファイナンスシステムを作った会社だ。とても使いやすい GUI を持つデスクトップアプリで、私も愛用していた。

　そこにウェブの時代がやってきた。Q 社は GUI を変更し、見た目も振る舞いもブラウザのようにした。そりゃもう、びっくりした！　個人向けファイナンスアプリをブラウザ風の見た目にするなんて、どこのどいつが考えたのだろう？

　私はその新しいインターフェイスのことが気に入らなかった。きっと誰もがそう感じたのだろう。その後、Q 社はブラウザ風の見た目を廃止して、元のデスクトップアプリの GUI に戻したのだ。

　あなたが Q 社のソフトウェアアーキテクトだったとしよう。マーケティングの誰かさんが経営陣に「もっとウェブっぽい UI に変更すべきですよ」と言ったとする。さあ、あなたならどうする？　というか、マーケティングの人にそんなことを言い出される前に、アーキテクトとして何かできることはなかっただろうか？

　アーキテクトとしては、ビジネスルールと UI を切り離しておくべきだった。Q 社のアーキテクトが実際にそうしていたかどうかは知らない。できることなら、実際のところはどうだったのかを聞いてみたいものだ。もし私がその当時の Q 社にいたら、何としてでもビジネスルールを GUI から切り離しておこうとしただろう。マーケティングの奴らが次に何を言い出すかなんて、知りようがないからだ。

　次に、A 社のことを考えてみよう。A 社は、人気のスマホを作っている企業だ。A 社は最近、スマホ用「オペレーティングシステム」の新しいバージョンをリリースした（電話のオペレー

ティングシステムというのはちょっと不思議な感じだ）。この新しいリリースで、既存のアプリケーションの見た目は大きく変わってしまった。なぜそんなことに？　マーケティングの奴らが言い出したのだろう。

　私はスマホのソフトウェアの世界にあまり詳しくないので、A 社のデバイス向けのアプリを開発している人たちが、今回のアップグレードでどれだけつらい目にあうのかはわからない。A 社のアーキテクトとアプリ開発会社のアーキテクトたちには、ぜひビジネスルールと UI を切り離しておいてもらいたいものだ。マーケティングの奴らはいつも、ビジネスルールと UI を一体化したがるのだから。

結論

　結論はシンプルだ。GUI は詳細である。ウェブは GUI である。したがって、ウェブは詳細である。アーキテクトとしては、こうした詳細をビジネスロジックの中心から切り離しておきたい。

　こんなふうに考えてみよう。**ウェブは入出力デバイスの一種である**。我々は、デバイスに依存しないアプリケーションを書くことを 60 年代に学んだ。その考えは今も生きている。ウェブだって例外ではない。

「ウェブも含めて GUI は独特でリッチなものだから、デバイスに依存しないアーキテクチャを追求するのは無理があるんじゃないの？」

　そんな声が聞こえてくる。JavaScript によるバリデーション、Ajax によるドラッグアンドドロップ、ウェブページに配置するウィジェットやガジェットなどの複雑さを考えると、「デバイス非依存は実用的ではない」と言ってしまうことができるなら、これほど簡単な話はない。

　ある意味、それも間違いではない。アプリケーションと GUI のやり取りは、GUI の種類に特化した方法で行われている。ブラウザとウェブアプリの間で踊るダンスは、デスクトップアプリと GUI の間で踊るダンスとは違ったものになる。ダンスを UNIX のデバイスファイルのように抽象化しようとしても、おそらく無理だ。

　しかし、UI とアプリケーションの間には別の境界もあり、そちらは**抽象化できる**。ビジネスロジックはユースケースの集まりである。それぞれのユースケースは、ユーザーに代わって何らかの機能を実行する。個々のユースケースは、入力データ、実行する処理、出力データにもとづいて記述できる。

　UI とアプリケーションの間のダンスのどこかに、入力データが完成してユースケースが実行可能になるところがある。実行が終わると、できあがったデータが UI とアプリケーションの間のダンスに戻ってくる。

267

第 31 章　ウェブは詳細

　完成した入力データや結果となる出力データを何らかのデータ構造に格納すれば、ユースケースを実行するプロセスの入力値および出力値として利用できる。このやり方であれば、個々のユースケースがデバイスに依存せずに IO デバイスを操作していると考えられる。

まとめ

　このような抽象化は簡単ではないし、適切な抽象化のためには試行錯誤が必要になるだろう。だが、不可能ではない。この世界には怪しげなマーケティングの奴らが満ちあふれている。抽象化が必要になる場面はいくらでも見つかるだろう。

第32章 フレームワークは詳細

　フレームワークが広く使われるようになってきた。悪いことではない。自由に使えて強力で便利なフレームワークはたくさん存在する。

　しかし、フレームワークはアーキテクチャではない。なかにはそうであろうとしているものもあるが、それでもやはりアーキテクチャではない。

フレームワークの作者たち

　フレームワークの作者の多くは、自作のフレームワークをフリーで公開している。コミュニティの役に立ちたい、そして恩返しをしたいと思っているからだ。称賛すべきことだ。しかし、いくら作者の意識が高くても、彼らは**あなた自身**の思いを受け止めてはくれない。彼らはあなたのことを知らないし、あなたが何に困っているのかも知らないからだ。

　フレームワークの作者が知っているのは、作者自身・同僚・友人が抱える問題だ。そして、**彼らの問題を解決するためにフレームワークを作っている**。決してあなたのためではない。

第 32 章　フレームワークは詳細

　もちろん、あなたが抱える問題と作者たちの抱える問題に重なるところはあるだろう。そうでもなければ、フレームワークがここまで流行することはなかった。重なる部分がそれなりにあるのであれば、フレームワークは便利なものだ。

一方的な結婚

　あなたとフレームワークの作者との関係は、極めて不釣り合いである。あなたは作者に対してかなりのコミットメントを求められるが、作者はあなたに対して何の義務も負う必要がない。

　この点についてもう少し考えてみよう。何かのフレームワークを使おうとしたときに、あなたは作者が書いたドキュメントを読むだろう。そのドキュメントに書かれているのは、あなたのソフトウェアをそのフレームワークに統合するための、作者やほかのユーザーからのアドバイスだ。通常は、あなたのアーキテクチャをそのフレームワークでラッピングする方法が紹介されている。おそらく作者たちは、フレームワークのクラスの派生クラスを作り、その機能をビジネスオブジェクトに組み込むことを推奨するだろう。アプリケーションとフレームワークを可能な限り**結合**させようとするのである。

　作者にとって、フレームワークとの結合には何のリスクもない。むしろフレームワークとの結合を**望ん**でいる。作者自身はそのフレームワークを好きなようにコントロールできるからだ。

　さらに作者は、**あなたに対しても**フレームワークとの結合を望んでいる。一度でも結合してしまえば、切り離すのはとても難しくなるからだ。フレームワークの作者にとって、自分の作った基底クラスを大勢のユーザーが継承することほど、自尊心が満たされることはない。

　作者は我々に対して、フレームワークとの結婚を申し込んでいる。長期的なコミットメントを求めているのだ。しかし、いかなる状況においても、作者から我々に何らかの約束をすることはない。一方的な結婚だ。すべてのリスクと負担を背負うのは我々であり、フレームワークの作者は何ひとつ背負うことはない。

リスク

　フレームワークにはどんなリスクがあるのだろうか。ここでいくつか挙げてみよう。

- フレームワークのアーキテクチャに難があることが少なくない。一般に、フレームワークは依存性のルールに違反する傾向がある。フレームワークのコードを継承してビジネスオブジェクト（つまりエンティティ）に組み込めだなんて、とんでもない！　フレームワー

クの作者は、円の最も内側にフレームワークを結合させたがっている。一度入り込んでしまえば、それを取り外すことはできなくなる。一度はめた結婚指輪は、ずっとあなたの指に残り続けるのだ。

- アプリケーションを作り始めた頃は、フレームワークが助けになってくれるだろう。しかし、プロダクトが成長するにつれて、フレームワークの提供する機能では手に負えなくなってくる。結婚指輪をはめたままでいると、フレームワークに邪魔されてばかりいる自分に気づくだろう。
- フレームワークが進化する方向が、あなたの望む道からずれてしまうかもしれない。自分にとって何の利益にもならない新バージョンへのアップグレードには躊躇するだろう。便利に使っていた機能が突然廃止されてしまったり、仕様変更されてしまったりすることだってあり得る。
- 優れたフレームワークを見つけたときに、乗り換えたくなる可能性がある。

解決策

これらのリスクへの対処法は？

フレームワークなんかと結婚するな！

おっと、フレームワークを**使う**ことは問題ない。ただし、結合しないことが大切だ。フレームワークとは一定の距離を保つこと。フレームワークは、アーキテクチャの円の外側にあるものとして扱おう。円の内側に組み込んではいけない。

フレームワークの基底クラスからビジネスオブジェクトを派生させることを求められても、断ること。その代わり、プロキシを用意して、そのプロキシを含めたコンポーネントをビジネスルールに**プラグイン**すればいい。

フレームワークをコアのコードに混ぜないこと。フレームワークはコンポーネントにまとめて、コアのコードにプラグインしよう。そうすることで、依存性のルールを守れるはずだ。

みなさんが大好きな Spring を例に考えてみよう。Spring は DI フレームワークとしてよくできている。おそらくあなたも、Spring を使って依存性を自動ワイヤリングしているだろう。それは別に構わない。だが、ビジネスオブジェクト全体に@autowired アノテーションをちりばめてはいけない。ビジネスオブジェクトが Spring について知るべきではないのだ。

そうではなく、Spring を使って Main コンポーネントに依存性を注入しよう。Main コンポー

第32章 フレームワークは詳細

ネントが Spring について知っていることは何の問題もない。Main はアーキテクチャのなかで最下位レベルのコンポーネントだからだ。

今あなたたちを夫婦として宣言する

どう考えても結婚するしかないようなフレームワークもある。C++を使っているなら STL は使わざるを得ないだろう。STL を避けて通るのは難しい。Java を使う場合なら、ほぼ間違いなく標準ライブラリを使うことになるだろう。

ごく当たり前のことだ。しかし、そういう**決断**をしたということに変わりはない。自分のアプリケーションで何らかのフレームワークを使うことに決めた時点で、そのアプリケーションはフレームワークに縛られることになるのだと認識しておく必要がある。幸いのときも、災いのときも、豊かなときも、貧しいときも、健やかなるときも、病めるときも、ほかのすべてを犠牲にしてでも、そのフレームワークを使うことになる。気軽に受け入れられるようなものではない。

まとめ

フレームワークに出会ったら、すぐに結婚しようとしてはいけない。その前に何らかの方法で時間稼ぎができないかを考えよう。フレームワークは、アーキテクチャの境界から可能な限り遠ざけるようにしよう。牛一頭を購入する以外にもミルクを得る手段はあるはずだ。

事例：動画販売サイト　第33章

これまでに学んだアーキテクチャに関するルールや思想を実際の事例に当てはめてみよう。この事例はシンプルで短いものだが、優れたアーキテクトが使う手順や判断について知ることができるだろう。

プロダクト

　この事例のために、私にとってなじみのあるプロダクトを選んだ。動画を販売するウェブサイト用のソフトウェアだ。お察しのとおり、私がチュートリアル動画を販売している cleancoders.com を思い起こさせるものだ。

　基本的なアイデアは単純なものだ。我々は、販売したいと思っている動画を持っている。これを、ウェブ上で個人や法人に販売する。個人向けには、ストリーミング視聴用の価格と、ダウンロード用の少し高めの価格を用意している。ダウンロードした動画は、その後無期限で視聴できる。法人向けのライセンスはストリーミング視聴限定で、ある程度のライセンスを一括

273

購入する場合は割引価格が適用される。

個人向けの販売のほとんどは、購入者と視聴者が同一人物だ。一方、法人向けの販売では、動画を購入する人と視聴する人が別であることが多い。

動画の作者は、動画ファイルとその説明文に加えて、試験や練習問題、ソースコードなどの資料を付属ファイルとして提供する必要がある。

管理者は、新しい動画シリーズを追加したり、動画シリーズに動画を追加したり、各種ライセンス価格を設定したりする必要がある。

システムの最初のアーキテクチャを決めるための第一歩は、アクターとユースケースを見つけることだ。

ユースケース分析

典型的なユースケース分析を**図33-1**に示す。

アクターの4つについては自明だろう。単一責任の原則（SRP）の観点からは、これら4つのアクターがそれぞれ、システムにおける変更の主な要因になる。新しい機能を追加したり既存の機能に手を加えたりするときには、いずれかのアクターにあてはまる。システムを分割するときには、あるアクターへの変更がほかのアクターたちに影響を及ぼさないようにしておきたい。

図33-1に示すユースケースがすべてではない。たとえば、ログインやログアウトのユースケースが見当たらない。そのあたりを省略した理由は、単に本書で扱いきれる範囲に問題を絞りたかったからだ。すべてのユースケースを含めてしまえば、本章だけで一冊の書籍になってしまうだろう。

図33-1の中央にある点線のユースケースに注目しよう。これらは**抽象**[1]ユースケースだ。抽象ユースケースは全般的な方針を定めたもので、別のユースケースがそれに肉付けする。「**視聴者としてカタログを閲覧する**」と「**購入者としてカタログを閲覧する**」はどちらも、抽象ユースケースの「**カタログを閲覧する**」を継承している。

個人的には、この手の抽象化が必須であるとは思わない。抽象ユースケースをこの図から追い出しても、プロダクト全体の機能に何らかの妥協が必要になることはないだろう。ただ、これら2つのユースケースはとても**似ている**ので、早い段階で共通点を認識して共通化の道を探るのが得策だと考えた。

---

[1] これは「抽象」ユースケースを表す私独自の記法だ。<> のように UML のステレオタイプを使うのが一般的だが、この標準に従うメリットはそんなにないと考えている。

コンポーネントアーキテクチャ

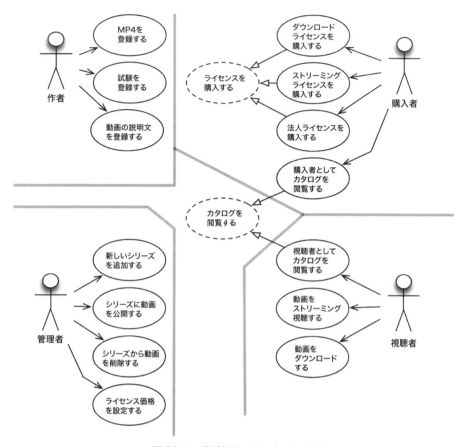

図 33-1　典型的なユースケース分析

コンポーネントアーキテクチャ

アクターとユースケースがわかったので、とりあえずのコンポーネントアーキテクチャを検討できるようになった（**図 33-2**）。

　図中の二重線は、アーキテクチャの境界を表している。ビュー、プレゼンター、インタラクター、コントローラーといった、よく見る切り分けになっていることがわかる。さらに、対応するアクターごとに分割している様子もわかる。

　図 33-2 の個々のコンポーネントは、おそらく .jar ファイルや .dll ファイルになるだろう。このなかには、それぞれのコンポーネントに割り当てたビュー、プレゼンター、インタラクター、コントローラーが含まれる。

　ここで、Catalog View と Catalog Presenter という特別なコンポーネントがあることに注

275

目してほしい。抽象ユースケースの「カタログを閲覧する」をこれらのコンポーネントで表した。ビューやプレゼンターをこれらのコンポーネントの抽象クラスとしてコーディングして、継承先のコンポーネントからその抽象クラスを継承して使うことを想定している。

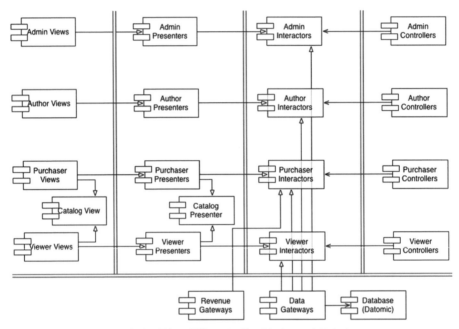

図33-2　最初の段階のコンポーネントアーキテクチャ

　さて、本当にシステムをこのように分割して、コンポーネントを.jarや.dllとしてデリバリーするのだろうか？　答えはイエスでもありノーでもある。コンパイルやビルドの環境はそのように構築するだろう。だから、各コンポーネントを個別にデリバリー可能な成果物にしようと思えばできる。ただ、必要に応じてコンポーネントをとりまとめて、もう少し大きな単位でデリバリーする選択肢も残しておきたい。図33-2のような分割をしたときに、ビュー、プレゼンター、インタラクター、コントローラー、ユーティリティの5つの.jarファイルにまとめるのも簡単だ。これで、変更の理由が異なるコンポーネントを他から切り離してデプロイできるようになる。

　ビューとプレゼンターをひとつの.jarファイルにまとめて、そのほかのインタラクター、コントローラー、ユーティリティはそれぞれ個別の.jarにする方法も考えられる。さらに、昔ながらのやり方として、ビューとプレゼンターをまとめた.jarと、そのほかすべてをまとめた.jarの2つだけにしてしまうこともできる。

　これらの選択肢を選べる状況を維持しておけば、今後システムに変更があったときにも、デ

プロイ方法を柔軟に変更して対応できるようになる。

依存性管理

　図33-2の制御の流れは、右から左へ進む。コントローラーから受け取った入力をインタラクターが処理する。その結果を受け取ったプレゼンターが結果をフォーマットして、ビューがそれを表示する。

　矢印の向きが必ずしも右から左へ向かっているわけではないことに注目しよう。左から右へ向かっている矢印のほうが多いくらいだ。そうなっている理由は、依存性のルールに従っているからだ。二重線を越える矢印はすべて同じ向きになっていて、常に上位レベルの方針を含むコンポーネントに向かっている。

　また、**使用**の関係（通常の矢印）は制御の流れと**同じ**向きなのに対して、**継承**の関係（白抜きの矢印）は制御の流れと**逆**向きであることもわかる。これは、オープン・クローズドの原則（OCP）に従った結果だ。依存性の向きを正しい方向にすることで、下位レベルの詳細が変わっても上位レベルの方針には影響しないようにしているのだ。

まとめ

　図33-2のアーキテクチャ図には、2つの観点での分割が含まれている。単一責任の原則（SRP）にもとづくアクターによる分割と、依存性のルールによる分割である。どちらの分割も、変更の理由や頻度が異なるものを分離することが目的だ。変更の理由に対応するのはアクターによる分割で、変更の頻度に対応するのは方針のレベルの違いである。

　コードの構成をこのようにしておけば、システムをデプロイするときにも思いどおりに進められるようになる。デプロイ可能な単位でコンポーネントをまとめることができるし、仮に状況が変わったとしても、コンポーネントのまとめ方を変更しやすい。

書き残したこと 第34章

執筆：Simon Brown

　ここまでのアドバイスを参考にすれば、優れたソフトウェアを設計できるようになっているはずだ。クラスやコンポーネントは明確に切り分けられていて、それぞれの責務も明確で、依存性もきちんと管理できるようになっていることだろう。しかし、悪魔は実装の詳細に宿る。気をつけておかないと、最後の最後でつまずいてしまう。

　たとえば、オンライン書店を構築しているとしよう。今から実装するユースケースは、顧客から注文のステータスを見られるようにするというものだ。サンプルはJavaを想定しているが、考え方はほかの言語でも同じように適用できる。クリーンアーキテクチャはしばらく横に置いておいて、設計やコーディングに関するそのほかのアプローチを見ていこう。

レイヤーによるパッケージング

真っ先に思いつく、おそらく最もシンプルなアプローチは、昔ながらの水平方向のレイヤードアーキテクチャだ。これは、技術的な役割にもとづいてコードを分割するものだ。「レイヤーによるパッケージング」と呼ばれることもある。**図34-1**は、これをUMLのクラス図のような感じで表したものだ。

典型的なレイヤードアーキテクチャは、ウェブのコード用のレイヤーと、「ビジネスロジック」用のレイヤーと、永続化レイヤーを用意するものだ。コードを水平方向のレイヤーに切り分けて、同じようなものたちをそれぞれのレイヤーにまとめる。「厳格なレイヤードアーキテクチャ」では、それぞれのレイヤーは隣接する下位レイヤーだけに依存すべきだとされている。Javaでは、レイヤーをパッケージとして実装することが多い。図34-1に示すとおり、レイヤー（パッケージ）間の依存性はすべて下向きになる。この例では以下のJavaクラスを用意した。

- `OrdersController`：Spring MVCコントローラーのようなウェブコントローラー。ウェブからのリクエストを処理する。
- `OrdersService`：注文に関する「ビジネスロジック」を定義するインターフェイス。
- `OrdersServiceImpl`：サービスインターフェイスの実装[1]。
- `OrdersRepository`：永続化された注文情報へのアクセス方法を定義するインターフェイス。
- `JdbcOrdersRepository`：リポジトリインターフェイスの実装。

Martin Fowlerは「Presentation Domain Data Layering」[2]で、最初はレイヤードアーキテクチャに従うのが得策だと言っている。彼だけではない。多くの書籍やチュートリアルや研修やサンプルコードが、同じようにレイヤードアーキテクチャを推奨している。とりあえず動くものを複雑になりすぎないように手早く作るには、これは優れた方法だ。ただし、問題もある。Martin Fowlerも指摘するように、ソフトウェアの規模が大きくなり複雑化すると、コードを3つの巨大なバケツに分けるだけでは手に負えなくなってくる。そして、もう少し細かいモジュール化を考えなければいけなくなる。

別の問題もある。すでにアンクル・ボブも指摘しているとおり、レイヤードアーキテクチャはビジネスドメインに関して何も叫ばない。まったく異なる2つのビジネスドメインのコードをそれぞれレイヤードアーキテクチャにして並べてみると、気味が悪いほどそっくりになる。ウェブ、サービス、そしてリポジトリだ。さらに、別の重大な問題もあるが、これについては

1　ふざけた命名規則だとは思うが、あとで見るとおり、これはそんなに重要な問題ではない。

2　https://martinfowler.com/bliki/PresentationDomainDataLayering.html

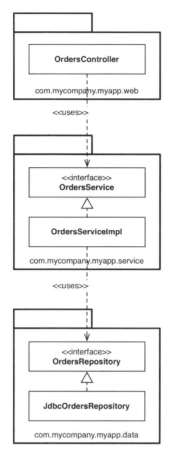

図34-1　レイヤーによるパッケージング

後ほど説明する。

機能によるパッケージング

　コードのとりまとめ方に関する別の手法として「機能によるパッケージング」がある。これは垂直方向での切り分けだ。関連する機能、ドメインの概念、（ドメイン駆動設計の用語で言うなら）集約ルートにもとづいて分割する。これまでの経験からすると、すべての型をひとつのJavaパッケージにまとめて、その概念を表すパッケージ名を付けることが多かった。

　このアプローチの場合も、登場するクラスやインターフェイスは先ほどと同じだ（図34-2）。しかし、それらを3つのJavaパッケージに分けるのではなく、すべてを1つのパッケージにま

とめている。先ほどの「レイヤーによるパッケージング」を少しだけリファクタリングしたものだが、トップレベルのコードの構成がビジネスドメインについて叫ぶようになった。ウェブ、サービス、リポジトリといったものではなく、注文に関する何かをするものであることがわかるようになった。別のメリットもある。仮に「注文を閲覧する」ユースケースに何らかの変更があったとしても、こちらの構成のほうが修正すべきコードを把握しやすい。あちこちのパッケージに散らばっているのではなく、1つのパッケージにまとまっているからだ[3]。

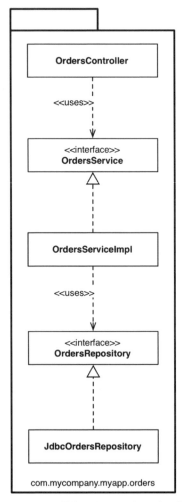

図 34-2　機能によるパッケージング

---

[3] いまどきの IDE の機能を考えるとありがたみは薄れるかもしれないが、年寄りから見ると、軽量なテキストエディターへの回帰があるように思える。

水平方向のレイヤーリング（レイヤーによるパッケージング）でうまくいかなくなったソフトウェア開発チームが、垂直方向のレイヤーリング（機能によるパッケージング）に切り替える事例をよく見かける。だが、個人的にはどっちもどっちだと思っている。本書をここまで読んできたみなさんなら、もっといいやり方があるのではないかと思うことだろう。そのとおりだ。

ポートとアダプター

アンクル・ボブは「ポートとアダプター」「ヘキサゴナルアーキテクチャ」「BCE」などの手法を挙げている（第 22 章）。これらの狙いは、ビジネス（ドメイン）に関するコードを技術的な実装（フレームワークやデータベース）から切り離して独立させることだ。「内側（ドメイン）」と「外側（インフラストラクチャ）」の構成にした、図 34-3 のようなコードベースがよく見られる。

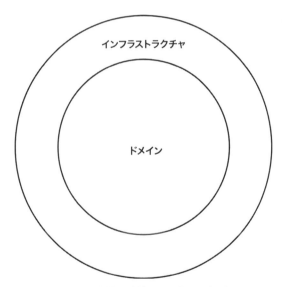

図 34-3　内側と外側に分けたコードベース

「内側」に含まれるのはドメインの概念、「外側」には外部の世界とのインタラクション（UI、データベース、サードパーティとの統合など）を含める。大原則は「外側が内側に依存するようにせよ。その逆は許さない」である。「注文を閲覧する」ユースケースをこの方式で実装した例を図 34-4 に示す。

`com.mycompany.myapp.domain` パッケージが「内側」で、それ以外のすべてのパッケージが

「外側」にあたる。依存性が「内側」に向かっていることに注目しよう。鋭い人なら、先ほどの図では OrdersRepository だったものが、ここでは Orders というシンプルな名前に変わっていることにも気づくだろう。ドメイン駆動設計の世界では、「内側」に属するものはすべて「ユビキタス言語」で名付けることが推奨されているからだ。このドメインの会話は、「注文」について語るのであって、「注文リポジトリ」について語るわけではない。

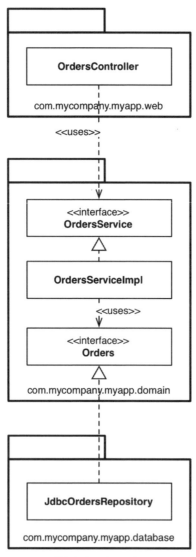

図 34-4　「注文を閲覧する」ユースケース

最後にこれだけ指摘しておきたいのだが、これは UML のクラス図のようなものを簡略化した図だ。というのも、依存性の境界を越えてデータをやり取りするためのインタラクターやオブジェクトが欠けているからだ。

コンポーネントによるパッケージング

本書の SOLID 原則、再利用・リリース等価の原則（REP）、閉鎖性共通の原則（CCP）、全再利用の原則（CRP）などのアドバイスには同意するが、私は最終的に少し違う結論に達した。「コンポーネントによるパッケージング」と名付けたこの手法について、ここで紹介しよう。ちなみに私は、これまでのキャリアの大半を Java による業務ソフトウェア開発に費やしてきた。特定のビジネスドメインだけではなく、さまざまなビジネスドメインに関わってきた。これまでに作ってきたソフトウェアは、バラエティーに富んでいる。ウェブベースのものが多いが、クライアントサーバー型[4]のものもあれば、分散型のものもあり、メッセージベースのものもあれば、それ以外のものもあるといった具合だ。使われている技術は違えど、共通する部分もあった。これまでに関わってきたソフトウェアの大半は、昔ながらのレイヤードアーキテクチャを採用していたのだ。

レイヤードアーキテクチャの問題点を先ほどいくつか説明したが、あれだけがすべてではない。レイヤードアーキテクチャの目的は、同じ種類の機能を持つコードを切り離すことだ。ウェブのコードはビジネスロジックから切り離し、ビジネスロジックをデータアクセスのコードから切り離す。先ほどの UML のクラス図を見ればわかるが、実装の観点では、レイヤーは Java のパッケージに相当する。コードのアクセス制御の観点では、OrdersController が OrdersService インターフェイスに依存するためには、OrdersService インターフェイスを public にする必要がある。別々のパッケージに属しているからだ。同じく、OrdersRepository インターフェイスも public にしなければいけない。リポジトリパッケージの外部にある OrdersServiceImpl クラスからもアクセスする必要があるからだ。

厳格なレイヤードアーキテクチャでは、依存性の矢印は常に下位に向かう。また、各レイヤーは次の下位レベルのレイヤーにしか依存することができない。これを守ることで、クリーンでよくできた非循環依存グラフが完成する。そのためには、コードベースの要素がほかの要素に依存する際のいくつかのルールを守る必要がある。ここに大きな問題がある。ズルをして好ま

4　1996 年に大学を卒業したあと最初にした仕事は、PowerBuilder を使ったクライアントサーバー型デスクトップアプリケーションの開発だった。PowerBuilder は高い生産性を誇る第四世代言語で、データベースを使うアプリケーションの構築を得意としていた。その数年後、別のクライアントサーバー型アプリケーションを Java で作ることになった。このときはデータベース接続処理を自作して（まだ JDBC などない頃の話だ）、自前の GUI ツールキットを AWT 上に作るはめになった。これが「進歩」ってことだ！

しくない依存性を組み込んでしまっても、きれいな非循環依存グラフが残されたままになることだ。

チームに新しく加わったメンバーに、注文がらみの別のユースケースの実装を依頼したとする。自分の実力を見せてやろうと意気込んだ彼は、少しでも早く実装を済ませようとするだろう。コーヒー片手に自席についた数分後、彼は OrdersController クラスを発見する。なるほど。注文関連のウェブページはこのクラスに書けばいいのだなと判断した。だが、注文関連のデータをデータベースから持ってくる必要がある。彼はひらめいた。「すでに OrdersRepository インターフェイスができあがってるじゃない。要するに、DI で実装をコントローラーに注入すればいいだけでしょ。カンペキ！」数分後、ウェブページは動き出した。ただ、この時点で UML は図 34-5 のようになってしまった。

依存性の矢印はすべて下向きではあるが、ユースケースによっては OrdersController が OrdersService を飛び越えるようになってしまった。このような構成は**緩いレイヤードアーキテクチャ**と呼ぶことが多い。次のレイヤー以外への依存も許しているからだ。意図的にこのようにする場合もある。たとえば、CQRS[5]パターンを使おうとしたら、このようになるだろう。しかし、それ以外の場合には、次のレイヤーを飛び越えた依存は望ましくない。たとえば、ビジネスロジックがレコードへのアクセス許可の責務を負っている場合に、ビジネスロジックを飛び越えてしまうようなことは望ましくない。

新しいユースケースはとりあえず動いているようだが、おそらく我々が期待していた実装とは異なる。私がコンサルとして参加していたチームでも、こういうことがよくあった。チームがコードベースの現状を可視化し始めてから、ようやくそれに気づくことが多かった。

ここで必要なのは何らかのガイドライン、つまり「ウェブコントローラーはリポジトリに直接アクセスしてはいけない」のようなアーキテクチャの原則だ。ただ、これをどうやって守らせるのかが問題になる。今まで関わってきたチームはたいてい「うちの開発者はきちっとしているし、コードレビューもやっているので大丈夫ですよ」などと言う。信じるのは勝手だが、予算や納期が迫ってきたときに何が起こるかは、みなさんもよくご存じだろう。

少ないながらも、ビルド時に静的解析ツール（NDepend や Structure101 や Checkstyle など）を使ってルール違反をチェックしているというチームもあった。あなたも見たことがあるかもしれない。その手のツールは、正規表現やワイルドカード文字列を使って「types in package **/web should not access types in **/data」のような設定をする。そして、コンパイル後にこれを実行する。

多少原始的ではあるが、チームとして定めたアーキテクチャの原則に違反しているときにそれを報告し、必要ならばビルドを失敗させるようにもできる。メンバーを信じる場合にもツー

5　CQRS（コマンドクエリ責務分離）は、データの更新とデータの読み込みを切り離すパターンである。

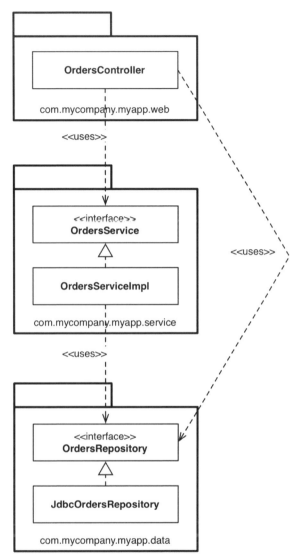

図 34-5　緩いレイヤードアーキテクチャ

ルを活用する場合にも、共通した問題がある。それは、誤りを犯しやすいことと、フィードバックループが長くなってしまうことだ。チェックしないまま見過ごしてしまうと、コードベースが「大きな泥だんご」[6]になってしまう。個人的には、可能であればコンパイラを使ってルールを守らせるようにしておきたい。

　ここで登場するのが「コンポーネントによるパッケージング」という選択肢だ。これは、今

6　http://www.laputan.org/mud/

までのすべての手法のいいとこ取りをしたもので、粒度の粗いコンポーネントに関連するすべての責務をひとつのJavaパッケージにまとめることを目指すというものだ。ソフトウェアシステムをサービス中心で捕らえた考え方で、マイクロサービスアーキテクチャにも同様のものが見られる。「ポートとアダプター」が、ウェブを単なるデリバリーメカニズムとして扱っているのと同じで、「コンポーネントによるパッケージング」もユーザーインターフェイスを粒度の粗いコンポーネントから切り離している。図34-6に「注文を閲覧する」ユースケースの様子を示す。

要するに、「ビジネスロジック」と永続化コードをひとつにまとめて「コンポーネント」にする手法だ。アンクル・ボブによる「コンポーネント」の定義は、第12章で以下のように示されている。

> コンポーネントとは、デプロイの単位のことである。システムの一部としてデプロイできる、最小限のまとまりを指す。Javaならjarファイルがそれにあたる。

私の定義はこれとは微妙に違っていて、コンポーネントは「関連する機能をよくできたクリーンなインターフェイスの向こう側に閉じ込めて、アプリケーションなどの実行環境の内側に置いたもの」だと考えている。この定義は私が定めた「C4ソフトウェアアーキテクチャモデル」[7]に由来するものだ。このモデルは、コンテナやコンポーネントやクラス（コード）の観点から、ソフトウェアシステムの静的構造を考えるシンプルで階層的な方法である。ソフトウェアシステムはいくつかのコンテナ（ウェブアプリケーション、モバイルアプリ、スタンドアロンアプリケーション、データベース、ファイルシステムなど）で構成されている。各コンテナはいくつかのコンポーネントから成り立っている。各コンポーネントはいくつかのクラス（コード）から成り立っている。このコンポーネントの分割単位とjarファイルの分割単位は連動していない。「コンポーネントによるパッケージング」の大きな利点は、もし注文に関するコードを書きたいのなら、OrdersComponentだけを見ればいいという点だ。コンポーネントでは関心事の分離が保たれているので、ビジネスロジックとデータ永続化は切り離されている。しかし、それはあくまでもコンポーネントの実装の詳細にすぎず、利用者が知る必要もないことだ。これは、マイクロサービスやサービス指向アーキテクチャを採用した場合とも似ている。OrdersServiceが注文の処理に関するすべてをカプセル化しているようなものだ。マイクロサービスやサービス指向アーキテクチャとの主な違いは、依存性を切り離す方法だ。モノリシックなアプリケーションのうまく作られたコンポーネントは、マイクロサービス化に向かう際の第一歩と見なすことができるだろう。

7　詳細は https://www.structurizr.com/help/c4 を参照すること。

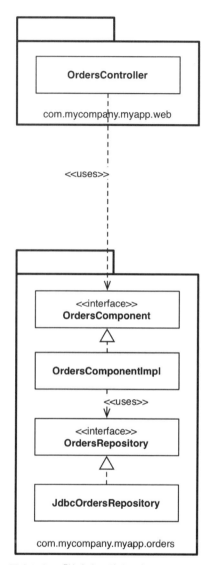

図 34-6 「注文を閲覧する」ユースケース

悪魔は実装の詳細に宿る

　これまでの4つの手法は、異なる方法でコードを整理しているように見える。そのため、それぞれ異なるアーキテクチャスタイルだと考えられる。しかし、詳細の実装を間違えてしまうと、あっという間にその見立てが崩れてしまう。

　よく見かけるのは、Javaのような言語で public アクセス修飾子を気軽に使いすぎることだ。

第34章　書き残したこと

開発者は何も考えず、本能的にpublicを使っているように見える。おそらく体で覚えてしまっているのだろう。ウソだと思うなら、書籍のサンプルコード、チュートリアル、GitHubで公開されているオープンソースのコードを見てみればいい。水平方向のレイヤーだろうが垂直方向のレイヤーだろうが、ポートとアダプターだろうがそれ以外の何かだろうが、アーキテクチャスタイルがどんなものだろうが、その傾向が見られるはずだ。すべてをpublicにするということは、せっかくプログラミング言語が提供してくれているカプセル化の仕組みを活用できていないということだ。具象実装クラスを直接インスタンス化するような、アーキテクチャスタイルに違反したコードを防ぐ手段が一切なくなってしまう。

組織化かカプセル化か

この問題を別の面から考えてみよう。もしJavaアプリケーションですべての型をpublicにしたら、パッケージは単なる組織化（フォルダのようなグループ化）の手段でしかなくなり、もはやカプセル化はできなくなる。publicな型はコードベースのどこからでもアクセスできるので、パッケージは事実上ないに等しい。パッケージを使っても何のメリットもないからだ。これらを踏まえると、（カプセル化にも情報隠蔽にも役立たない）パッケージを無視した時点で、どのアーキテクチャスタイルを選ぶかなどはどうでもいい話になる。これまでのUMLの図を見たときに、すべての型がpublicであれば、Javaのパッケージはどうでもいい話になってしまう。つまり、本章の前半で示した4つの手法は、すべてがまったく同じものになってしまうのだ（図34-7）。

図34-7の矢印についてもう少し詳しく見ていこう。4種類のうちどの手法を目指そうとも、矢印の種類や向きはまったく同じになっている。概念的にはまったく違うアプローチだが、文法的にはまったく同じ結果になった。さらに、すべての型をpublicにすれば、昔ながらの水平方向のレイヤードアーキテクチャを表現した4通りの異なる方法にすぎないとも言える。巧妙なトリックだ。もちろん、Javaですべての型をpublicにしようとする人などいないだろう。だが、やろうと思えばできるし、私は実際に見たことがある。

Javaのアクセス修飾子は完ぺきではないが[8]、だからといってそれを無視するのは自らトラブルを呼び込んでいるようなものだ。Javaの型をどのパッケージに入れるかを変えると、アクセス制御を適切に行ったときに、何が何にアクセスできる（あるいはできない）ようになるかが大きく違ってくる。パッケージを元の状態に戻して、アクセス制御をもう少し厳しくできる部分に印をつける（色を薄くしてみる）と、興味深い結果になる（図34-8）。

8　たとえばJavaの場合、パッケージを階層構造であると考えがちだが、パッケージの親子関係にもとづくアクセス制御をすることができない。階層構造を作れるのは、パッケージ名とディレクトリ構造だけである。

290

組織化かカプセル化か

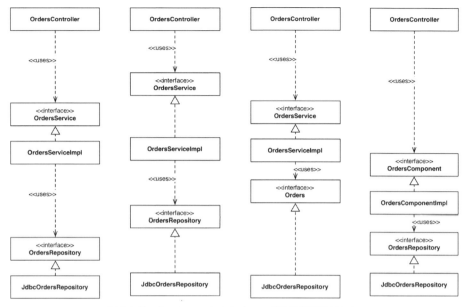

図34-7　4つのアーキテクチャの手法は結局同じになる

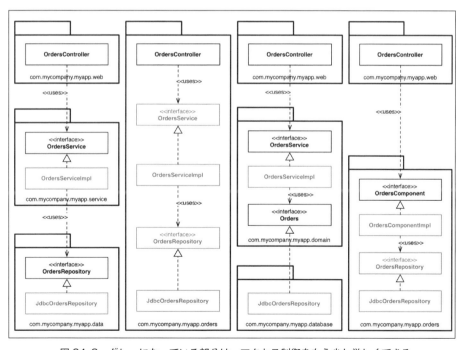

図34-8　グレーになっている部分は、アクセス制御をもう少し厳しくできる

291

左から順に見ていこう。まず「レイヤーによるパッケージング」では、OrdersService インターフェイスと OrdersRepository インターフェイスを public にする必要がある。インターフェイスを定義するパッケージの外部からインターフェイスへの依存があるからだ。逆に、実装クラス（OrdersServiceImpl と JdbcOrdersRepository）はアクセス範囲をもう少し（パッケージレベルまで）絞り込める。これらは実装の詳細であり、外部から知る必要のないものだからだ。

「機能によるパッケージング」の場合は、OrdersController がこのパッケージへの唯一のエントリーポイントになる。そのため、その他すべてのアクセス範囲はパッケージに絞り込める。この方式で注意すべきなのは、パッケージの外部から注文関連の情報を知りたければ、コントローラーを経由するしかなくなるという点だ。それが望ましい場合もあれば、望ましくない場合もあるだろう。

「ポートとアダプター」の場合は、OrdersService インターフェイスと Orders インターフェイスには外部からの依存があるので、public にしておく必要がある。実装クラスは、最初の方式と同じようにパッケージレベルのアクセスで構わない。依存性は実行時に注入される。

　最後に「コンポーネントによるパッケージング」を考えると、OrdersComponent インターフェイスにはコントローラーからの依存がある。しかし、それ以外はすべてパッケージレベルのアクセスで構わない。public の型を減らせば減らすほど、依存性が生まれる可能性を減らせる。これで、このパッケージの外側から OrdersRepository インターフェイスを使ったり、実装クラスのインスタンスを作ったりする手段はなくなった[9]。この状態なら、アーキテクチャの原則を守っているかどうかのチェックをコンパイラに任せられる。.NET なら internal で同じことができるが、コンポーネント単位で別のアセンブリを作る必要がある。

　はっきりさせておきたい。今ここで説明しているのは、すべてのコードがひとつのソースツリーに属するようなモノリシックなアプリケーションに関する話だ。あなたが作っているアプリケーションがこのタイプのものであるなら（そんな人は少なくないだろう）、アーキテクチャの原則を守らせるのはコンパイラ任せにすることをお勧めする。メンバーの自制心に頼ったり、コンパイル後にツールでチェックしたりするより、そのほうがずっといい。

そのほかの分割方法

　プログラミング言語の機能を使う以外にも、ソースコードの依存性を分離する方法はある。たとえばJava なら、OSGi のようなモジュールフレームワークが使えるし、Java 9 で導入された

9　Java のリフレクションを使ってごにょごにょすればできなくもないが、頼むからそんなことはしないでほしい！

モジュールシステムも使える。モジュールシステムをうまく活用すれば、public と **published** をきちんと区別できるようになる。たとえば、Orders モジュールの型をすべて public にするが、外部から使えるのはその一部だけにするといった設定ができる。待ちに待っていた機能だ。だが、私が最も喜んでいるのは、Java 9 のモジュールシステムを活用して、よりよいソフトウェアを作るためのツールが生まれること、そして開発者の設計に対する興味を再び呼び起こすきっかけになることだ。

別の選択肢もある。依存性をソースコードレベルで切り離す方法で、具体的にはコードを**それぞれ別のソースコードツリーに分割する**。「ポートとアダプター」の例の場合なら、以下の 3 つのソースコードツリーを用意すればいい。

- ビジネスやドメイン（フレームワークや技術に関するもの以外）用のソースコード：OrdersService、OrdersServiceImpl、Orders
- ウェブ用のソースコード：OrdersController
- データ永続化用のソースコード：JdbcOrdersRepository

後者の 2 つのソースコードツリーは、コンパイル時にビジネスやドメインのコードに依存する。一方、ビジネスやドメインのソースコードツリーは、ウェブやデータ永続化のコードについて一切関知しない。実装面では、これを実現するにはビルドツール（Maven、Gradle、MSBuildなど）のモジュールやプロジェクトを適切に分割すればいい。理想を言えば、アプリケーションのコンポーネントごとに、別々のソースコードツリーを持つようにしておきたい。しかし、あくまでも理想的な解決策であって、あまり現実的ではない。この方式でソースコードを分割すればするほど、パフォーマンスが問題になるし、複雑度も増すし、保守も面倒になるからだ。「ポートとアダプター」方式を使っている人のための、もう少しシンプルなアプローチもある。以下の 2 つのソースコードツリーを用意するというものだ。

- ドメインのコード（「内部」）
- インフラストラクチャのコード（「外部」）

これは「ポートとアダプター」アーキテクチャの説明でよく使われる図（図34-9）にもうまく対応していて、コンパイル時にインフラストラクチャからドメインに依存することになる。

このアプローチによるソースコードの分割はうまく機能するだろうが、トレードオフについても認識しておく必要がある。私はそれを「ポートとアダプターにおける『ペリフェリック』アンチパターン」と呼んでいる。パリには、ブルヴァール・ペリフェリックと呼ばれる環状の高速道路がある。そのおかげで、市内の複雑な道路に立ち入らなくてもパリ周辺を回れるように

第34章 書き残したこと

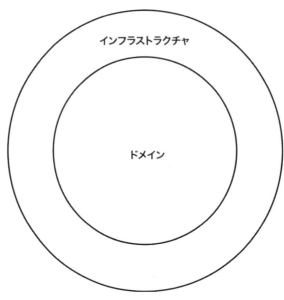

図34-9　ドメインとインフラストラクチャのコード

なっている。インフラストラクチャに関するすべてのコードをひとつのソースコードツリーにまとめるということは、ウェブコントローラーのインフラストラクチャのコードから、ほかの領域（データベースリポジトリなど）のコードをドメインを経由せずに、直接呼び出せてしまう可能性があるということだ。適切なアクセス修飾子を付け忘れたときにそうなりがちである。

まとめ：言い残したこと

　いくらうまい設計をしても、その実装方法の複雑さを考慮しなければ、あっという間に設計が崩れてしまう。これが本章のポイントだ。あなたが望む設計をコードの構造にマッピングする方法、そのコードをとりまとめる方法、実行時とコンパイル時に依存性を分割する方法について考えてみよう。使える選択肢は可能な限り残しておきたいが、理想に走りすぎてもいけない。チームの規模やメンバーのスキルやソリューションの複雑さ、そして時間と予算の制約などを考慮しよう。選んだアーキテクチャスタイルを守らせるためにコンパイラが使えるかどうかを検討して、データモデルなどのほかの領域と結合してしまわないように注意しよう。悪魔は実装の詳細に宿るものだ。

付録 第VII部

アーキテクチャ考古学　付録A

　優れたアーキテクチャの原則を掘り起こすべく、45年間の旅に出ることにしよう。1970年以降に私が関わったプロジェクトのいくつかを紹介する。そのなかには、アーキテクチャ的な観点で興味深いものもあれば、得られた教訓が興味深いものもあった。また、その後のプロジェクトに与えた影響が大きいという点で興味深いものもあった。

　この付録は、ある意味では自叙伝のようなものだ。アーキテクチャに関する話題を中心に進めようとは思っているが、自叙伝的なものである以上、ときには横道にそれることもある。;-)

組合の会計システム

　1960年代後半、ASC Tabulating社は全米トラック運転手組合の第705支部に会計システムを納める契約を結んだ。ASCがこのシステムを構築するために選んだコンピュータはGE Datanet 30だった（図**A-1**）。

付録A　アーキテクチャ考古学

図 A-1　GE Datanet 30（出典：Ed Thelen, ed-thelen.org）

　ご覧のとおりの巨大な[1]マシンだった。ひと部屋まるごと使うほどの大きさだったし、部屋には厳重な空調制御が必要だった。

　集積回路が登場する前の時代のコンピュータだ。大量のトランジスタで作られている。一部には、真空管が残っているところさえあった（テープドライブのセンスアンプに使われていただけではあるが）。

　現代の基準で言うなら、バカでかくて遅くてちゃちで原始的なものだった。コアは 16K × 18 ビットで、サイクルタイムは約 7 ミリ秒[2]。空調が整った大きな部屋を埋め尽くす大きさだった。7 トラックの磁気テープドライブと、容量 20MB 程度のディスクドライブがついていた。

　このディスクがまた化け物みたいなものだった。その様子は図 **A-2** で確認できるが、写真だけではこの化け物の大きさが伝わらないだろう。このキャビネットの高さは私の身長を上回っていた。プラッタは直径 36 インチで、厚さは 1 枚 3/8 インチ。1 枚のプラッタを抜き出した写真が図 **A-3** である。

1　ASC で使っていたマシンに関して、こんな話を聞いたことがある。それは大きなトレーラーに積み込んで運ばれてきたのだが、その途中に高速で走るトラックが橋に衝突した。コンピュータは無事だったが、その衝突の勢いでコンピュータが前へ移動したせいで、一緒に積まれていた家具が粉々になってしまったそうだ。

2　今風に言うなら、クロック周波数が 142kHz だった。

298

組合の会計システム

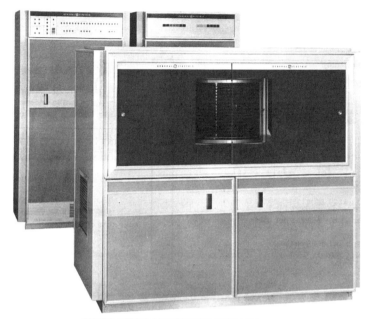

MASS RANDOM ACCESS DATA STORAGE UNIT

図 A-2　データストレージユニットとプラッタ（出典：Ed Thelen, ed-thelen.org）

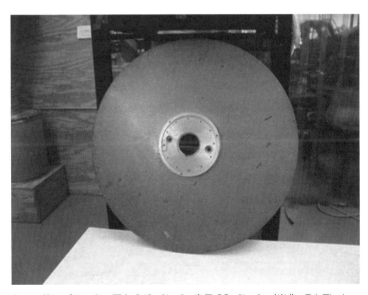

図 A-3　ディスクの 1 枚のプラッタ。厚さ 3/8 インチ、直径 38 インチ。（出典：Ed Thelen, ed-thelen.org）

299

さて、最初の写真に戻ってプラッタが何枚あるか数えてみよう。少なくとも2桁はある。それぞれのプラッタには専用のシークアームがあって、空気圧式アクチュエーターでアームを動かしていた。シークヘッドがプラッタ間を移動する様子は目視できた。シークタイムは0.5秒から1秒程度だったからだ。

この化け物の電源を入れると、まるでジェットエンジンのような音を立てた。動き始めてから安定するまでの間は、轟音と振動が部屋中を襲った[3]。

Datanet 30 の売りは、多数の非同期端末を比較的高速に駆動する能力で、それはまさに ASC が必要としているものだった。

ASC の拠点はイリノイ州レークブラフ。シカゴから北に 30 マイルほどのところにあった。第 705 支部のオフィスがあるのはシカゴのど真ん中。組合は、十数人のデータ入力作業員を使って、CRT[4]端末（図 A-4）からデータを入力させようとしていた。帳票は ASR35 テレタイプ端末（図 A-5）に打ち出した。

図 A-4　Datapoint CRT 端末（出典：Bill Degnan, vintagecomputer.net）

3　ディスクの重さがどれほどのものかを想像してみよう。その運動エネルギーといったら！　部屋に入ったときに、キャビネットのボタンから金属の削りくずが落ちてきたことがあった。保守担当者に一報すると、まずシャットダウンするように言われた。現場にきた保守担当者は、ベアリングのひとつが摩耗していることに気づいた。彼曰く、このまま放置しておけばディスクがどんどん緩んできて、飛び出したディスクはコンクリートの壁を突き破って駐車場のクルマに突っ込んでしまうだろうということだった。

4　陰極線管（いわゆるブラウン管）。緑一色な画面に ASCII 文字を表示できた。

組合の会計システム

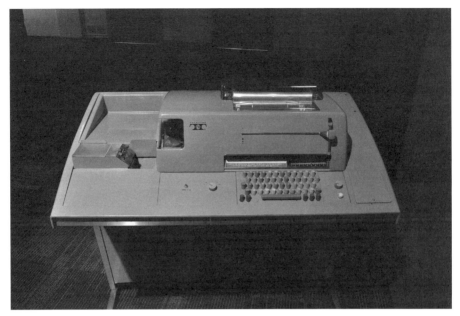

図A-5　ASR35 テレタイプ（Joe Mabel に転載の許可をいただいた）

　CRT 端末の実行速度は秒速 30 文字で、これは 1960 年代後半としては上々の速さだった。当時のモデムはそんなに高性能ではなかったからだ。

　ASC は十数本の専用線とその両端につなぐ 300 ボーのモデムを電話会社からリースして、Datanet 30 と端末を接続した。

　その頃のコンピュータには OS など存在せず、ファイルシステムすらなかった。手元にあるのはアセンブラだけ。

　データをディスクに保存する必要があるときには、データを直接ディスクに書き込んだ。ファイルやディレクトリにではない。データの書き込み先のトラック、プラッタ、セクタを見つけたら、ディスクを操作してそこにデータを保存する。つまり、ディスクのドライバを自作したということだ。

　このシステムにはエージェント、雇用主、組合員の 3 種類のレコードがあった。基本的にはこれらのレコードに対する CRUD 操作を行うシステムだったが、それ以外にも組合費の請求や総勘定元帳の計算などの機能も持っていた。

　元のシステムはコンサルタントがアセンブラで書いたもので、何とか 16K に収まるように詰め込んでいた。

　お察しのとおり、この大きな Datanet 30 は維持費が高くつくものだった。そして、ソフトウェアを動かし続けるために雇うソフトウェアコンサルタントも高給取りだった。さらに、世

301

の中ではずっと安価なミニコンピュータが勢力を伸ばしつつあった。

ASCは1971年に、当時18歳だった私とオタク仲間2人を採用した。この組合向け会計システムを、ミニコンピュータ Varian 620/f（図 **A-6**）向けにリプレイスする仕事だった。このコンピュータは安価だったし、我々への支払いも安上がりだ。ASCにとっては悪くない話だっただろう。

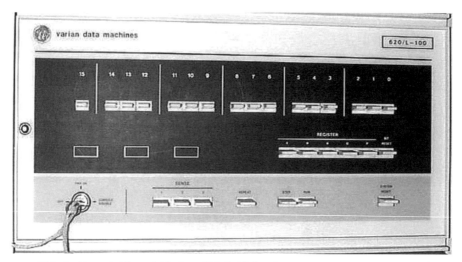

図 A-6　ミニコンピュータ Varian 620/f（出典：The Minicomputer Orphanage）

Varianのマシンは16ビットバスと32K × 16のコアメモリを持っていた。サイクルタイムは約1マイクロ秒。Datanet 30に比べてもずっと高性能だ。ディスク装置は当時流行していたIBM 2314だ。直径たった14インチのプラッタに30MBも保存できたし、コンクリートの壁を突き破る心配もなかった！

もちろん、まだOSは存在しない。ファイルシステムもなければ高級言語もない。手元にあるのはアセンブラだけ。だが、我々はやりとげた。

システム全体をなんとか32Kに詰め込むのではなく、我々はオーバーレイシステムを作った。ディスクから読み出したアプリケーションは、オーバーレイ専用のメモリブロックにロードしておく。アプリケーションはこのメモリ上で実行される。ほかのプログラムを実行するときは、ローカルRAMと一緒にプリエンプティブにディスクにスワップされる。

プログラムは、オーバーレイ領域にスワップインして、出力バッファが一杯になるまで実行して、別のプログラムがスワップインできるようにスワップアウトする。

もちろん、UIが秒速30文字だと、プログラムの待ち時間が長くなる。プログラムをディスクからスワップインする時間は十分にあったので、すべての端末を可能な限りの速度で実行で

きた。応答速度に不満を持つ人は誰もいなかった。

我々は、割り込みと入出力を管理するプリエンプティブなスーパーバイザを書いた。アプリケーションを書いてディスクドライバを書いて端末ドライバを書いてテープドライバを書いて、それ以外もすべて書いた。そのシステムのなかに、我々以外が書いたものは1ビットたりともなかった。週80時間労働が続くような過酷な戦いだったが、我々は8〜9か月ほどかけてこの化け物を稼働させた。

システムのアーキテクチャは単純なものだった（図 A-7）。アプリケーションが立ち上がると、端末バッファがいっぱいになるまで出力を生成する。その後、スーパーバイザがアプリケーションをスワップアウトさせて、新しいアプリケーションをスワップインする。スーパーバイザは、端末バッファの内容を秒速30文字で出力する。バッファが空に近づいたら、スワップアウトしたアプリケーションを呼び戻して再びバッファを埋める。

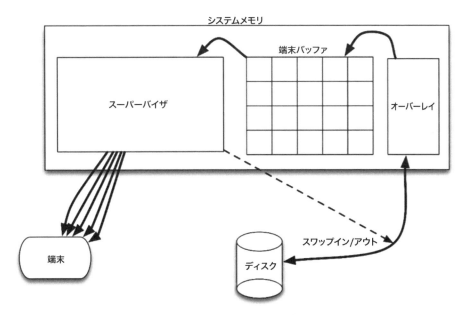

図 A-7　システムのアーキテクチャ

このシステムには2つの境界がある。ひとつは、文字出力の境界だ。アプリケーション側は、自分が出力した内容が秒速30文字の端末に送られることを知らない。文字出力は、アプリケーションの観点では完全に抽象化されていた。アプリケーションの役割は、単に文字列をスーパーバイザに渡すところまで。バッファからロードした文字を端末に送ってからアプリケーションをスワップするのは、スーパーバイザの役割だった。

この境界の依存性は、通常の流れ、つまり制御の流れと同じ方向を指していた。アプリケー

ションはコンパイル時にスーパーバイザに依存しており、制御の流れもアプリケーションからスーパーバイザへ向かうものだった。この境界があるため、アプリケーション側からは出力がどのようなデバイスに送られるのかを気にすることがなかった。

もうひとつの境界は、この依存性を逆転させたものだ。スーパーバイザはアプリケーションを起動できるが、コンパイル時にはアプリケーションに依存していない。このとき、制御の流れはスーパーバイザからアプリケーションへ向かっている。依存性を逆転させるインターフェイスを実現するために、すべてのアプリケーションをオーバーレイ領域内の特定のメモリアドレスにジャンプさせて起動するようにしていた。この境界があるため、スーパーバイザ側からはアプリケーションについて起動ポイント以外の情報を気にすることがなかった。

レーザーカット

1973 年、私はシカゴにある Teradyne Applied Systems（TAS）に入社した。そこは、ボストンに本社を置く Teradyne Inc. の関連会社だった。そこでは、比較的高出力のレーザーで電子部品を高精度にカットするシステムを作っていた。

その当時のメーカーは、セラミックの基板上にシルクスクリーンで電子部品を配置していた。基板のサイズは 1 インチ四方で、電子部品の多くは電流の流れを抑える抵抗器だった。

抵抗器の抵抗値は、その組成物や形状を含めたいくつかの要素によって決まる。抵抗器を広げれば広げるほど、抵抗値は小さくなる。

我々のシステムは、セラミックの基板をハーネスに載せて、付属するプローブで抵抗器に接触する。プローブで抵抗値を計測し、レーザーを使って抵抗器のパーツを焼き、求める抵抗値の 0.1% 程度の誤差に収まるまで削っていく。

我々はこのシステムをメーカーに販売した。また、自社内でもこのシステムを使い、中小メーカー向けの小規模のバッチを扱っていた。

使っていたコンピュータは M365。多くの企業が自社でコンピュータを開発する時代だった。Teradyne は自社で M365 を開発し、関連会社に提供していた。M365 は、当時流行していたミニコンピュータである PDP-8 の機能拡張版だった。

この M365 がポジショニングテーブルを制御して、セラミック基板をプローブの下に移動させる。また、計測システムとレーザーも M365 で制御するようにした。レーザーの位置決めには **X-Y** ミラーを用いていて、これもプログラムで回転させることができた。レーザーの出力設定もこのシステムの担当だった。

M365 の開発環境は原始的なものだった。ディスクは存在しない。大容量記憶装置はテープカートリッジで、まるで旧型の 8 トラックオーディオのカセットのようだった。テープとドラ

304

イブは TriData 製だった。

　当時の 8 トラックオーディオカセットと同様、M365 のテープもループ状になっていた。テープドライブの動きは一方通行で、巻き戻し機能が存在しない！　テープの先頭に移動したければ、「ロードポイント」まで先に進める必要があった。

　テープの速度は秒速 1 フィート程度。つまり、ループの長さが 25 フィートなら、ロードポイントに達するまで最大で 25 秒かかることになる。そこで Tridata は、10 フィートから 100 フィートまで、さまざまな長さのカートリッジを用意した。

　M365 の前面には、ブートストラッププログラムをメモリにロードして実行するためのボタンがあった。このブートストラップは、データの最初のブロックをテープから読み込んで実行する。最初のブロックにはローダーが入っていることが多く、このローダーがテープの残りの部分に入っている OS をロードした。

　OS は実行するプログラム名の入力をユーザーに促す。プログラムは、同じテープの OS の後ろに格納されている。実行したいプログラム名をたとえば「ED-402 Editor」と入力すると、OS がそれをテープから探して、ロードして実行する。

　コンソールは蛍光グリーンの ASCII CRT で「72 文字 × 24 行」[5]を表示できた。文字はすべて大文字だった。

　プログラムを編集するときには、まず ED-402 エディターをロードしてから、ソースコードを保存したテープを入れる。ソースコードが格納されているブロックをメモリに読み込むと、それがスクリーンに表示される。テープの 1 ブロックには 50 行のコードを保存できる。画面上のカーソルを vi とよく似た感じで移動させて、ソースコードを編集する。そのブロックの編集を終えたら、そのブロックを別のテープに書き出して、ソースのテープから次のブロックを読み込む。この流れを、作業が終わるまで続ける。

　ひとつ前のブロックに戻ることはできない。プログラムは、先頭から順に進めていく必要がある。後戻りしたければ、まず今のコードを最後まで出力テープにコピーしてから、そのテープを使って新たな編集セッションを始めるしかなかった。そんな状況なので特に驚くことでもないのだが、我々はまずプログラムを紙に打ち出して、赤ペンで変更内容を手書きしてから、それにもとづいてブロック単位でプログラムを編集していった。

　プログラムの編集を終わったら、OS に戻ってアセンブラを起動する。アセンブラはソースコードのテープを読んで、バイナリテープに書き出す。データをラインプリンターに打ち出すこともあった。

　テープの信頼性はそれほど高くなかったので、常に 2 本のテープに同じ内容を書き出していた。そうしておけば、少なくとも 1 本は問題なく書き込めている可能性が高まるからだ。

5　72 文字という数字は Hollerith のパンチカードに由来する。彼のパンチカードのサイズは 80 文字で、デッキを落としてカードがバラバラになったときに備えたシーケンス番号用に最後の 8 文字が「予約」されていた。

付録 A　アーキテクチャ考古学

このプログラムのコードは約 20,000 行で、コンパイルには 30 分近くを要した。テープの読み込みエラーが発生する確率は、だいたい 10 回に 1 回くらいだった。読み込みエラーを検知したアセンブラは、コンソールのベルを鳴らして、エラーの内容をプリンターに打ち出す。このいまいましいベルの音は、ラボ全体に響き渡った。さらに 30 分待たされることになった哀れなプログラマの愚痴も聞こえた。

このプログラムのアーキテクチャは、その当時は一般的なものだった。まず、ひとつの「マスターオペレーティングプログラム（MOP）」がある。その役割は、基本的な入出力機能と、コンソールの「シェル」を管理することだ。Teradyne のほとんどの支部では MOP のソースコードを共有していたが、それぞれが自分たちの用途に合わせてフォークしていた。MOP のソースコードをアップデートしたときは、紙に打ち出したリストに変更点を書き込んだものを各支部に送って、各支部ではそれを（細心の注意を払いつつ）手作業で統合していた。

ハードウェアの計測やテーブルの位置決めやレーザーの操作などは、その目的に特化したユーティリティーレイヤーが管理した。MOP とこのレイヤーとの境界は、控えめに言ってもひどいものだった。ユーティリティレイヤーが MOP を呼び出す一方、MOP はそのレイヤーのために特別に修正されていたり、MOP からコールバックしたりすることもよくあった。実際のところ我々は、ふたつのレイヤーが別のものであるという認識はなかった。我々にとって、ユーティリティーレイヤーは単に MOP に追加したコードだという認識だった。

次に、隔離レイヤーについて紹介しよう。このレイヤーは、アプリケーションプログラムに対する仮想マシンインターフェイスを提供する。データ駆動の、まったく異なるドメイン特化言語（DSL）で書かれていた。この言語を使って、レーザーやテーブルの移動・カット・計測などをした。顧客は、自分たちが使うレーザーカットアプリケーションのプログラムをこの言語で書くことができて、その書いたプログラムを実行するのが隔離レイヤーだった。

この手法は、マシン非依存のレーザーカット言語を作ることが狙いではなかった。この DSLには特別なところがあり、ほかのレイヤーとも密結合していた。隔離レイヤーの狙いは、レーザーカットのプログラムを作るアプリケーションプログラマに対して、M365 のアセンブラよりシンプルな言語を提供することだった。

テープから読み込まれたレーザーカットのジョブは、システムが実行する。我々のシステムがレーザーカットアプリケーション用の OS として機能していたことになる。

このシステムは M365 のアセンブラで書かれており、全体がひとまとまりのコンパイル単位になっていて、ひとつのバイナリコードを生成していた。

アプリケーション内の境界は、とりあえず定められている程度のものだった。システムコードと DSL によるアプリケーションとの境界さえ、きちんとした縛りのあるものではなかった。境界を越えた結合があちこちにあった。

まあ、1970 年代初めのソフトウェアにはよくあることだった。

306

アルミダイキャストの監視

1970年代半ば、OPEC諸国が石油禁輸を決定したことでガソリン不足が発生して、怒ったドライバーがガソリンスタンドに殺到していた。当時、私はOutboard Marine Corporation（OMC）で働き始めた。Johnson MotorsやLawnboyの親会社だ。

OMCはイリノイ州ウォキーガンに大規模な工場を構えて、同社のモーターや製品で使うアルミダイキャストパーツを製造していた。巨大な炉で溶かされたアルミニウムが、何十台ものアルミダイキャストマシンに運ばれていく。それぞれのマシンには専任のオペレーターがいて、金型の設定やマシンの運用や鋳造されたパーツの取り出しなどを担当していた。オペレーターの給料は、作ったパーツの数に応じて決まる仕組みだった。

私はそこで、店舗フロアのオートメーションプロジェクトに関わった。OMCが導入したマシンはIBM System/7で、これはミニコンピュータに対するIBMからの答えだった。彼らはこのコンピュータをフロア内のすべてのダイキャストマシンと接続して、各マシンのサイクル数や時間を計測できるようにした。我々の役割は、それらの情報をとりまとめて3270グリーンスクリーンディスプレイに表示することだった。

使った言語はアセンブラ。相変わらず、コンピュータ上で動くコードは1ビット残らず、すべて自分たちで書いた。OSもなければサブルーチン集もなければフレームワークもなかった。生のコードだけがそこにあった。

そのプログラムは、割り込み駆動のリアルタイムコードでもあった。ダイキャストマシンの鋳造サイクルが始まるたびに一連の統計情報を更新し、偉大なるIBM 370様にメッセージを送信し、CICS-COBOLのプログラムを実行して統計情報をグリーンスクリーンに表示する必要があった。

私はこの仕事が大嫌いだった。本当に大嫌いだった。ああ、やってる作業自体は楽しかったさ！　でも、そこの文化が問題で……。ネクタイの着用を**強制される**だなんて耐えられなかった。

努力しようとはしたし、実際にネクタイを締めた。だが、ぜんぜん幸せじゃなかった。周りの同僚たちもそれに気づいていた。大事な日程を忘れてしまったり、寝坊したせいで重要な会議に参加できなかったり、そんなざまだった。人生で唯一、クビになったのがこの仕事だった。まあそうなるのも仕方がない。

アーキテクチャ的なところに関しては、学ぶべきことはほとんどなかった。ひとつだけ注目すべきことがあるとすれば、System/7の**プログラム割り込み設定**（SPI：Set Program Interrupt）機能だ。プロセッサへの割り込みを発生させる仕組みで、これを使えばキューにたまっている優先順位の低い割り込みを処理できた。今で言うなら、Javaの`Thread.yield()`みたいなものだ。

付録 A アーキテクチャ考古学

4-Tel

1976 年 10 月、OMC をクビになった私は Teradyne の別部署に復帰した。その後 12 年にわたってこの部署に在籍することになる。このとき私が関わったのは、4-Tel というプロダクトだった。これは、サービスエリア内のすべての電話線を毎晩テストして、修理が必要な回線の一覧を出すためのシステムだった。さらに、電話線の検査員が特定の回線を細かくテストできる仕組みも用意されていた。

システムを構築した当初は、先ほどのレーザーカットシステムと同じようなアーキテクチャだった。つまり、アセンブリ言語で書かれたモノリシックなアプリケーションで、明確な境界がない状態だった。しかし、私が復帰した頃には、何かが変わり始めていた。

このシステムを使うのは、サービスセンター（SC）にいる検査員たちだった。ひとつのサービスセンターが多数の中央交換局（CO）をカバーしており、それぞれの CO が 10,000 本程度の電話線を扱っていた。ダイヤルや計測用の機器は CO 内に置く必要があった。そこで、各地の CO に M365 を配置することになった。このコンピュータのことを、我々は COLT（Central Office Line Tester：中央交換局回線テスター）と呼んだ。それとは別に、SC にも M365 を配置した。これは SAC（Service Area Computer：サービスエリアコンピュータ）と名付けられた。SAC には数台のモデムがつながれていて、各地の COLT と 300 ボー（毎秒 30 文字）で通信することができた。

最初の頃は、COLT がすべての作業を受け持っていた。コンソール通信もメニューもレポート出力も、すべて COLT の役割だった。SAC は単なるマルチプレクサーに過ぎず、COLT から受け取った出力を画面に表示しているだけだった。

この方式で何が問題だったかといえば、毎秒 30 文字という速度の制約だった。画面上にぽつぽつと表示される文字を待ち続けるのは検査員にとって気持ちのいいものではない。重要なのはそのなかのごく一部のデータだけなのだから、検査員にとってはなおさら辛かっただろう。さらに、あの頃は M365 のコアメモリは高価で、プログラムも巨大だった。

それらの問題への対策として、ダイヤルアップと回線測定用のプログラムを、結果の分析とレポート出力のプログラムから切り離すことにした。そして、前者は COLT に残したまま、後者のプログラムは SAC に移した。これによって、COLT は小規模なマシンで動かせるようになったし必要なメモリも激減した。さらに、端末のレスポンスもかなり高速化した。レポートを SAC 側で生成するようになったからである。

大成功だった。（適切な COLT に接続したあとの）画面の描画速度は劇的に改善されたし、COLT の使用メモリも少なくなった。

境界は明確で、きちんと切り離されていた。SAC と COLT の間でやりとりされるパケット

は、ごく少ないものだった。このパケットの中身はシンプルな DSL で、DIAL XXXX（XXXX にダイヤルせよ）や MEASURE（測定せよ）などのプリミティブなコマンドを表すものだった。

　M365 はテープから読み込まれていた。だが、当時のテープドライブは高価で、電話局の環境においては信頼性に欠けるものだった。また、COLT 内のそのほかの機器に比べて M365 は比較的高価なマシンだった。そこで我々は、M365 から 8085 ベースのマイクロコンピュータへリプレイスするプロジェクトを立ち上げた。

　新しいコンピュータは、8085 を載せたプロセッサーボードと 32K の RAM ボード、さらに 12K の ROM ボードが 3 枚という構成だった。これらのボードはすべて計測機器と同じシャーシに収まるものだったので、M365 のときのように巨大なシャーシを用意する必要はなくなった。

　ROM ボードには Intel の 2708 EPROM（Erasable Programmable Read-Only Memory）チップ[6]が 12 個搭載されていた。図 **A-8** がそのチップの一例だ。我々の開発環境で動いていた PROM バーナーという特殊なデバイスを使って、ソフトウェアをこのチップに書き込んだ。チップのデータを消去するには、強力な紫外線を照射すればよかった[7]。

図 A-8　EPROM チップ

6　もちろん、これが矛盾した表現だということはわかっている。
7　プラスチックの小窓があって、内部のシリコンチップが見えるようになっていた。そして、そこに UV を照射すればデータを消去できた。

付録 A　アーキテクチャ考古学

　私は同僚と 2 人で、M365 のアセンブリ言語で書かれたプログラムを 8085 のアセンブリ言語に移植した。手作業で進めた移植は、ほぼ半年がかりだった。最終的にできあがった 8085 のコードは、30K ほどのサイズになった。

　開発環境には RAM が 64K 搭載されていて ROM がついていない状態だったので、コンパイルしたバイナリは RAM にダウンロードしてすぐにテストできた。

　プログラムがきちんと動くことを確認してから、EPROM を使うように切り替えた。30 個のチップを焼いて、3 枚の ROM ボードのスロットに順番どおりに差し込んだ。順番を間違えないように、すべてのチップにはラベルを付けていた。

　プログラムは、サイズが 30K のバイナリがひとつという構成だった。チップを焼くときには、そのバイナリイメージを 1K のセグメントに分割して、30 個のセグメントをそれぞれ別のチップに焼き込んだ。

　これがうまく動いたので、ハードウェアの大量生産に踏み切ってシステムを各地の現場にデプロイしはじめた。

　しかし、ソフトウェアは「ソフト」なものだ[8]。新しい機能を追加することもあれば、バグ修正が必要になることもある。システムが広く使われるようになるにつれて、インストール先ごとに 30 のチップを焼き直して、現地の作業員が 30 枚のチップをすべて入れ替えるというアップデート作業が重荷になり始めた。

　ありとあらゆる問題が出てきた。チップにラベルを貼り間違えることもあれば、ラベルがはがれてしまうこともあった。現場のエンジニアがチップを差し込む場所を間違えることもあったし、不注意で新しいチップのピンを壊してしまうこともあった。そんなときは、もう一度 30 枚のチップを受け取らなければいけない。

　なぜ、毎回 30 枚のチップを総入れ替えしていたのだろうか？　30K の実行ファイルのコードに手を加えるたびに、実行ファイル内のインストラクションが読み込まれるアドレスが変わるからだ。また、我々が呼び出すサブルーチンや関数のアドレスも変わってしまう。つまり、変更の多寡にかかわらず、すべてのチップに影響が及ぶのだ。

　ある日ボスがやってきて、この問題を何とかできないかと聞いてきた。ファームウェアの更新を、30 枚のチップを総入れ替えしなくてもできるようにする必要があるというのだ。いろいろ検討したうえで、我々は「ベクトル化」プロジェクトを立ち上げた。3 か月がかりのプロジェクトだった。

　基本的な考え方は極めてシンプルだ。30K のプログラムを 32 のソースファイルに分割して個別にコンパイルできるようにして、それぞれのサイズを 1K 未満に抑えた。そして、それぞれのソースファイルの先頭で、プログラムをロードするアドレスをコンパイラに指示するよう

8　ソフトウェアを ROM に焼いた時点で「ファームウェア」と呼ばれるようになることは知っている。でも、ファームウェアになったところでそれが「ソフト」であることは変わらない。

310

にした（たとえば、ボードの C4 に差し込むチップ用のソースファイルなら「ORG C400」などとした）。

　また、同じくソースファイルの冒頭に、シンプルな固定サイズのデータ構造を用意した。ここには、そのチップに含まれるすべてのサブルーチンのアドレスを含めるようにした。サイズは 40 バイトなので、最大で 20 件のアドレスしか保持できない。つまり、ひとつのチップにはサブルーチンを 20 件までしか含められないということだ。

　次に、RAM の中に特別な「ベクトル」領域を用意した。40 バイトのテーブルが 32 個。ここに、各チップの先頭にあるポインタを格納した。

　そして、すべてのチップ内に含まれるすべてのサブルーチンの呼び出しを、この RAM 上のベクトル領域を経由する方式に切り替えた。

　プロセッサが立ち上がると、まずすべてのチップをスキャンして、先頭にあるベクトルテーブルを RAM に読み込む。それから、メインプログラムを立ち上げる。

　この仕組みは大成功を収めた。バグ修正や機能追加をした場合でも、再コンパイルするチップは 1 枚か 2 枚で済むようになり、現場のエンジニアには再コンパイルしたチップを送るだけで済むようになった。

　我々は、チップを**独立してデプロイ可能**にした。ポリモーフィックディスパッチの仕組みを編み出したのだ。オブジェクトを発明したのである。

　これは、まさに「プラグインアーキテクチャ」と呼べるものだった。実際にチップをプラグインしていたのだから。我々が作り上げたのは、何かの機能をインストールするときには、その機能を含むチップを空きソケットに差し込めばいいという仕組みだった。メニューには新しい機能が自動的に表示されて、メインアプリケーションとのバインドも自動的に行われた。

　もちろん、当時の我々はオブジェクト指向の原則など知らなかったし、ユーザーインターフェイスとビジネスルールを切り離すなどという概念もなかった。だが、その兆しは見え始めていたし、それはとても強力なものだった。

　この手法によって、想定外のメリットがもたらされた。ダイヤルアップ接続してファームウェアのパッチを適用できるようになったのだ。デバイスのファームウェアにバグが見つかったら、そのデバイスにダイヤルアップして、オンボードのモニタープログラムを使って RAM のベクトル領域を書き換える。問題のあるサブルーチンへのポインタを RAM 上の未使用領域を指すように変更して、その未使用領域に修正済みのサブルーチンを書き込めばいい。マシンコードは 16 進形式でタイプしておく。

　これは、現場の運用にとっても顧客にとっても、願ってもないことだった。問題が発生したとしても、新しいチップを運んだり、エンジニアを緊急に呼び出したりする必要がなくなるのだ。システムにはとりあえずパッチをあてておけばいいので、新しいチップの導入は次の定期保守訪問のときまで待つことも可能だ。

付録 A　アーキテクチャ考古学

サービスエリアコンピュータ

4-Tel のサービスエリアコンピュータ（SAC）は、M365 ミニコンピュータをベースにしたものだった。各地の COLT との通信には、専用線あるいはダイヤルアップモデムを使っていた。COLT に対して電話線の計測指示を出してその結果を受け取り、複雑な分析をしたうえで、問題があればその場所を特定する。

派遣指示

このシステムの経済的な成否は、修理作業員をいかに正確に配置できるかにかかっていた。修理作業は、組合の決まりで「中央交換局」「ケーブル」「ドロップ」の 3 つのカテゴリーに分かれていた。中央交換局担当の作業員は、中央交換局内の問題に対応する。ケーブル担当の作業員は、中央交換局と顧客をつなぐケーブル設備の問題に対応する。そしてドロップ担当の作業員は、顧客側の敷地内での問題と外部のケーブルの敷地内への引き込み線（ドロップ）の問題に対応する。

顧客から障害報告を受けたシステムは、問題を調査してどのカテゴリーの修理作業員を派遣するかを判断する。これによって、電話会社は経費をかなり削減できた。というのも、派遣する修理作業員を間違えてしまうと対応完了までの時間が延びてしまうし、修理作業員の交通費もムダになってしまうからだ。

この派遣指示のコードを設計して組み上げた人は、すばらしく頭の切れる人だったのだろう。だが、コミュニケーション能力はないに等しかったのではないだろうか。当時、このコードが書かれた様子について「3 週間ほど天井を見つめてから、体のありとあらゆる穴からあふれてくるコードを 2 日間かけて吐き出したあと、その人は辞めてしまった」と言われていた。

ほかの誰にも理解できないコードだった。新機能を追加したり不具合対応をしたりするたびに、どこかが壊れてしまった。このコードは我々のシステムのなかで最も経済効果を生み出しているものだったので、問題が発生するたびに会社は大きな損害を被っていた。

ある日、上司から「今後このコードには一切手を出すな」と命令が下った。このコードは**正式に硬直化**した。

クリーンなコードの価値を思い知らされた瞬間であった。

312

サービスエリアコンピュータ

アーキテクチャ

　このシステムは 1976 年に M365 のアセンブラで書かれたものだった。モノリシックなプログラムで、60,000 行程度の大きさだった。自前の OS は、ポーリングにもとづいたノンプリエンプティブなタスク切り替えをする。我々はこれを、**マルチプロセッシングシステム**（MPS）と呼んでいた。M365 には組込みのスタックがなかったので、タスク単位の変数はメモリの特別な領域に保持され、コンテキストスイッチにあわせてスワップしていた。共有変数は、ロックとセマフォで管理した。再入可能性やレースコンディションが常に問題になっていた。

　デバイスの制御や UI 関連のロジックは、ビジネスルールとは切り離されていなかった。たとえば、モデム制御コードがビジネスルールや UI のコード内にちりばめられていた。ひとまとめにしてモジュール化したり、インターフェイスを抽象化したりすることはなかった。モデムをビット単位で制御するコードが、システム内のありとあらゆるところに書かれていたのだ。

　端末の UI についても同じで、メッセージと書式制御コードが切り離されていなかった。60,000 行のコードベースのあちこちに行き渡っていたのだ。

　当時使っていたモデムモジュールは、PC ボードにマウントするように作られていた。モデムユニットをサードパーティから購入して、我々のバックパネルに収まるようにボードにあるほかの回路と統合した。このユニットは高価だったので、数年後にはモデムを自前で作るようになった。ソフトウェア部門の我々は、ハードウェアデザイナーに対して、いま使っているモデムと同じビットフォーマットで制御できるようなモデムを作るように依頼した。モデムの制御コードがソフトウェアのあちこちに散らばっていることや、将来的に現行のモデムと新しいモデルを同時に扱う必要があることなどを説明した。「ソフトウェア制御の観点で、新しいモデムが現行のモデムと同じように見えるようにしてくれないか」とお願いした。

　そして、新しいモデムができあがった。制御構造はまったく異なるものだった。ちょっと違うどころの話じゃない。全体的に、まったくの別物になっていたのだ。

　ハードウェアエンジニアさん、やってくれたものだね。

　そのとき我々は何をしただろうか？　すべての現行モデムを新しいものにリプレイスしたわけではない。新旧両方のモデムをシステム内で共存させたのだ。つまり、ソフトウェア側では両方のモデムを扱える必要があった。モデムを操作するすべてのコードにフラグを追加して処理を切り分ければいいだって？　何百か所もあるのにとても無理じゃないか！

　結局、我々はそれよりさらに悪い方法を選んでしまった。

　シリアルバス通信でデータを書き込むサブルーチンがあって、モデムを含むすべてのデバイスの制御にそれが使われていた。我々はそのサブルーチンを修正して、旧モデムに特有のビットパターンを検知できるようにした。そのパターンを見つけたら、新しいモデム向けに変換す

313

るようにしたのだ。

一筋縄ではいかなかった。モデムの制御コマンドは、シリアルバス上のさまざまな IO アドレスへの書き込みシーケンスで構成されている。この一連のコマンドに割り込みをかけて、別の IO アドレスやタイミングやビットポジションを使う別のシーケンスに変換していった。

動くには動いたが、想像を絶する最悪のハックだった。この大失態から、ハードウェアとビジネスルールを切り離したりインターフェイスを抽象化したりすることの大切さを学んだ。

稼働中のシステムの全面見直し

1980 年代に入り、独自アーキテクチャのミニコンピュータを内製するのは時代遅れになってきた。市場にはマイコンが幅広く出回っていて、それらを使うほうがずっと安あがりだった。また、1960 年代のプロプライエタリなアーキテクチャよりも、それらのアーキテクチャのほうが標準化されていた。そういった状況に加えて SAC のソフトウェアアーキテクチャがひどいものだったこともあり、技術部門の上層部は SAC のアーキテクチャを根本的に見直すことにした。

新システムは、ディスク上に載る UNIX OS を使って、C 言語で書かれることになった。それを、Intel 8086 で動くマイコン上で走らせる。ハードウェアチームは新しいコンピュータ上での作業を始め、ソフトウェア開発の精鋭部隊「タイガーチーム」がソフトウェアの書き直しに取りかかった。

最初の大失敗については、詳細はあえて語らない。2〜3 人年の工数をかけたソフトウェアプロジェクトは炎上し、タイガーチームは何ひとつデリバリーできなかった。

何年か後、確か 1982 年ごろに、このプロジェクトが再開した。そのゴールは、SAC の設計を全面的に見直して、自前で新たに設計した超強力な 80286 マシンで UNIX 上の C 言語のプログラムとして動かすことだった。このコンピュータは「Deep Thought（深い考え）」と名付けられた。

これまた時間がかかった。とても時間がかかった。まだまだ時間がかかった。UNIX ベースの SAC が最終的にいつリリースされたのかは知らない。確実なのは、私が退職した 1988 年にはまだリリースされていなかったということだ。というか、あれが実際にリリースされたのかどうかもはっきり知らない。

なぜそんなにも遅れたのだろう？　言ってしまえば、大規模なプログラマ部隊が今なおアクティブに保守を続けている旧システムを、再設計チームが追いかけきれなかったのだろう。これは、彼らに立ちはだかった困難の一例にすぎない。

ヨーロッパへ

　SAC を C 言語で書き直そうとしていたちょうどその頃、会社としてヨーロッパ方面への販路の拡大も始まっていた。システムの再設計が終わるのを待っているヒマはなかったので、ヨーロッパに売り込んだのはもちろん現行の M365 のシステムだった。

　問題は、ヨーロッパの電話システムがアメリカとは大きく異なることだった。作業員の組織や指揮系統もアメリカとは違っていた。そこで、腕利きのプログラマの 1 人をイギリスに送り、現地の開発チームを率いて SAC のソフトウェアをヨーロッパ向けに改修することにした。

　もちろん、イギリスでの変更をアメリカ側のプログラムに統合することなどまともに考えてはいなかった。海を越えて大規模なコードベースを送れるようなネットワークができあがるのは、まだずっと先の話だ。イギリスの開発者たちは、単純にアメリカのコードをフォークして、必要なところに手を加えていった。

　もちろんこれは問題を引き起こした。大西洋を挟んだ両側の大陸で、相手側のシステムにも修正が必要になるバグが見つかった。しかし、お互い独自に手を加えすぎていたため、アメリカ版に適用した修正がイギリス版でもうまく動くかどうかの判断は難しかった。

　胸焼けのするような数年を経て、ようやくアメリカとイギリスのオフィスの間に高速回線が引かれた。そこで、お互いの変更内容を再び統合して、アメリカ版とイギリス版を設定で切り替えられるようにしようということになった。しかしこの試みは、3 回挑戦してすべて失敗に終わった。2 つのコードベースはまだまだとても似てはいたが、それでも再統合するには食い違いすぎていた。急速に変わりゆく当時の市場に対応するには、そうならざるを得なかった。

　その頃、UNIX の C 言語での書き直しに挑んでいたタイガーチームは、このヨーロッパとアメリカの問題にも対応しなければいけないことを思い知らされた。もちろん、それは彼らの進捗にとってよいニュースであるわけがなかった。

SACのまとめ

　ほかにもいろいろネタは尽きないが、そろそろ続けるのが辛くなってきた。これまでのソフトウェア開発者人生で得た教訓の多くは、SAC のひどいアセンブラコードと格闘していたこの時代に学んだといっても過言ではない。

付録 A　アーキテクチャ考古学

C言語

　4-Tel Micro のプロジェクトで利用した 8085 は、さまざまな組込み機器向けプロジェクト
で使える比較的低コストなプラットフォームだった。32K の RAM と同じく 32K の ROM があ
ればロードできたし、周辺機器を制御する方法も極めて柔軟で強力だった。我々が持ち合わせ
ていなかったのは、プログラムを書くための柔軟で便利な言語だった。8085 のアセンブラでの
コーディングは、決して楽しいものではなかった。

　さらに、当時使っていたアセンブラは、自社のプログラマが開発したものだった。このアセ
ンブラは M365 で動いていて、「レーザーカット」で説明したカートリッジテープの OS を使う
ものだった。

　まるで運命の巡り合わせのように、**ハードウェア**のリードエンジニアが、CEO に対して**本物**
のコンピュータが必要だと訴えた。彼は自分の言っていることをそれほど理解していなかった
ようだが、政治力は非常に大きかった。彼のおかげで、我々は PDP-11/60 を導入することに
なった。

　当時、一介のプログラマにすぎなかった私は大喜びだった。このコンピュータがあったらど
んなことがしたいかを**はっきりと**認識していた。きっとこのマシンは**私の**ものになるだろうと
思った。

　実機が届く数か月前に到着したマニュアルを自宅に持ち帰り、むさぼるように読んだ。その
甲斐あって、実機が到着した頃にはハードウェアもソフトウェアも使い方を知り尽くしていた。

　発注するときには助言もした。たとえば、新しいコンピュータにどの程度の容量のディスク
ストレージを載せるべきかなどを指定した。また、25MB のリムーバルディスクパックを搭載
できるディスクドライブを 2 台買うべきだとも進言した[9]。

　なんと 50MB ！　無限にも等しいじゃないか！　深夜にオフィスの廊下を歩きながら、西の
悪い魔女のように高笑いしたのを思い出す。「50MB だって！　ハッハッハッハッハッ！」

　施設管理者に小さな部屋を用意してもらい、6 台の VT100 端末をそこに置いた。私はその部
屋を宇宙の写真で飾った。ソフトウェア開発者たちは、この部屋を使ってコードを書いたりコ
ンパイルしたりすることになるだろう。

　マシンが到着すると、数日がかりでセットアップして、すべての端末と接続した。喜びに満
ちあふれた作業だった。

　8085 用の標準アセンブラを Boston Systems Office から購入した我々は、4-Tel のコードを
そのアセンブラの構文に変換した。クロスコンパイル環境を構築して、PDP-11 でコンパイル
したバイナリを 8085 の開発環境や ROM バーナーにダウンロードできるようにした。みんなの
アンクル・ボブは、すべてをやり遂げたのだ。

9　RKO7

C

ただ、8085 のアセンブラを使っているという問題がまだ残っていた。私にとってはまだ満足できる状況ではなかった。ベル研では「新しい」言語を使いまくっているという噂が聞こえてきた。その名を「C」というらしい。私は Kernighan と Ritchie が書いた『The C Programming Language』を書店で入手した。数か月前に PDP-11 のマニュアルを読み込んだときと同じように、この本も**読みまくった**。

シンプルでエレガントなその言語に衝撃を受けた。アセンブリ言語のパワーを一切損ねることなく、はるかに便利な構文でそのパワーを活用できるようになっている。これはよいものだ。

早速、Whitesmiths の C コンパイラを購入して、PDP-11 で走らせた。このコンパイラの出力は、Boston Systems Office の 8085 コンパイラと互換性のあるアセンブラ構文だった。C 言語のコードを 8085 のハードウェアに載せる道がようやくできた！　これで一歩前進だ。

残る問題は、組込み向けのアセンブリ言語のプログラマたちに C 言語を使わせるように仕向けることだけだった。そこには悪夢のような出来事が待ち受けていたが、それはまた別のお話。

BOSS

我々の 8085 プラットフォームには、オペレーティングシステムがなかった。M365 の MPS システムでの経験と IBM System/7 の基本的な割り込みメカニズムを踏まえ、8085 には簡単なタスクスイッチャーが必要だと考えた。そこで私は、BOSS（Basic Operating System and Scheduler）を考案した[10]。

BOSS の大部分は C 言語で書いた。それにより並列タスクを作ることができた。だが、プリエンプティブではなかったので、割り込みでタスクを切り替えることはできなかった。M365 の MPS システムと同様に、単純なポーリングでタスクの切り替えをするようにした。ポーリングは、イベントでタスクがブロックされたときに発生する。

BOSS は、タスクのブロックを以下のように呼び出す。

```
block(eventCheckFunction);
```

この呼び出しは、現在のタスクを中断させ、eventCheckFunction をポーリングリストに配置して、新規でブロックされたタスクと関連付けるものである。そして、ポーリングループのなかで待機して、ポーリングリストにある関数のいずれかが true を戻すまで呼び出し続ける。

10　後に「Bob's Only Successful Software（ボブの唯一成功したソフトウェア）」に改名された。

付録 A　アーキテクチャ考古学

その後、その関数に関連付けられたタスクの実行が許可される。

　前述のように、これは単純でノンプリエンプティブなタスク切り替えである。

　このソフトウェアは、それから数年間にわたり膨大な数のプロジェクトの基礎となった。その最初のひとつは pCCU だった。

pCCU

　1970 年代後半から 1980 年代初頭は、電話会社にとって激動の時代だった。その原因はデジタル革命にあった。

　前世紀では、中央交換局と顧客の電話の接続は一組の銅線だった。銅線はケーブルにまとめられ、電柱や地下を使い、田舎の巨大なネットワークエリアに張りめぐらされていた。

　銅は貴金属であり、電話会社は国中を網羅するだけの量の銅を（数トン単位で）保有していた。設備投資は莫大なものだった。その大部分は、電話通話をデジタル接続にすることで埋め合わせることができた。一組の銅線で数百の電話通話をデジタルで運ぶことができた。

　そのために電話会社は、中央交換局の古いアナログスイッチを新しいデジタルスイッチに移行するプロセスに着手した。

　4-Tel のテストは銅線で実施しており、デジタル接続ではテストしていなかった。デジタル環境でも多くの銅線が残されていたが、以前よりもはるかに短く、顧客の電話の近くに限定されていた。この信号は中央交換局から地方の基地局にデジタルで伝送され、そこでアナログ信号に変換され、通常の銅線で顧客まで届けられる。つまり、測定装置は銅線が開始する場所に置く必要があったが、ダイヤル装置は中央交換局に残す必要があったのだ。問題は、すべてのCOLT が同じ装置で発信と測定の両方を実現していることだった。（数年前に明確なアーキテクチャの境界を認識していれば、莫大な資金を失うことはなかった！）

　そこで、CCU（COLT 制御ユニット）と CMU（COLT 測定ユニット）という新しい製品アーキテクチャを考案した。CCU は中央交換局に設置され、テストする電話回線の発信操作を制御する。CMU は地方の基地局に設置され、顧客の電話機に接続された銅線を測定する。

　問題は、CCU ごとにいくつもの CMU があったことだ。それぞれの電話番号にどの CMU を使うべきかの情報は、デジタルスイッチに保持されていた。したがって、どの CMU と通信して制御するかを決めるために、CCU はデジタルスイッチに問い合わせる必要があったのだ。

　我々は新しいアーキテクチャを移行に間に合わせることを電話会社に約束した。少なくとも数か月は残されていたので、あまり急ぐことはなかった。また、CCU/CMU のハードウェアとソフトウェアの開発に数人年かかることもわかっていた。

318

スケジュールの罠

　時間が経つにつれて、常に緊急の問題が発生することがわかった。そしてそれは、CCU/CMU アーキテクチャの開発を遅らせるものだった。我々は遅れても特に問題ないと考えていた。電話会社がデジタルスイッチの開発をいつも遅らせていたからだ。先方のスケジュールを確認すると、時間はまだ十分にあることを確信できたので、我々の開発も同様にいつも遅らせていた。

　ある日、上司に呼ばれてオフィスに行ったところ、こう言われてしまった。

「来月、デジタルスイッチを設置する顧客がいるから、それまでに CCU/CMU が動くようにしといてくれ」

　なんてこった！　数年人の開発をたった1か月で？　だが、上司には計画があった。

　実際には、完全な CCU/CMU アーキテクチャは必要なかった。デジタルスイッチを導入していた電話会社はわずかだった。導入していたところも中央交換局は1つで、地方の基地局は2つしかなかった。さらに重要なのは「地方」の基地局は、「ローカル」ではなかったということだ。そこには数百世帯を処理する古い通常のアナログスイッチがあった。そして、これらのスイッチは通常の COLT でも発信できる種類のものだった。顧客の電話番号には、どの基地局を使うかを決めるのに必要なすべての情報が含まれていた。電話番号に5、6、7が含まれていれば、基地局1へ。それ以外は基地局2に振り分けることになっていた。

　上司が私に説明したように、CCU/CMU は必要なかったのだ。我々が必要としていたのは、中央交換局にあるシンプルなコンピュータだった。それを基地局にある2つの COLT とモデム回線で接続する。SAC は中央交換局のコンピュータと通信し、コンピュータで電話番号をデコードし、発信と測定のコマンドを対応する基地局の COLT に中継する。

　こうして pCCU が生まれた。

　これは、BOSS を使って、C 言語で書かれ、顧客に導入されたはじめてのプロダクトだった。開発には1週間かかった。この物語にはアーキテクチャ的に深い意味はないが、次のプロジェクトへつながるきっかけとなった。

DLU/DRU

　1980 年代初頭、顧客にテキサス州の電話会社があった。彼らの網羅すべきエリアは広大だった。実際、エリアが広大すぎて、ひとつのサービスエリアに作業員を派遣するための複数のオフィスを用意する必要があった。オフィスには SAC の端末を必要とする検査員がいた。

　解決が簡単な問題だと思うかもしれないが、この話は 1980 年初期の話である。当時はリモート端末はそれほど一般的ではなかった。さらに悪いことに、SAC のハードウェアはすべての端

末がローカルだと認識していた。我々の端末も専用の高速シリアルバスに接続されていた。

我々はリモート端末の機能を持っていたが、それはモデムをベースにしたものだった。また、1980年代初頭のモデムは300bpsに制限されていた。顧客はその速度では満足しなかった。

高速モデムも使えたが、非常に高価であり、「条件付き」常時接続で稼働させる必要があった。ダイヤルアップの品質は確実に十分ではなかった。

顧客は解決策を求めてきた。我々の答えはDLU/DRUだった。

DLU/DRUは、それぞれ「Display Local Unit」と「Display Remote Unit」の略である。DLUはSACの筐体に接続するコンピュータボードで、端末マネージャーボードのふりをするというものだった。ローカル端末用のシリアルバスを制御するのではなく、キャラクタストリームを使い、それを9600bpsの条件付きモデムリンクで多重化していた。

DRUは、顧客のリモート地点に置かれた箱だった。9600bpsのリンクの終端に接続され、専用のシリアルバスに接続された端末を制御するハードウェアを持っていた。9600bpsのリンクから受信したキャラクタを逆多重化し、適切なローカル端末に送信するというものだ。

奇妙に思うだろう？　今では当たり前すぎて考えたこともないような解決策を設計する必要があったのだ。だが、当時は……。

標準の通信プロトコルはオープンソースで共有されていなかったので、独自の通信プロトコルを発明する必要があった。インターネット接続が存在するよりもずっと前の話だ。

アーキテクチャ

このシステムのアーキテクチャは非常にシンプルだったが、強調しておきたい興味深い特徴がいくつかある。まず、両方のユニットが、8085テクノロジーを使用しており、C言語で書かれ、BOSSを使用していたということだ。だが、似ているのはそこまでだ。

このプロジェクトには2人が関わっていた。私はプロジェクトリーダーであり、Mike Carewが私の相棒だった。私はDLUの設計とコーディングを担当し、MikeはDRUの設計とコーディングを担当した。

DLUのアーキテクチャは、データフローモデルにもとづいていた。各タスクは小規模で何かに特化したジョブを実行したあと、その出力をキューを使用して次のタスクに渡す。UNIXのパイプとフィルターのモデルを考えてみてほしい。アーキテクチャは複雑だった。1つのタスクから、複数のサービスが処理するキューが供給されることもあれば、1つのサービスだけが処理するキューが供給されることもある。

組立ラインを考えてみよう。各ポジションは何かに特化した単純な仕事を行う。それから、製品はラインの次のポジションまで移動する。組立ラインは、複数のラインに分割されることもある。場合によっては、分割されたラインを再び統合することもある。これがDLUのやり方だ。

320

Mike の DRU は大きく異なる仕組みを採用していた。彼は端末ごとにタスクを作成し、そのタスクのなかで端末のすべてのジョブを行った。キューはなかった。データフローもなかった。巨大なタスクが複数あり、それぞれが端末を管理していたのである。

これは組立ラインとは正反対で、熟練の職人が複数いるような感じになるだろう。それぞれが製品全体を構築するというものだ。

当時、私は自分のアーキテクチャが優れていると思っていた。Mike はもちろん、自分のほうが優れていると思っていた。このことについて、彼とは興味深い議論を何度も行った。結局、どちらもうまくいった。ソフトウェアアーキテクチャが大きく異なっていても、同じような効果がもたらされることを認識した。

VRS

1980 年代が進み、さらに新しい技術が登場した。たとえば、**音声**によるコンピュータ制御だ。4-Tel システムの特徴として、修理作業員がケーブルの障害を突き止める機能が挙げられる。その手順は以下のとおりだ。

- 中央交換局にいる検査員は、我々のシステムを使用して、障害までのおおよその距離をフィート単位で決定する。これは 20%程度の精度になる。それから、その場所の近くにケーブル修理作業員を派遣する。
- ケーブル修理作業員が到着したら検査員に電話をかけ、障害地点プロセスを開始するように求める。検査員は、4-Tel システムの障害地点機能を起動する。システムは、障害のある回線の電子的特性の測定を開始し、ケーブルの開放や短絡などの操作を要求するメッセージを画面に表示する。
- 検査員は、システムに必要な操作を修理作業員に伝える。修理作業員は、その操作が完了したら検査員に伝える。検査員は、操作が完了したことをシステムに通知する。システムは、テストを続行する。
- 2～3 回このようなやり取りをしたあと、システムは障害までの新しい距離を計算する。ケーブル修理作業員は、その場所まで移動し、プロセスを再開する。

柱の上や台に立っているケーブル修理作業員が、自分でシステムを操作できたとしたら、どれだけよくなるだろうか。それが、まさに新しい音声技術が可能にしたことだ。ケーブル修理作業員がシステムに直接電話し、タッチトーンでシステムに指示を出し、その結果を心地よい声で聞くことができる。

名前

会社で新しいシステムの名前を選択するためのコンテストを開催した。提案された名前のなかで最も創造的だったのは「SAM CARP」だ。これは「Still Another Manifestation of Capitalist Avarice Repressing the Proletariat.（労働者階級を抑圧している資本主義者のもうひとつの宣言）」の略である。言うまでもなく、これは採用されなかった。

ほかに「Teradyne Interactive Test System」というのもあった。だが、これも採用されなかった。

「Service Area Test Access Network」もあったが、これもダメ。

最終的に「VRS（Voice Response System）」に決まった。

アーキテクチャ

私はこのシステムに関わっていなかったが、何が起きたのかを耳にすることができた。これから話す物語は私が経験したものではないが、間違っているところはそう多くないと信じている。

当時は、マイクロコンピュータ、UNIX オペレーティングシステム、C 言語、SQL データベースへ移行する激動の時代だった。我々はそれらをすべて使用することにした。

多くのデータベースベンダーのなかから、最終的に UNIFY を選択した。UNIFY は、UNIX で動作するデータベースシステムだ。それが我々にとって最適だった。

UNIFY は、**埋め込み SQL** という新しい技術をサポートしていた。この技術により、SQL コマンドを文字列として C 言語のコードに埋め込むことができた。そして、我々は至るところでそれを使った。

つまり、コードの好きなところに SQL を置くことができたのだ。好きなところとはどこだろうか？ あらゆる場所だ！ その結果、コードの至るところに SQL が置かれることになった。

当時はもちろん、SQL にしっかりとした標準はなかった。ベンダー特有のクセがたくさんあった。特殊な SQL や UNIFY API の呼び出しもコードの至るところに含まれていた。

これがうまくいった！ システムは成功した。修理作業員たちも使ってくれた。電話会社も気に入ってくれた。みんなが幸せだった。

そして、我々が使用していた UNIFY の製品は、開発が中止された。

やばい。やばい。

そこで、SyBase に切り替えることにした。いや、Ingress だったか？ ちょっと覚えていないのだが、いずれにしても、すべての C 言語のコードを探索し、すべての埋め込み SQL と API の呼び出しを見つけ、新しいベンダーの仕様に置き換える必要があった。

3 か月ほど取り組んでいたが、結局はあきらめた。動かすことができなかったのだ。あまりにも UNIFY と結び付いていたため、現実的な費用でコードを再構成できる望みがなかった。

そこで、保守契約にもとづき、UNIFY を保守する業者を雇った。もちろん、保守費用は年々高くなっていく。

VRSのまとめ

ここから私は、データベースは詳細であり、システムのビジネス目的から切り離すべきであることを学んだ。また、サードパーティのソフトウェアシステムと強く結び付くことが好きではないのも、このことが理由のひとつである。

電子受付

1983 年、我々の会社は、コンピュータシステム、電気通信システム、音声システムを統合させていた。CEO はここから新しい製品を開発できると考えていた。その目的を達成するために、3 人のチーム（私も含む）に会社の新しい製品の構想・設計・実装が依頼された。

電子受付（ER：The Electronic Receptionist）を思いつくまでに、それほど時間はかからなかった。

アイデアはシンプルだった。会社に電話をすると、ER が応答して誰と話したいかを尋ねる。その人の名前をプッシュすると、ER が取り次いでくれる。ER のユーザーは、電話をかけてコマンドをプッシュすれば、世界中のどこにいても、話したい人につながることができた。実際、そのシステムはいくつかの代替番号を列挙することができた。

たとえば、ER を呼び出して「RMART」（私のコード）をプッシュすると、ER が私の最初の番号を呼び出す。私が出なかったら、次の番号を呼び出す。それでも出なかったら、ER は発信者のメッセージを録音する。

その後、ER は定期的に私にメッセージを届けようとする。

これが世界初のボイスメールシステムだった。そして、我々は特許を出願した[11]。

このシステムのすべてのハードウェア（コンピュータボード、メモリボード、音声/テレコムボードなどすべて）を構築した。メインのコンピュータボードは、前述した Intel 80286 プロセッサの「Deep Thought」だった。

音声ボードは 1 本の電話回線をサポートしており、電話インターフェイス、音声エンコーダ/

---

11 会社で特許を保有していた。雇用契約には、会社で発明したものはすべて会社に帰属すると明確に示されていた。上司は私に「それを 1 ドルで会社に売ろうとしても、会社はその金額を払わなかっただろう」と言った。

付録 A　アーキテクチャ考古学

デコーダ、メモリ、Intel 80186 マイクロコンピュータで構成されていた。

メインコンピュータボードのソフトウェアは C 言語で書かれていた。オペレーティングシステムは MP/M-86 だった。これは、初期のコマンドライン駆動でマルチプロセッシング型のディスクオペレーティングシステムだ。UNIX の廉価版のようなものだ。

音声ボードのソフトウェアはアセンブラで書かれており、オペレーティングシステムはなかった。Deep Thought と音声ボードの通信は、共有メモリを介して行われていた。

このシステムのアーキテクチャは、現在では**サービス指向**と呼ばれている。各電話回線は、MP/M で実行されるリスナープロセスで監視されていた。呼び出しがあると、最初のハンドラプロセスが起動して、その呼び出しが渡される。呼び出しの状態が遷移するたびに、適切なハンドラプロセスが起動して制御する。

メッセージはこれらのサービス間で、ディスクファイルを介して渡された。現在実行中のサービスは、次のサービスを決定して、必要な状態情報をディスクファイルに書き込み、そのサービスを開始するコマンドラインを発行してから、終了する。

このようなシステムを構築したのは、はじめてだった。実際、製品全体の主要アーキテクトだったのもはじめてだった。ソフトウェアに関係するものはすべて私の担当だった。そして、それがうまく機能した。

このシステムのアーキテクチャが本書で説明したような「クリーン」だったとは言わない。「プラグイン」アーキテクチャでもなかった。だが、本物の境界の可能性を示していたことは間違いない。サービスは独立してデプロイ可能であり、それぞれの責任範囲内に生きていた。上位レベルのプロセスと下位レベルのプロセスがあり、多くの依存関係が正しい方向へ向かっていた。

ERの解体

残念ながら、この製品のマーケティングはうまくいかなかった。Teradyne はテスト機器を販売する会社だったので、オフィス機器市場に参入する術を知らなかった。

2 年以上かけて何度も挑戦したが、CEO は（残念なことに）あきらめて特許出願を破棄してしまった。この特許は、我々が出願した 3 か月後に出願した会社のものとなった。我々はボイスメールと自動転送の市場全体を断念することになった。

なんてこった！

その代わり、我々の存在を脅かす厄介な機械を作ったと、みんなから責められることもなくなった。

324

転送システムの作成

ER は製品としてはうまくいかなかったが、ハードウェアとソフトウェアは既存の製品ラインの強化に使用できた。さらに、VRS のマーケティングの成功によって、テストシステムに依存していない音声応答システムを修理作業員のために提供すべきであることを確信した。

こうして生まれたのが CDS（Craft Dispatch System）である。CDS は本質的には ER と同じだが、現場の電話修理作業員に特化したものとなっている。

電話回線に問題があると、サービスセンターでトラブルチケットが作成される。トラブルチケットは自動システムに保管される。現場の修理作業員の仕事が終わると、サービスセンターに電話をかけて次の作業について聞く。サービスセンターのオペレータは、次のトラブルチケットを修理作業員に読み上げる。

我々はそのプロセスを自動化しようとした。修理作業員が CDS に電話すると、次の作業が割り当てられるようにするのである。CDS はトラブルチケットシステムを参照し、その結果を読み上げる。また、誰がどのトラブルチケットを担当しているかを管理し、トラブルチケットシステムに修理状況を報告する。

このシステムには、トラブルチケットシステム、設備管理システム、自動テストシステムとやり取りするおもしろい機能がいくつもあった。

ER のサービス指向アーキテクチャの経験から、同じアイデアをさらに積極的に試してみたいと思うようになった。トラブルチケットのステートマシンは、ER の通話処理のステートマシンよりもはるかに複雑だった。そこで、今でいうところの**マイクロサービスアーキテクチャ**に着手しようとした。

あらゆる呼び出しの状態遷移は、あまり重要ではないものだとしても、システムで新しいサービスを開始するようにした。ステートマシンはテキストファイルに外部化して、システムが読み取るようにした。電話回線からシステムにイベントが入ってくるたびに、有限ステートマシンを遷移する。イベントを処理するステートマシンは既存のプロセスに指示を与え、新しいプロセスを開始する。既存のプロセスは終了またはキューで待機する。

外部化されたステートマシンにより、コードを変更することなく、アプリケーションの流れを変更することができた。これは、オープン・クローズドの原則（OCP）だ。ステートマシンを含むテキストファイルを変更することで、ほかのサービスとは関係なく、新しいサービスを簡単に作成して、アプリケーションの流れに組み込むことができる。システムが稼働していてもこれを行うことができた。言い換えれば、**ホットスワップ**と効果的な BPEL（ビジネスプロセス実行言語）を持っていたということだ。

古い ER のアプローチは、ディスクファイルを使ってサービスのやり取りをするというもの

付録 A アーキテクチャ考古学

だったが、サービスを高速に切り替えるためには遅すぎた。そこで我々は「3DBB」という共有メモリ機構を開発した[12]。3DBB では、名前でデータにアクセスできた。それはステートマシンのインスタンスに割り当てた名前だ。

3DBB は文字列や定数の保存には最適だったが、複雑なデータ構造には使えなかった。理由は技術的なものだが、そう難しいことではない。MP/M にあるプロセスは、それぞれのメモリパーティションに存在していた。あるメモリパーティションにあるデータへのポインタは、別のメモリパーティションでは意味を持たなかった。その結果、3DBB のデータにはポインタを含めることができなかった。文字列は問題なかったが、ツリー、リンクリスト、ポインタ付きのデータ構造は機能しなかった。

トラブルチケットシステムにあるトラブルチケットは、さまざまなところからやってくる。自動化されたものもあれば、手動で入力されたものもあった。手動で入力されたものは、トラブルについて顧客に対応したオペレーターが作成したものだ。顧客が問題について説明するので、オペレーターがそうした苦情や意見を構造化したテキストストリームで入力する。たとえば、以下のような感じになった。

```
/pno 8475551212 /noise /dropped-calls
```

想像できるだろうか。/は新しいトピックの開始を意味している。その次はコードで、その次はパラメータだ。コードは**数千**種類あり、ひとつのトラブルチケットに数十のコードが含まれることもある。さらに悪いことに、手動で入力されるためスペルが間違っていたり、フォーマットが正しくなかったりすることもよくあった。これは人間が解釈することを意図したものであり、機械で処理するものではなかった。

我々の課題は、この半構造化文字列をデコードして、解釈して、誤りを訂正して、音声に変換して、柱の上にいる修理作業員に届けるようにすることである。そのためには、柔軟な構文解析とデータの表現技術が必要だった。データ表現は 3DBB に渡す必要があるが、3DBB は文字列しか処理できない。

それから、顧客のところへ訪問する飛行機のなかで、FLD（Fleid Labeled Data）というスキームを開発した。今で言う XML や JSON のようなものだ。フォーマットは違うが、アイデアは同じだ。FLD は、再帰的階層で名前をデータに関連付けるバイナリツリーである。FLD は簡単な API で問い合わせることができ、3DBB にとって理想的な文字列と相互に変換することができた。

つまり、XML のようなものを使用して、ソケットの代わりに共有メモリを経由するマイクロ

---

12 3DBB は「3 次元ブラックボード」を意味する。あなたが 1950 年代生まれなら「Drizzle, Drazzle, Druzzle, Drone」を思い出すだろう（訳注：「Tooter Turtle」というアニメに登場する魔法の言葉のようだ）。

サービス通信を、1985年の段階で実現していたということだ。

この世に新しいものはないのである。

明確なコミュニケーション

1988年、Teradyneの従業員のグループが、Clear Communicationsというスタートアップを立ち上げるために退社した。私も数か月後に彼らに加わった。我々のミッションは、T1回線の通信品質を監視するシステムのソフトウェアを構築することだった。T1回線とは、全国の長距離通信を伝送するデジタル回線である。T1回線が網羅する米国全土を巨大なモニターに映し出し、通信品質が低下したときには赤く点滅させようとしていた。

1988年当時、GUIは目新しいものだった。Apple Macintoshはわずか5歳。Windowsは冗談のような代物だった。だが、Sun Microsystemsは、信頼できるX-Windows GUIを備えたSPARCstationを構築していた。そこで、我々はSunを使うことにした。つまり、C言語とUNIXを使うということだ。

これはスタートアップだった。週に70〜80時間も働いた。我々にはビジョンがあった。モチベーションがあった。意志があった。エネルギーがあった。専門知識があった。株を持っていた。億万長者になることを夢見ていた。戯言ばかり言っていた。

体のありとあらゆる穴からC言語のコードがあふれてきた。それをこちらで投げつけ、あちらに放り込んだ。巨大な城を空中に建てた。プロセス、メッセージキュー、壮大で最高のアーキテクチャがあった。OSI参照モデルをすべて（データリンク層のところまで）書いた。

GUIのコードを書いた。ごちゃごちゃしたコードだ！　うへえ！　ごちゃごちゃごちゃごちゃしたコードだ。

私はgi()という名前の3,000行のC言語の関数を書いた。この名前は「Graphic Interpreter」の略だ。ごちゃごちゃの傑作である。ほかにもごちゃごちゃに書いたものはあったが、それが最も悪名高きものだった。

アーキテクチャ？　ご冗談を。これはスタートアップだぜ。**アーキテクチャに時間をかける余裕はなかった。とにかくコードを書くんだ！　コードがすべてだ！**

だからコードを書いた。とにかく書いた。ひたすら書いた。3年後、我々は販売に失敗していた。まったく売れなかったわけではない。だが、市場は我々の壮大なビジョンに関心を払ってくれなかった。ベンチャーキャピタルもうんざりしていた。

この時点で私は人生を恨んだ。これまでの努力と夢がすべて崩壊した。職場で衝突した。家族とも仕事が原因で争いになった。自分自身にも葛藤があった。

そして、すべてを変える電話があった。

327

付録 A　アーキテクチャ考古学

設定

電話の 2 年前、重要なことが 2 つ起きていた。

ひとつは、近くの会社に UUCP 接続の設定をしていたことだ。そこからまた別の施設に UUCP 接続していて、その先がインターネットに接続されていた。もちろんダイヤルアップ接続だ。我々のメインの SPARCstation（私の机の上にあった）から、1200bps のモデムを使って、1 日に 2 回ほど UUCP ホストを呼び出した。これにより、電子メールとネットニュース（みんなで興味深いことを議論する初期のソーシャルネットワーク）の利用が可能になった。

もうひとつは、Sun が C++ コンパイラをリリースしたことだ。1983 年以来、私は C++ と OO に興味を持ってきた。だが、コンパイラはなかなかやってこなかった。だからその機会が得られたときは、すぐに言語を変えた。3,000 行の C 言語の関数を後にして、C++ のコードを書き始めた。そして学んだ……。

いろんな本を読んだ。Bjarne Stroustrup の『プログラミング言語 C++』と『注解 C++ リファレンスマニュアル』（通称 ARM）はもちろん読んだ。Rebecca Wirfs-Brock の責任駆動開発設計に関するすばらしい著書『Designing Object Oriented Software』も読んだ。Peter Coad の『オブジェクト指向分析（OOA）』『オブジェクト指向設計「OOD」』『Object-Oriented Programming』も読んだ。Adele Goldberg の『SMALLTALK-80 ― 言語詳解』も読んだ。James O. Coplien の『C++ プログラミングの筋と定石』も読んだ。だが、おそらく最も重要なのは Grady Booch の『Booch 法：オブジェクト指向分析と設計』だろう。

なんて名前だ！　Grady Booch。誰がそんな名前を忘れられるだろうか。さらに、彼は Rational という会社の**チーフサイエンティスト**だった！　私も**チーフサイエンティスト**と名乗りたかった！　私は彼の本を読んだ。そして、学んだ。学んだ。学んだ……。

学びながら、ネットニュースで議論するようになった（今だと Facebook で議論する感じだろうか）。私の議題は C++ と OO に関するものだった。2 年間、Usenet にいる何百人もの人たちと最高の言語機能や最高の設計原則について議論することで、私は仕事の不満を和らげることができた。しばらくすると、ある程度理解できるようになってきた。

SOLID 原則が生まれる基礎となったのは、こうした議論のひとつだった。

そうした議論のなかで、おそらく何らかの直感もあったと思うのだが、私は気づくことになった……。

328

アンクル・ボブ

Clear 社のエンジニアに Billy Vogel という若い奴がいた。Billy は全員にニックネームを付けた。彼が私を「アンクル・ボブ（ボブおじさん）」と呼んだ。私の名前からというよりも「J. R. "Bob" Dobbs」の外見を意識したのだろう（https://en.wikipedia.org/wiki/File:Bobdobbs.png 参照）。

最初のうちは我慢していたが、数か月もすると、スタートアップに対するプレッシャーと失望のなかで、彼の「アンクル・ボブ」の呼びかけは薄れていった。

そして、ある日、電話が鳴った。

電話

電話の相手はリクルーターだった。C++とオブジェクト指向設計に詳しい人物として、私の名前を手に入れたそうだ。どうやって手に入れたのかはわからない。だが、ネットニュースでの議論と関係があるのではないかと思っている。

彼は、シリコンバレーにある Rational という会社があり、そこで CASE ツール[13]の開発の手伝いを募集していると言った。

顔から血の気が引いた。私はその会社の名前を**知っていた**からだ。どこで知ったかは定かではなかったが、とにかく**知っていた**。そうだ、**Grady Booch** のいる会社だ。**Grady Booch** と仕事ができる！

ROSE

私は 1990 年に Rational の契約プログラマになった。私は ROSE の開発に取り組んでいた。これは、プログラマが Booch の図（『Booch 法：オブジェクト指向分析と設計』で説明されている図。**図 A-9** を参照）を描くためのツールである。

Booch 記法は非常に強力だった。UML などの表記法の前身となるものだ。

ROSE にはアーキテクチャがあった。**本物**のアーキテクチャだ。それは真のレイヤーで構成され、レイヤーの依存関係は適切に制御されていた。アーキテクチャが、リリース可能、開発可能、独立してデプロイ可能にしていたのである。

だが、それは完ぺきではなかった。我々はアーキテクチャの原則について理解できていなかったことが多かった。たとえば、真のプラグイン構造を作成していなかった。

---

13 Computer Aided Software Engineering（コンピュータ支援ソフトウェアエンジニアリング）

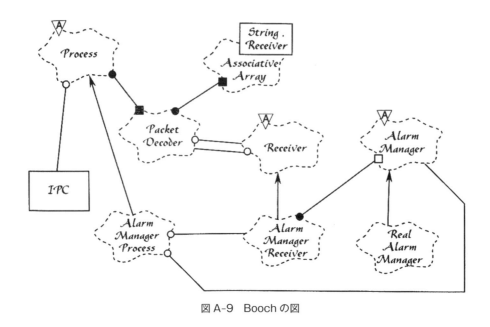

図 A-9　Boochの図

　また、最も不幸な当時の流行に陥ってしまった。いわゆるオブジェクト指向データベースを使ってしまったのだ。

　それでも、そこでの経験はすばらしいものだった。ROSEに関わるRationalのチームとすばらしい1年半を一緒に過ごすことができた。私の職業人生のなかで、最も刺激的な体験だった。

議論は続く

　もちろんネットニュースでの議論は続けていた。私はネットでの存在感を高めていた。『C++ Report』で記事を書き始めた。そして、Gradyの助けを借りながら、はじめての著書『Designing Object-Oriented C++ Applications Using the Booch Method』の執筆に取り掛かった。

　悩ましいことがひとつあった。あまり認めたくはないが、真実である。誰も私のことを「アンクル・ボブ」と呼ばないのだ。なんとかして誰かに呼んでもらいたいと思った。そこで、メールとネットニュースの署名に「アンクル・ボブ」と書いた。思えばこれが間違いだったのだが、その名前が定着してしまった。最終的に、この名前が私のブランドになった。

そのほかの名前

　ROSEは巨大なC++アプリケーションだった。厳密な依存性のルールを持つレイヤーで構成されていた。ただし、これは本書で説明したルールではなかった。我々は上位レベルの方針に依

存性を向けることは**しなかった**。むしろ従来の制御の流れの方向に依存性を向けていた。GUI が表現を指し、表現が操作ルールを指し、操作ルールがデータベースを指していた。結局、依存性を方針に向けることができなかったせいで、この製品は最終的に消滅することになった。

ROSE のアーキテクチャは、優れたコンパイラのアーキテクチャに似ていた。図形表記を「パース」して内部表現に変換していた。その表現はルールによって操作され、オブジェクト指向データベースに格納された。

オブジェクト指向データベースは比較的新しいアイデアであり、オブジェクト指向の世界はその話題で持ち切りだった。すべてのオブジェクト指向プログラマは、自分のシステムにオブジェクト指向データベースを導入したいと考えていた。そのアイデアは比較的シンプルで、非常に理想的なものだった。データベースにはテーブルではなくオブジェクトを格納する。RAM のような感じだ。オブジェクトにアクセスすると、そのオブジェクトがメモリに出現する。そのオブジェクトが別のオブジェクトを指していれば、そのオブジェクトもアクセスした直後にメモリに登場する。まるで魔法のようだった。

そのデータベースがおそらく我々の最大のミスだった。魔法を求めていたが、実際に手に入れたのは大きくて、遅くて、押し付けがましくて、高価な、サードパーティのフレームワークだった。それがあらゆるレベルで進捗を妨げ、我々を地獄に陥れた。

そのデータベースだけが我々のミスではなかった。大きなミスとして、オーバーアーキテクチャがあった。本書で説明したよりも多くのレイヤーが存在しており、レイヤー間の通信に負荷がかかっていた。それがチームの生産性を大幅に下げていた。

実際、膨大な人年の作業、壮絶な苦労、やる気のない2回のリリースのあと、そのツールは廃棄され、ウィスコンシンの小さなチームの作った小さくてかわいいアプリケーション（訳注：Object System Designer）に置き換えられてしまった。

優れたアーキテクチャがあっても、大きな失敗につながることをそこで学んだ。アーキテクチャは問題の規模に適応できるほど柔軟でなければいけない。小さくてかわいいツールに巨大なアーキテクチャを用意するのは、失敗のレシピである。

アーキテクト登録試験

1990年代初頭、私は真のコンサルタントになった。世界中にこの新しいオブジェクト指向を教えた。私のコンサルティングは、オブジェクト指向システムの設計とアーキテクチャに重点を置いたものだった。

私の最初のクライアントに教育試験サービス（ETS）があった。そこは、全米建築登録委員会協議会（NCARB）と建築家候補のための登録試験を実施する契約を結んでいた。

付録 A　アーキテクチャ考古学

　米国またはカナダで建築家になりたい人は、登録試験に合格する必要がある。この試験には、建築設計を含むいくつかの建築問題が含まれていた。候補者には、図書館、レストラン、教会などを建築するためのいくつかの要件が与えられ、適切な設計図を描くことが求められた。

　経験のある建築家が審査員として集まり、採点できるようになるまで、その結果は保存される。その会合は巨大かつコストの高いイベントであり、曖昧さと遅れの原因となっていた。

　NCARB は、候補者にコンピュータを使って試験を受けてもらい、コンピュータで評価と採点ができるようにすることで、このプロセスを自動化したいと考えていた。そこで、ETS にソフトウェアの開発を依頼した。ETS はそのプロダクトを作るための開発者チームをまとめるために、私を雇った。

　ETS はこの問題を 18 の「Vignette（小作品）」に分割した。それぞれに CAD のような GUI アプリケーションがあり、候補者はそれを使って解答する。そして、それぞれの採点アプリが解答を取り込み、点数をつける。

　パートナーである Jim Newkirk と一緒に、私はこれらの 36 のアプリケーションに多くの類似点が存在することを認識した。18 の GUI アプリケーションはすべて、同様のジェスチャーとメカニズムを使用していた。18 の採点アプリケーションはすべて、同じ数学的手法を使用していた。これらの共通要素を踏まえ、Jim と私は 36 のアプリケーションで再利用可能なフレームワークを開発することを決めた。ETS には、最初のアプリには時間がかかるかもしれないが、残りは数週間ずつで開発が終わるとして、このアイデアを提案した。

　この時点で、あなたは顔を手のひらで隠したり、本書に頭を打ち付けていたりするだろう。ある程度の年齢の人たちはオブジェクト指向の「再利用」の約束を覚えているだろう。当時は、クリーンなオブジェクト指向の C++ コードを書いただけで、自然に多くのコードを再利用できるようになると信じられていた。

　我々は最初のアプリに着手した。それは最も複雑なものだった。我々はそれを「Vignette Grande」と呼んだ。

　我々 2 人は、再利用可能なフレームワークのことを考えながら、Vignette Grande の開発にフルタイムで取り組んだ。それには 1 年かかった。1 年後、45,000 行のフレームワークコードと 6,000 行のアプリケーションコードができた。まずはこの製品を ETS に納品した。そして、残り 17 のアプリケーションを大急ぎで書くことになった。

　我々は 3 名の開発者を雇い、次の Vignette の作業を開始した。

　だが、うまくいかなかった。我々の開発した再利用可能なフレームワークは、再利用可能ではなかった。新規で書くアプリケーションにうまく合わなかった。微妙なズレがあり、うまく動作しなかった。

　非常に残念だったが、何をやるべきかはわかっていた。ETS のところへ行き、45,000 行のフレームワークを書き直すか、少なくとも再調整する必要があるため、作業が遅れることを伝え

332

た。完了までにしばらく時間がかかることも伝えた。

言うまでもなく、ETS はこの知らせに満足していなかった。

我々は作業を再開した。古いフレームワークを脇に置き、4 つの Vignette の開発を同時に開始した。古いフレームワークからアイデアとコードを借用したが、新しく開発した 4 つを修正しなくても済むように手直しした。この作業に 1 年かかった。その結果、新規の 45,000 行のフレームワークと、3,000〜6,000 行の 4 つの Vignette が生まれた。

言うまでもなく、GUI アプリケーションとフレームワークの関係は依存性のルールに従っていた。Vignette はフレームワークのプラグインになっていた。上位レベルの GUI の方針はフレームワークに含まれていた。Vignette のコードはグルーのようなものだった。

採点アプリとフレームワークの関係はもう少し複雑だった。上位レベルの採点の方針は Vignette に含まれていた。採点フレームワークを Vignette にプラグインしていたのだ。

もちろん、これらのアプリケーションは両方とも、静的にリンクされた C++ アプリケーションだったので、プラグインという概念を考えていたわけではない。だが、依存関係は一貫して依存性のルールに従っていた。

4 つのアプリケーションを提供してから、次の 4 つの作業を開始した。今度は、当初の予定どおり、数週間おきに届けることができた。この遅れにより約 1 年分のスケジュールのコストがかかっていたので、プロセスを高速化するためにもうひとりプログラマを雇った。

その結果、期日と約束を守ることができた。顧客は満足していた。我々も満足だった。人生は上々だ。

我々は教訓を学んだ。利用可能なフレームワークができるまでは、再利用可能なフレームワークは作れないのである。再利用可能なフレームワークは、再利用する**複数の**アプリケーションと連携しながら構築する必要がある。

まとめ

最初に述べたように、この付録は自叙伝のようなものである。アーキテクチャ的にインパクトのあったプロジェクトを主に取り上げた。本書の技術的内容とはあまり関係はないが、重要な話題もいくつか取り上げた。

もちろんこれは歴史の一部である。数十年にわたり私が取り組んできたプロジェクトはほかにも数多くある。だが、意図的に 1990 年代初期までの歴史について触れた。1990 年代後期については、すでに別の書籍で触れているからだ（訳注：『アジャイルソフトウェア開発の奥義』だと思われる）。

付録 A　アーキテクチャ考古学

　私の昔話を少しでも楽しんでくれたら幸いだ。みなさんがそこから少しでも何かを学んでくれたらと願っている。

あとがき

ソフトウェア開発者としての私のキャリアは1990年代に始まった。ビッグアーキテクチャの恐竜が世界を支配していた時代だ。その世界で生き残るには、オブジェクト、コンポーネント、デザインパターン、UML（とその前身）について学ぶ必要があった。

プロジェクトは長い設計フェーズから始まった（「プロジェクト」と呼んだことを後悔すべきかもしれない）。システムの詳細な設計図を「シニア」プログラマが作った。多くの「ジュニア」プログラマがその後に続くためだ。だが、当然かもしれないが、後に続くことはなかった。絶対に。

その後、高位の「ソフトウェアアーキテクト」に昇進した（昔は「リードアーキテクト」「チーフアーキテクト」「枢密院ロードアーキテクト」などの大層な職位を自分たちにつけていたものだ）。だが、PowerPointのなかで四角形と矢印を接続したり、コーディングしたりするだけの毎日だった。実際のコードに触れる機会はほとんどなかった。

しばらくして、なんてくだらないんだと思うようになった。コードの1行1行に何らかの設計決定が含まれている。つまり、コードを書いている人のほうが、PowerPointをいじるだけの私よりも、ソフトウェアの品質にはるかに大きな影響を与えているのだ。

その後、ありがたいことに、アジャイルソフトウェア開発の革命が到来し、私のようなアーキテクトを苦しみから救ってくれた。私はプログラマだ。私はプログラミングが好きだ。コードに大きな影響を与えるには、コードを書くしかないことに気づいた。

ビッグアーキテクチャの（太古のビッグプロセスの原野をさまよっていた）恐竜は「エクストリームプログラミング」という名の隕石によって滅亡させられた。そして、それは救いだった。

開発チームは、重要な事項に集中し、価値を付加するところに注力できるようになった。数週間から数か月もかけて、ビッグアーキテクチャのドキュメントを待つようなことはなくなった。ドキュメントを忠実に無視して、自分たちが書かなければいけないコードを書いた。チームは顧客にテストしてもらうことに同意した。方向性を確認するための迅速な設計ミーティングを開いた。書かなければいけないコードをとにかく書いた。

ビッグアーキテクチャの恐竜は消滅した。小さくて俊敏な「ジュウブンナセッケイトタクサンノリファクタリング」という哺乳動物に置き換わった。ソフトウェアアーキテクチャは機敏になったのである。

理論的には。

プログラマにアーキテクチャを任せるときの問題は、プログラマがアーキテクトのように考

えなければいけないということだ。ビッグアーキテクチャ時代に学んだすべてのことに価値がなかったわけではない。ソフトウェアの構造は（たとえそれが短期的であっても）ソフトウェアを適応・進化させる我々の能力に大きな影響を与える可能性がある。

すべての設計決定には、将来変更する余地を残しておく必要がある。たとえばビリヤードでは、すべてのショットがボールを落とすためにあるわけではない。次のショットにつなげるためのショットも必要である。それと同じで、将来のコードを阻害しないコードを書くことも必要だ。それは簡単なことではない。習得するには何年もかかるだろう。

ビッグアーキテクチャの時代は、フラジャイル（壊れやすい）アーキテクチャの時代に道を譲ることになった。フラジャイルアーキテクチャとは、価値を提供するためにすばやく拡張することはできるが、イノベーションのペースを維持することが非常に難しい設計のことである。「変化を受け入れる」ことについて議論するのは結構なことだが、コードを1行変更するために500ドルもかかるとしたら、変化など起こるはずもない。

Bob Martinの書いたOOの設計原則に関する記事は、若いソフトウェア開発者だった私に大きな影響を与えた。新鮮な視点で自分のコードを見ると、それまで問題だと思っていなかった問題が見えてきた。

今日の価値を提供しながら、明日の価値を阻害しないコードを書くことが、どうすれば可能になるかをみなさんはすでに知っているはずだ。これらの原則をコードに適用するために、練習する責任はあなた自身にある。

自転車に乗るのと同じように、ソフトウェアの設計を本を読むだけで習得することはできない。本書などから得たことを実際に生かすには、練習するしかない。コードを分析して、Bobが強調してくれた問題を探し、その問題を修正するためにコードをリファクタリングしていこう。まだリファクタリングに慣れていないなら、2つの意味で貴重な経験になるだろう。

設計原則とクリーンアーキテクチャを開発プロセスに組み込む方法を学ぼう。そうすれば、新しいコードが痛みを引き起こす可能性は下がるだろう。たとえば、TDDを実施しているなら、テストをパスしたあとで少しだけ設計レビューをしてから、クリーンアップすることを忘れないでほしい（悪いデザインをあとで修正するよりも安上がりだ）。コードをコミットする前に、同僚にコードをレビューしてもらおう。クリーンではないアーキテクチャを防ぐ最後の砦として、ビルドパイプラインにコードの「品質ゲート」を追加するのもいいだろう（ビルドパイプラインがまだないなら、これを機会に作ってみてはどうだろう？）。

最も重要なのは、クリーンアーキテクチャについて語ることだ。チームと話をしよう。開発者のコミュニティと話をしよう。品質はみんなの問題だ。アーキテクチャの善し悪しについて、合意を得ることが重要である。

25年前の私と同じように、ほとんどのソフトウェア開発者はアーキテクチャのことを意識していない。経験豊富な開発者たちが、私にアーキテクチャのことを教えてくれた。あなたがク

あとがき

リーンアーキテクチャを理解できたら、ほかの誰かの理解を手伝ってあげてほしい。恩送りだ。

　技術的な展望は絶えず進化していくが、本書で紹介されているような基本原則はほとんど変わらない。『リーン JSON クラウド NoSQL 入門』なんて本があれば古本屋に売ってしまうかもしれないが、『Clean Architecture』はあなたの本棚に何年も置かれることだろう。本書があなたにとって設計の奥義となることを願っている。Bob の記事が私にとってそうであったように。

本当の旅はここから始まる
2017 年 1 月 26 日
Jason Gorman

訳者あとがき

　本書は、"Robert C. Martin. *Clean Architecture: A Craftsman's Guide to Software Structure and Design*. Prentice Hall, 2017. 978-0134494166"の全訳である。著者は、アジャイル開発とオブジェクト指向の世界で有名な「アンクル・ボブ」こと Robert C. Martin。彼の最新刊である本書は、これまでに発刊された『Clean Code』『Clean Coder』に続く「Clean」シリーズの3作目となっている。

　本書で扱うテーマは「アーキテクチャ」。目次を見てすでにお気づきかもしれないが、みなさんが「アーキテクチャ」という言葉から想像するイメージとは、少し違った内容になっているろう。著者の考えるアーキテクチャとは「設計」であり、一般的なイメージよりも具体的なものとなっている。その一方で、ビジネスドメインに関係のないことは「詳細」と割り切り、デリバリーの仕組みやフレームワークなどをすべて後回しにしようとする。おそらく異論のある方もいらっしゃるだろう。私もすっきりしていない。たとえば、ウェブアプリケーションを開発するときに、フレームワークを選定しないことがあるだろうか？

　だが、著者はこれまでの経験を引き合いに出しながら、圧倒的な説得力で力強く迫ってくる。お前のアーキテクチャは、見ただけでわかるようになっているのか？　ドメインについて正しく叫んでいるのか？　そのように問いかけてくる。第21章から引用しよう。

> 最上位レベルのディレクトリ構造と最上位レベルのパッケージのソースファイルは、「ヘルスケアシステム」「会計システム」「在庫管理システム」と叫んでいるだろうか？　それとも「Rails」「Spring/Hibernate」「ASP」と叫んでいるだろうか？

　フレームワークから着手しないことが本当に正しいことなのかは、私にはまだよくわからない。本書で紹介されている例は、いずれも現代的なアプリの話ではない。正直、大昔の話を何度もされても困るのだが（翻訳も大変だし）、それでも「時代を超越した不変のルール」が存在するとして、著者はいつまでも原理・原則に忠実であろうとする。この真摯な態度については、心から見習いたい。彼が「ソフトウェアクラフトマンシップ（職人気質）」と呼んでいるものだ。

　本書で提唱されている「Clean Architecture」については、すでに著者本人がブログや講演などで情報発信していることもあり、見よう見まねでアーキテクチャの「同心円」を実装している例が数多く見られる。だが、著者のように原理・原則に忠実であるためにも、まずは本書に目を通してもらいたい。そして、著者と対話しながら、自らのアーキテクチャをクリーンに

339

してもらえれば幸いだ。

　最後になるが、三輪晋（@miwarin）さん、大橋勇希（@secret_hamuhamu）さん、鈴木則夫（@suzuki）さん、内山滋さん、綿引琢磨（@bikisuke）さん、石川宏保さんに翻訳をレビューしていただいた。ありがとうございました。

訳者について

角 征典（かど まさのり）

ワイクル株式会社代表取締役、東京工業大学環境・社会理工学院特任講師。アジャイル開発やリーンスタートアップに関する書籍の翻訳を数多く担当し、それらの手法を企業に導入するコンサルティングに従事。主な訳書に『リーダブルコード』『Running Lean』『Team Geek』（オライリー・ジャパン）、『エクストリームプログラミング』『アジャイルレトロスペクティブズ』（オーム社）、『図解リーン・スタートアップ成長戦略』（日経 BP 社）、『Clean Coder』（アスキードワンゴ）、共著書に『エンジニアのためのデザイン思考入門』（翔泳社）がある。

髙木正弘（たかぎ まさひろ）

1972 年大阪府生まれ。都内で会社員として働く傍ら、主にソフトウェア開発関連の技術文書の翻訳に携わる。日本酒とカメラと飛行機を好む。主な訳書・共訳書に『実践ドメイン駆動設計』（翔泳社）、『継続的デリバリー』（アスキードワンゴ）、『プログラミング PHP』（オライリー・ジャパン）がある。

索引

A

A · 139
A-0 system · 47
Abstract Factory パターン · · · · · · · · · · · · · · 104, 105
ADP · 125
Alan Turing · 47
ALGOL · 50
Alistair Cockburn · 199
Alonzo Church · 50, 71
Andrew Hunt · 255
API · 239
App-titude test · 244
atom · 74

B

Barbara Liskov · 78, 93
BCE · 199
Bertrand Meyer · 78

C

C++ · 61, 134
C# · 62
C4 ソフトウェアアーキテクチャモデル · · · · · · · · · 288
CACM · 55
CCP · 86, 117, 119
Clojure · 72
CQRS · 286
CRP · 91, 117, 120
C 言語 · 60, 250

D

D · 142
DAG · 128
Data Structure · 180
David Thomas · 255
DCI アーキテクチャ · 199
Dependency Inversion Principle · · · · · · · · · · · 79
detail · 257

DIP

DIP · 79, 103, 130
Directed Acyclic Graph · · · · · · · · · · · · · · · · 128
Distance · 142
Doug Schmidt · 241
DRY · 255
DS · 180

E

Ed Yourdon · 56
Edgar Codd · 260
Edsger Wybe Dijkstra · · · · · · · · · · · · · · · · 49, 53

F

Facade パターン · 85, 213
Factory · 105
FitNesse · 170
Fortran · 47
Fragile Tests Problem · · · · · · · · · · · · · · · · · 238
Fred Brooks · 244

G

goto 文 · 49, 54
Grace Hopper · 47
Greg Young · 75
GUI は詳細 · 267

H

HAL · 248, 249
Hardware Abstraction Layer · · · · · · · · · · · · · 248
Humble Object パターン · · · · · · · · · · · · · · · · · 207
Hunt the Wumpus · 215

I

I · 134
Instability · 134
Interface Segregation Principle · · · · · · · · · · · · 78
IO は無関係 · 174
ISP · 78, 99, 121

343

Ivar Jacobson ··················· 190, 191, 196, 199

J

James Grenning ····························241
Java ························· 62, 71, 100, 134, 290
JavaScript ·································62
Jim Coplien ·······························199
John McCarthy ····························50

K

Kent Beck ································243
Kristen Nygaard ···························50

L

Larry Constantine ·························56
Liskov Substitution Principle ···········78
Lisp ···································50, 72
LSP ·····································78, 93
Lua ···62

M

Main ·····································223
Martin Fowler ····························280
Meilir Page-Jones ··············· 56, 186, 219
Michael Feathers ··························78
Minecraft ·································114

N

Na ·······································139
Nat Pryce ·································199
Nc ·······································139

O

Object Oriented ····························59
OCP ···································78, 87
Ole Johan Dahl ····························50
OO ··59
Open-Closed Principle ·····················78
Operating System Abstraction Layer ·······253
origin ····································110
ORM ·····································209
OSAL ·····································253
OS 抽象化レイヤー ·························253
OS は詳細 ·································253

P

PAL ·····································252
private ····································62
Processor Abstraction Layer ··············252
protected ··································62
public ··································62, 289
published ·································293
Python ································62, 100

R

RAM ·····································261
RDBMS ································261, 263
REP ··································117, 118
ReSharper ·····························114, 176
Robert C. Martin ··························29
Ruby ··································62, 100

S

SAP ·····································138
SDP ·····································132
Simon Brown ·····························279
Single Responsibility Principle ···········78
Smalltalk ··································62
SOLID 原則 ···························77, 233
SRP ··································78, 81, 120
STDIN ·····································65
STDOUT ····································65
Steve Freeman ····························199
Strategy パターン ····················212, 234
swap! ······································74

T

TDD ·······································39
TDM ·····································243
Template Method パターン ···············234
Time-Division Multiplexing ··············243
Tom DeMarco ·······························56
Trygve Reenskaug ·························199

U

UART ·····································243
UI 非依存 ·································200

索引

V

Visual Studio · 114, 176
Voice over IP · 243
VoIP · 243
vtable · 66

W

Ward Cunningham · 170

Y

YAGNI · 211, 221
You Aren't Going to Need It · · · · · · · · · · · · · · · 211

ア

アーキテクチャ · · · · · · · · · · · 33, 42, 44, 73, 145, 147, 209
　DCI · 199
　境界 · 86
　クリーン · 199, 217
　考古学 · 297
　サービス · 229
　叫ぶ · 195
　戦い · 45
　テーマ · 196
　テスト可能 · 197
　ヘクサゴナル · 199
　目的 · 148, 196
　レイヤード · 280
　レベル · 86, 91
アイゼンハワーのマトリックス · · · · · · · · · · · · · · · 43
アクター · 82, 274
誤った開発 · 231
誤った分離 · 230
あらゆる存在 · 229
アンクル・ボブ · 29
安定依存の原則 · 132
安定度 · 132
　指標 · 134
安定度・抽象度等価の原則 · · · · · · · · · · · · · · · · · · 138

イ

依存関係逆転 · 68
依存関係逆転の原則 · · · · · · · · · · · · · · · · 79, 103, 130
依存グラフ · 128
依存出力数 · 134

依存性 · 186
　ルール · 201
依存性管理 · 143, 277
　指標 · 143
依存入力数 · 134
イベントソーシング · 75
インターフェイス · · · · · · · · · · · · · · 68, 89, 104, 254
インターフェイスアダプター · · · · · · · · · · · 202, 239
インターフェイス分離の原則 · · · · · · · · · · 78, 99, 121
インタラクター · 239

ウ

ウェブ · 196
ウェブは詳細 · 265
ウサギとカメ · 38
運用 · 149, 158

エ

遠心性 · 134
エンティティ · 190, 201

オ

横断的関心事 · 233, 235
オーバーライド · 104
オープン・クローズドの原則 · · · · · · · · · · · · · · 78, 87
オブジェクト · 233
　救世主 · 233
オブジェクト指向設計 · 59
オブジェクト指向プログラミング · · · · · · · · 50, 59, 76
オブジェクトリレーショナルマッパー · · · · · · · · · 209

カ

開発 · 148, 159
　独立 · 162
外部エージェント非依存 · 200
外部参照 · 113
外部定義 · 113
科学 · 56
仮想関数 · 66
カプセル化 · 60, 290
可変コンポーネント · 73
可変性 · 73
可変変数 · 72, 73
関数型プログラミング · · · · · · · · · · · · · · · · · 50, 71, 76

345

索引

間接参照 ・・・・・・・・・・・・・・・・・・・・・・・・ 76

キ

機能によるパッケージング ・・・・・・・・・・・・ 281
機能分割 ・・・・・・・・・・・・・・・・・・・・・・ 56, 58
究極的な詳細 ・・・・・・・・・・・・・・・・・・・・ 223
求心性 ・・・・・・・・・・・・・・・・・・・・・・・・ 134
境界 ・・・・・・・・・・・・・・・・・・ 179, 211, 215
　テスト ・・・・・・・・・・・・・・・・・・・・・・ 237
境界線 ・・・・・・・・・・・・・ 167, 171, 172, 203
競合状態 ・・・・・・・・・・・・・・・・・・・・・・・ 73
行構造 ・・・・・・・・・・・・・・・・・・・・・・・・ 203
凝集性 ・・・・・・・・・・・・・・・・・ 82, 117, 121
　テンション図 ・・・・・・・・・・・・・・・・・・ 121
距離 ・・・・・・・・・・・・・・・・・・・・・・・・・ 142
切り離し ・・・・・・・・・・・・・・ 160, 161, 163

ク

具象オブジェクト ・・・・・・・・・・・・・・・・・ 105
具象関数 ・・・・・・・・・・・・・・・・・・・・・・ 104
具象クラス ・・・・・・・・・・・・・・・・・・・・・ 104
具象コンポーネント ・・・・・・・・・・・・・・・・ 106
具象実装 ・・・・・・・・・・・・・・・・・・・・・・ 104
具象モジュール ・・・・・・・・・・・・・・・・・・ 103
具象ユーティリティライブラリ ・・・・・・・・・・ 141
苦痛ゾーン ・・・・・・・・・・・・・・・・・・・・・ 140
組込み ・・・・・・・・・・・・・・・・・・・・ 241, 247
クラス ・・・・・・・・・・・・・・・・・・・・ 77, 119
クリーンアーキテクチャ ・・・・・・・・・・・ 199, 217
クリーン組込みアーキテクチャ ・・・・・・・ 241, 247
クリーンなコード ・・・・・・・・・・・・・・・・・・ 39

ケ

経営者の視点 ・・・・・・・・・・・・・・・・・・・・ 37
形状 ・・・・・・・・・・・・・・・・・・・・・・・・・ 42
継承 ・・・・・・・・・・・・・・・・・・・・・・ 62, 104
計測 ・・・・・・・・・・・・・・・・・・・・・・・・・ 139
結合 ・・・・・・・・・・・・・・・・・ 125, 167, 168
結婚 ・・・・・・・・・・・・・・・・・・・・・・・・・ 270
原則 ・・・・・・・・・・・・・・・・・・・・・・・・・ 77

コ

コアメモリ ・・・・・・・・・・・・・・・・・・・・・ 111
考古学 ・・・・・・・・・・・・・・・・・・・・・・・・ 297

構成要素 ・・・・・・・・・・・・・・・・・・・・・・・ 47
構造 ・・・・・・・・・・・・・・・・・・・・・・・・・ 41
　価値 ・・・・・・・・・・・・・・・・・・・・・・・ 151
構造化設計 ・・・・・・・・・・・・・・・・・・・・・・ 56
構造化プログラミング ・・・・・・・・・ 49, 53, 76
構造化分析 ・・・・・・・・・・・・・・・・・・・・・・ 56
構造的結合 ・・・・・・・・・・・・・・・・・・・・・ 239
コードレベル ・・・・・・・・・・・・・・・・・・・・ 78
小話 ・・・・・・・・・・・・・・・・・・・・・・・・・ 263
コマンドクエリ責務分離 ・・・・・・・・・・・・・ 286
コンウェイの法則 ・・・・・・・・・・・・・・ 78, 159
コンパイラ ・・・・・・・・・・・・・・・・・・・・・・ 47
コンポーネント ・・・・・・・・・・ 89, 109, 119
　依存グラフ ・・・・・・・・・・・・・・・・・・・ 128
　凝集性 ・・・・・・・・・・・・・・・・・・・ 117, 121
　結合 ・・・・・・・・・・・・・・・・・・・・・・・ 125
　原則 ・・・・・・・・・・・・・・・・・・・・・・・ 107
　パッケージング ・・・・・・・・・・・・・・・・・ 285
　メイン ・・・・・・・・・・・・・・・・・・・・・・ 223
コンポーネントアーキテクチャ ・・・・・・・・・ 275
コンポーネント図 ・・・・・・・・・・・・・・・・・ 131
コンポーネントの原則 ・・・・・・・・・・・・・・ 107
コンポーネントベース ・・・・・・・・・・・・・・・ 234
コンポーネントレベル ・・・・・・・・・・・・・・・ 86

サ

サービス ・・・・・・・・・・・・・・ 161, 183, 229
　コンポーネントベース ・・・・・・・・・・・・・ 234
　メリット ・・・・・・・・・・・・・・・・・・・・ 230
サービスアーキテクチャ ・・・・・・・・・・・・・ 229
サービス指向アーキテクチャ ・・・・・・・・・・・ 161
サービスリスナー ・・・・・・・・・・・・・・・・・ 210
サービスレベル ・・・・・・・・・・・・・・・・・・・ 164
最下位レベルの方針 ・・・・・・・・・・・・・・・・ 223
最重要ビジネスデータ ・・・・・・・・・・・・・・ 190
最重要ビジネスルール ・・・・・・・・・・・・・・ 189
再配置可能 ・・・・・・・・・・・・・・・・・・・・・ 111
再配置可能性 ・・・・・・・・・・・・・・・・・・・・ 112
再利用・リリース等価の原則 ・・・・・・・・ 117, 118
作者 ・・・・・・・・・・・・・・・・・・・・・・・・・ 269
叫ぶアーキテクチャ ・・・・・・・・・・・・・・・・ 195

シ

システムコンポーネント ・・・・・・・・・・・・・ 237

索引

シナリオ	204
指標	143
週次ビルド	126
従属コンポーネント	133
重複	162
重要ではない詳細	151
重要度と緊急度のマトリックス	43
主系列	139, 141
距離	142
出力	174
循環依存	126, 128
解消	130
順次	54, 76
条件付きコンパイル命令	255
詳細	151, 223, 257, 262
状態	75
情報隠蔽	91
証明	54, 56
事例	273

ス

数学的帰納法	55
スケーラブル	231
スコープ	42
スレッド	182

セ

制御限界	142
制御の流れ	68
脆弱なテストの問題	238
静的解析ツール	286
静的型付け言語	100
静的ポリモーフィズム	180
責務	133
セキュリティ	240
設計	33
原則	77
全再利用の原則	91, 117, 120
選択	54, 76
選択肢	159

ソ

想定外の重複	82
ソースレベル	163

即時デプロイ	159
組織化	290
ソフトウェア	42, 241
ソフトウェアアーキテクト	147

タ

ターゲットハードウェア	246
ダイレクトメール	154
ダウンロード・アンド・ゴー	212
単一責任の原則	78, 81, 120

チ

中央変換	219
中間レベル	78
抽象インターフェイス	104
抽象化	267
抽象関数	104
抽象クラス	138
抽象コンポーネント	106, 137
抽象度	139
計測	139
抽象ユースケース	274

テ

ディスク	260, 261
データ	203
データ構造	89, 180
データベース	172
データベースゲートウェイ	209
データベースシステム	260
データベーススキーマ	141
データベースは詳細	259
データベース非依存	200
データマッパー	209
データモデル	259
テーマ	196
適性テスト	243, 244
テスト	57, 209
API	239
可能	197, 200, 247
境界	237
システムコンポーネント	237
容易性	238
テスト駆動開発	39

347

デッドロック・・・・・・・・・・・・・・・・・・・・・・・・・・73
デバイス非依存・・・・・・・・・・・・・・・・・・・67, 152
デプロイ・・・・・・・・・・・・・・・・・・70, 149, 159
　独立・・・・・・・・・・・・・・・・・・・・・・・・・・231
デプロイコンポーネント・・・・・・・・・・・・・・・182
デプロイレベル・・・・・・・・・・・・・・・・163, 182
　切り離し方式・・・・・・・・・・・・・・・・・・182
テンション図・・・・・・・・・・・・・・・・・・・・・・121

ト

動画販売サイト・・・・・・・・・・・・・・・・・・・・・273
洞窟探検・・・・・・・・・・・・・・・・・・・・・・・・・150
闘争・・・・・・・・・・・・・・・・・・・・・・・・・・・・・45
動的型付け言語・・・・・・・・・・・・・・・・・・・・・100
動的ポリモーフィズム・・・・・・・・・・・・・・・180
独立開発可能性・・・・・・・・・・・・・・・・・・・・・70
独立コンポーネント・・・・・・・・・・・・・・・・133
独立性・・・・・・・・・・・・・・・・・・・・・・・・・・157
独立デプロイ可能性・・・・・・・・・・・・70, 162
トップダウン・・・・・・・・・・・・・・・・・・・・・131
ドメイン駆動設計・・・・・・・・・・・・・・・・・・284
ドライバ・・・・・・・・・・・・・・・・・・・・・・・・・202
トランザクショナルメモリ・・・・・・・・・・・・・73
トランザクション・・・・・・・・・・・・・・・・・・・75
トランプデータ・・・・・・・・・・・・・・・・・・・193
取引・・・・・・・・・・・・・・・・・・・・・・・・・・・・・75
ドワイト・D・アイゼンハワー・・・・・・・・・・・43

ナ

何かを奪っている・・・・・・・・・・・・・・・・・・・51

ニ

入力・・・・・・・・・・・・・・・・・・・・・・・・・・・・174

ノ

ノード・・・・・・・・・・・・・・・・・・・・・・・・・・127
残すべき選択肢・・・・・・・・・・・・・・・・・・・151

ハ

ハードウェア抽象化レイヤー・・・・・・・・・248
ハードウェアは詳細・・・・・・・・・・・・・・・248
バウンダリー・・・・・・・・・・・・・・・・・・・・・167
パッケージング・・・・・・・・・・・・・・・・・・・280
　機能・・・・・・・・・・・・・・・・・・・・・・・・281

コンポーネント・・・・・・・・・・・・・・・・・・・285
パフォーマンス・・・・・・・・・・・・・・・・・・・262
早すぎる決定・・・・・・・・・・・・・・・・・・・・・167
パラダイム・・・・・・・・・・・・・・・・・・・47, 49
反証可能・・・・・・・・・・・・・・・・・・・・・・・・・56
パンチカード・・・・・・・・・・・・・・・・・・・・・67
反復・・・・・・・・・・・・・・・・・・・・・・・・54, 76

ヒ

比較と置換・・・・・・・・・・・・・・・・・・・・・・・74
ビジネスデータ・・・・・・・・・・・・・・・・・・・190
ビジネスルール・・・・・・・・・・・・69, 90, 189
　最重要・・・・・・・・・・・・・・・・・・・・・・189
非循環依存関係の原則・・・・・・・・・・・・・125
ビュー・・・・・・・・・・・・・・・・・・・・・・・・・208
ビルド可能性・・・・・・・・・・・・・・・・・・・・131

フ

ファームウェア・・・・・・・・・・・・・・・・・・・241
ファン・アウト・・・・・・・・・・・・・・・・・・・134
ファン・イン・・・・・・・・・・・・・・・・・・・・・134
不安定さ・・・・・・・・・・・・・・・・・・・・・・・・134
二日酔い症候群・・・・・・・・・・・・・・・・・・・125
物理アドレス・・・・・・・・・・・・・・・・・・・・155
不変コンポーネント・・・・・・・・・・・・・・・・・73
不変性・・・・・・・・・・・・・・・・・・・・・・・・・・・73
プラグイン・・・・・・・・・・・・・・・・・・・・・・176
プラグインアーキテクチャ・・・・・・・・67, 175
振り子・・・・・・・・・・・・・・・・・・・・・265, 266
振る舞い・・・・・・・・・・・・・・・・・・・・41, 44
　価値・・・・・・・・・・・・・・・・・・・・・・・・151
プレインオールドオブジェクト・・・・・・・・197
フレームワーク・・・・・・・・・・・196, 197, 202
　結婚・・・・・・・・・・・・・・・・・・・・・・・・270
　作者・・・・・・・・・・・・・・・・・・・・・・・・269
　非依存・・・・・・・・・・・・・・・・・・・・・・200
　リスク・・・・・・・・・・・・・・・・・・・・・・270
フレームワークは詳細・・・・・・・・・・・・・269
プレゼンター・・・・・・・・・・・・・・・207, 208
プログラマ・・・・・・・・・・・・・・・・・・・・・・・53
プログラミングパラダイム・・・・・・・・・・・・47
プロセッサ抽象化レイヤー・・・・・・・・・・・252
プロセッサは詳細・・・・・・・・・・・・・・・・・249
プロダクト・・・・・・・・・・・・・・・・・・・・・・273

分割統治 · 54

ヘ

並行更新 · 73
並行処理 · 73
閉鎖性共通の原則 · · · · · · · · · · · · 86, 117, 119
ヘクサゴナルアーキテクチャ · · · · · · · · · · 199
ヘッダーファイル · · · · · · · · · · · · · · · · · · 255
ペリフェリックアンチパターン · · · · · · · · · · 293
変更する理由 · 81
変更の軸 · 86, 177
変動性 · 141

ホ

ポインタ · 66
崩壊したコード · 39
崩壊のサイン · 36
方針 · 151, 185
ポートとアダプター · · · · · · · · · · · · · 199, 283
保守 · 150
保守性 · 131
ボトルネック · 246
ポリモーフィズム · · · · · · · · · · · · · · · · · 65, 67

マ

マージ · 84
マイクロサービス · · · · · · · · · · · · · · · · · · 161
マイクロサービスアーキテクチャ · · · · · · · · · 149

ム

ムーアの法則 · 114
無限リスト · 72
無駄ゾーン · 141
無名関数 · 72

メ

メインコンポーネント · · · · · · · · · · · · · · · 223

モ

モジュール · 82
モジュールレベル · · · · · · · · · · · · · · · · · · · 78
モノリシック構造 · · · · · · · · · · · · · · · · · · 163

モノリス · 180

ユ

有害宣言 · 55
有向エッジ · 127
有向グラフ · 127
有向非循環グラフ · · · · · · · · · · · · · · · · · · 128
ユースケース · · · · · · · · · 157, 191, 201, 274
　切り離し · 161
　分析 · 274
ユニットテスト · · · · · · · · · · · · · · · · · · · 197
ユビキタス言語 · · · · · · · · · · · · · · · · · · · 284
緩いレイヤードアーキテクチャ · · · · · · · · · 286

ラ

ライフサイクル · · · · · · · · · · · · · · · · · · · 148
ラムダ計算 · 50, 71

リ

リクエスト · 192
リスク · 270
リスコフの置換原則 · · · · · · · · · · · · · · 78, 93
リリース可能 · 118
リレーショナルデータベース · · · · · · · · · · · 260
リレーショナルデータベース管理システム · · · · · · 261
リロケータビリティ · · · · · · · · · · · · · · · · 112
リロケータブル · · · · · · · · · · · · · · · · · · · 111
リンカ · 113
リンク · 113
リンクローダ · 113

レ

レイヤー · · · · · · · · · · · · · · · · · · 160, 215, 247
　切り離し · 160
　パッケージング · · · · · · · · · · · · · · · · · 280
レイヤードアーキテクチャ · · · · · · · · · · · · 280
　緩い · 286
レスポンス · 192
レベル · · · · · · · · · · · · · · · · · · · 91, 185, 186

ロ

ローカルプロセス · · · · · · · · · · · · · · · · · · 182

349

● 本書に対するお問い合わせは、電子メール (info@asciidwango.jp) にてお願いいたします。但し、本書の記述内容を越えるご質問にはお答えできませんので、ご了承ください。

クリーンアーキテクチャ
Clean Architecture
達人に学ぶソフトウェアの構造と設計

2018 年 7 月 27 日　初版発行
2025 年 1 月 25 日　第 1 版第 11 刷発行

著　者　ロバート　マーチン
　　　　Robert C. Martin
訳　者　かど まさのり　たかぎまさひろ
　　　　角 征典、髙木正弘

発行者　夏野 剛
発　行　株式会社ドワンゴ
　　　　〒104-0061
　　　　東京都中央区銀座 4-12-15 歌舞伎座タワー
　　　　編集　03-3549-6153
　　　　電子メール　info@asciidwango.jp
　　　　https://asciidwango.jp/

発　売　株式会社 KADOKAWA
　　　　〒102-8177
　　　　東京都千代田区富士見 2-13-3
　　　　KADOKAWA 購入窓口　0570-002-008 (ナビダイヤル)
　　　　https://www.kadokawa.co.jp/

印刷・製本　株式会社リーブルテック

Printed in Japan

本書 (ソフトウェア/プログラム含む) の無断複製 (コピー、スキャン、デジタル化等) 並びに無断複製物の譲渡および配信は、著作権法上での例外を除き禁じられています。また、本書を代行業者などの第三者に依頼して複製する行為は、たとえ個人や家庭内での利用であっても一切認められておりません。定価はカバーに表示してあります。

ISBN978-4-04-893065-9　C3004

アスキードワンゴ編集部
編　集　鈴木嘉平